中国县域交通现代化发展

理论与实践

樊一江◎著

中国市场出版社
China Market Press
·北京·

图书在版编目（CIP）数据

中国县域交通现代化发展理论与实践 / 樊一江著. —北京：中国市场出版社有限公司，2022.12
ISBN 978-7-5092-2334-5

Ⅰ. ①中… Ⅱ. ①樊… Ⅲ. ①县-交通运输发展-研究-中国 Ⅳ. ①F512.3

中国版本图书馆CIP数据核字（2022）第229117号

中国县域交通现代化发展理论与实践

ZHONGGUO XIANYU JIAOTONG XIANDAIHUA FAZHAN LILUN YU SHIJIAN

樊一江 著

责任编辑：许 寒
出版发行：中国市场出版社 China Market Press
地 址：北京市西城区月坛北小街2号院3号楼（100837）
电 话：（010）68022950
印 刷：河北鑫兆源印刷有限公司
规 格：170毫米×240毫米 16开
印 张：26.75 字 数：363千字
版 次：2022年12月第1版 印 次：2022年12月第1次印刷
书 号：ISBN 978-7-5092-2334-5
定 价：88.00元

序 言

进入新阶段，为加快实现现代化发展目标，党中央提出了“立足新发展阶段、贯彻新发展理念、构建新发展格局、推动高质量发展”的战略目标和任务，现代化建设发展的大幕徐徐拉开，我们深切地感受到现代化离我们如此之近，对实现现代化充满期待。现代化是中华民族伟大复兴中国梦的标志，更是我国几代人为之奋斗的目标。我们这代人有幸参与了现代化的建设，亲历现代化走进我们的生活，这是多么令人神往的美好图景。作为综合交通运输领域的学者，应当做点什么才能表达心情、体现担当、贡献力量呢？深入研究现代化进程中的交通运输现代化问题自然是责无旁贷的历史使命，而且应从发挥交通运输支撑引领作用层面，对交通运输如何当好中国现代化开路先锋的问题进行深入研究，以便为政府决策提供更好服务。

《中国县域交通现代化发展理论与实践》一书由国家发展改革委综合运输研究所研究员樊一江与几位年轻有为的研究工作者著就。他们是研究交通运输发展的有心人，很好地将平时的研究工作积累、自己的独立思考有机结合起来，通过系统梳理、科学研究、严谨论证，完成了这一工作，书中不乏真知灼见和对推动县域交通现代化发展的拳拳之心。县是我国历史悠久的行政单元，对家国治理发挥了长期且重要的作用，对中华文化的积淀和文明进步作出了重要贡献，在建设现代化的进程中，自然也少不了县域的参与和展现。从某种程度上说，县域的现代化、县域交通的现代化将是我国现代化浓墨重彩的一笔，也是我国政治、经济和社会系统最基础层次和最基本单元的历史新使命，县域交通必须率先现代化，才能创造城乡一体、共同富裕的基础环境条件。

党中央、国务院高度重视县城、县域经济和县域交通的发展，并为其指明了方向。但目前面临的问题是，对于县域、县城交通发展研究偏少、偏浅，更多是从城乡一体化等关联层面进行的，使得县域交通发展在规划、政策、实施等层面均缺乏系统性。《中国县域交通现代化发展理论与实践》一书的出版，较好地弥补了这一缺憾。该书既对现有关于县域交通发展的理论和实践进行了较为系统的总结，又从理论体系构建和推动实践发展层面提出了自己的见解、建议，尤其是从现代化视角研究了县域交通发展相关的特点、概念内涵等理论问题，以及发展任务和政策建议等实践问题，具有很好的理论研究性和实践指导性。

《中国县域交通现代化发展理论与实践》一书从我国经济社会、交通运输，特别是县域经济、县域交通发展客观实际和总体趋势分析入手，将县域交通现代化放到时代大背景下进行深化研究，使县域交通现代化成为贯彻新发展理念、推动高质量发展、深化供给侧结构性改革的体现和抓手，对满足县域日益增长的美好生活需要和因县制宜、分类施策，补齐县域交通发展短板，完善县域交通运输网络，畅通以县为载体的经济循环，密切县域与城市经济社会发展联系等均具有积极意义。基于对县域交通现代化时代背景的研究，本书提出了变革县域交通运输发展方式，创新县域交通运输组织模式，增强县域交通运输系统韧性，推动县域交通发展质量变革、效率变革、动力变革，提升服务品质、提高服务效率、拓展服务功能，构建形成内畅外通、广泛覆盖、经济高效、普惠共享、智慧绿色、安全可靠的县域现代综合交通运输体系，对于夯实交通强国建设的基层网络基础，巩固拓展脱贫攻坚成果，拓展乡村振兴路径，将县域更好地纳入新发展格局具有战略价值。

《中国县域交通现代化发展理论与实践》描绘了我国县域交通现代化的美好蓝图，一是提出了加快实施县域交通现代化发展的目标：力争到2025年，基本补齐我国县域交通运输发展短板，初步建成安全、便捷、高效、绿色、经济的现代综合交通运输体系；到2035年，基本建成能力充分适应、供需精准匹配、运行智能可靠、发展安全绿色、治理现代高效、融合广泛深入的县域现代化综合交通运输体系，并展望提出2050年目标。二是提出了分域分类分区推进县域交通现代化发展、构建县域交通高标准设施网络体系、提升县域交通品质化运输服务水平、加强县域交通智能化技术装备应用、推进县域交通与经济社会融合发展、强化县域交通绿色可持续发展能力、增强县域交通运输系统发展韧性和提高县域交通现代化综合治理能力等发展任务和相应的保障措施，对政府决策具有重要参考价值。

汪鸣

2022年11月25日于北京

前 言

县是我国政治、经济和社会系统的最基础层次和最基本单元，是我国城乡衔接联动发展的关键节点，是城乡区域融合协同运行推进乡村振兴的重要载体。“县积而郡，郡积而天下。郡县治，天下无不治”。当前我国步入全面建成社会主义现代化国家新征程，向第二个百年奋斗目标进军，以中国式现代化全面推进中华民族伟大复兴的新时代。县已成为探寻中国式现代化发展路径和模式，加快构建新发展格局，着力推动高质量发展，全面推进乡村振兴，实现全体人民共同富裕的重要战场。

党中央、国务院高度重视县城和县域经济发展，习近平总书记明确指出，县一级处在承上启下的关键环节，是发展经济、保障民生、维护稳定、促进国家长治久安的重要基础。党的二十大报告提出“深入实施新型城镇化战略”“推进以县城为重要载体的城镇化建设”“全面推进乡村振兴”“坚持城乡融合发展，畅通城乡要素流动”，进一步明确中国式现代化进程中县城、县域发展的方向与任务。2020年中央农村工作会议提出，县域在基层治理中有着举足轻重的作用，要把县域作为城乡融合发展的重要切入点，赋予县级更多资源整合使用的自主权，强化县城综合服务能力。《中华人民共和国国民经济和社会发展第十四个五年规划和2035年远景目标纲要》明确“推进以县城为重要载体的城镇化建设”，并提出以县域为基本单元推进城乡融合发展，强化县城综合服务能力和乡镇服务农民功能。2022年中共中央办公厅、国务院办公厅印发《关于推进以县城为重要载体的城镇化建设的意见》，指出“县城是我国城镇体系的重要组成部分，是城乡融合发展的关键支撑，对促进新型城镇化建设、构建新型工农城乡关系具有重要意义”。《国家新型城镇化规划（2021—2035年）》和《“十四五”新型城镇化实施方案》也将推进以县城为重要载体的城镇化建设作为重要发力点。

交通运输是国民经济重要的基础性、先导性、战略性产业和服务性行业，是串接生产和消费、服务现代流通、促进经济社会发展和人员交往的基础和纽带，也是支撑县域产业发展、城镇建设、要素流动、经济循环运行的重要条件。县域交通作为全国现代综合交通运输体系的重要组成部分，是交通强国建设的重要领域，也是县域高质量发展的重要支撑。加快构建县域现代综合交通运输体系，推动县域交通现代化发展，是贯彻新发展理念，推动县域高质量发展，更好融入和服务新发展格局构建的重要支撑，是深入实施新型城镇化战略，全面推进乡村振兴，促进全体人民共同富裕的基础保障，对全面建设社会主义现代化国家，以中国式现代化全面推进中华民族伟大复兴具有重要意义。

改革开放以来，我国交通运输建设和发展取得了举世瞩目的成绩，特别是党的十八大以来，我国交通运输总体水平迈上新的历史台阶。但从空间层次来看，我国交通运输发展更加侧重于国际之间、区域之间、城市之间、城市内部以及农村等领域，对于县域、县城交通发展，各方关注度，特别是理论关注度和实践侧重度仍然偏少，县域交通发展存在诸多短板，难以有效满足县域高质量发展以及中国式现代化发展需要。

县域交通现代化发展，既是中国式交通运输现代化发展的重要内容和重点任务，更是中国式现代化发展的客观要求和重要探索。站在全面建成社会主义现代化国家新征程的历史新起点，应进一步关注中国式现代化进程中县域交通与县域经济、区域经济发展的互动关系，进一步关注中国特色社会主义县域交通现代化发展的理论与实践问题。

本书正是针对新时代新征程下我国经济社会、交通运输发展的阶段特征和总体要求，特别是县域经济、县域交通发展的客观实际、发展趋势、目标要求而研究编撰的。通过研究，本书提出我国县域交通现代化发展，应紧紧把握中国式现代化根本内涵和本质要求，围绕全面建成社会主义现代化强国两步走的总体战略安排，以习近平新时代中国特色社会主义思想为指导，深入贯彻党的二十大会议精神，完整、准确、全面贯彻新发展理念，以推动高质量发展为主题，以深化供给侧结构性改革为主线，以改革创新为根本动力，以满足人民日益增长的美好生活需要为根本目的，统筹发展和安全，统筹需求与供给，统筹县域与国际区域城乡，统筹交通运输与经济社会生态发展，统筹交通发展与现代基础设施体系、现代流通体系布局，统筹交通运输自身建设与运营维护，着眼一体化、品质化、均等化、融合化、智能化、绿色化、韧性化，坚持系统谋划、有序推进，因地制宜、分类施策，供需适配、服务为本，融合联动、多元拓展，改革创新、智慧绿色等原则，精准补齐县域交通运输短板，畅通县域交通运输网络循环，优化县域交通运输结构，转变县域交通运输发展方式，创新县域交通运输组织模式，增强县域交通运输系统韧性，强化县域交通与经济社会生态等全方位深度融合联动，全面推动县域交通发展质量变革、效率变革、动力变革，构建形成内畅外通、广泛覆盖、经济高效、普惠共享、智慧绿色、安全可靠的县域现代综合交通运输体系，构筑精准串接现代产业链、供应链、价值链的现代县域交通运输服务网链，为交通强国建设夯实基础，为中国式交通运输现代化探索模式路径、打造示范样板，以县域交通现代化支撑引领县域现代化发展和城乡深度融合发展，为坚定实施扩大内需战略、深入推进新型城镇化战略、全面推进乡村振兴、促进全体人民共同富裕提供有力保障，为加快构建新发展格局、着力推动高质量发展、全面建成社会主义现代化强国提供强力支撑。

本书提出探寻中国式县域交通现代化发展之路，应坚持人民至上、自信自立、守正创新、系统观念，突出战略导向、目标导向和问题导向，强化、深化、细化顶层设计，战略性、前瞻性、系统性整体谋划，围绕人口规模巨大、全体人民共同富裕、物质文明和精神文明相协调、人与自然和谐共生等中国式现代化根本特征，深刻把握中国式现代化推进过程中、全面建成社会主义现代化强国之时及之后，我国经济社会发展和运行模式可能出现的变化，特别是中国式现代化场景下县域生产方式、流通方式、交易方式以及人们生活方式、工作方式、消费方式、出行方式等变化，带来的交通运输需求变化，加上智慧、绿色等新技术新模式的快速涌现和迭代升级，对县域综合交通运输供给方式、供给结构、组织模式等提出的新要求，研究提出我国县域交通现代化发展的主要目标和重点任务。

主要目标：力争到2025年，我国县域交通运输发展短板基本补齐，初步建成安全、便捷、高效、绿色、经济的县域现代综合交通运输体系；到2035年，基本建成能力适应、供需匹配、智能可靠、安全绿色、治理高效、融合深入的县域现代化综合交通运输体系。到2050年，全面实现县域交通现代化，全面适应富强民主文明和谐美丽的社会主义现代化强国发展需要。

重点任务：*一是分域分类分区推进县域交通现代化发展。*因地制宜推进东中西和东北四大区域板块以及国家重大区域战略中的县域交通发展，因类施策加强十大不同类型县域交通发展，精准推进县域内县城、城乡、农村等不同地区交通差异化发展。*二是构建现代化的县域交通设施网络体系。*加快建设县域对外交通骨干网络，完善县域内部交通循环网络，推进县域枢纽场站功能布局完善，加强县域交通配套设施建设。三是提升县域交通运输服务质量和水平。完善和丰富县域交通运输多元化服务供给，探索创新交通运输组织模式，大力提升县域交通运输服务品质。四是推动县域交通智能化发展。推动交通运输全领域创新发展，推进县域智慧交通发展，强化智能化设施布局建设和升级更新，加强技术装备智能化数字化应用，拓展县域智慧交通新技术新模式新业态。五是推进县域交通与经济社会深度融合发展。推进县域交通与特色农业、工业制造业等深度融合，加强县域交通与新型城镇化建设协同联动，创新县域交通与旅游融合发展模式。六是加快县域交通发展方式绿色低碳转型。优化调整县域交通运输结构，建立县域交通绿色低碳发展模式，推动县域交通运输清洁低碳发展。七是增强县域交通运输系统发展韧性。强化县域交通基础设施安全体系建设，提升县域交通基础设施网络和组织服务体系韧性，加强县域交通运输应急保障能力建设。八是以交通为牵引全面构建县域现代化基础设施体系和现代化流通体系。统筹县域交通、能源、水利以及新型基础设施建设，优化基础设施布局、结构、功能和发展模式，构建现代化基础设施体系，强化县域交通与现代化流通体系联动发展，加强县域交通军民融合发展。九是提高县域交通现代化综合治理能力。精准提升县域交通现代治理水平，加强县域交通全生命周期管理，加快县域交通重点领域改革创新，探索建立中国式县域交通运输发展“文化观”。

本书尝试立足新发展阶段、贯彻新发展理念、构建新发展格局，按照高质量发展要求，围绕全面建设社会主义现代化国家新征程战略部署，着眼交通强国建设和现代化基础设施体系建设，统筹国际交通、区际交通、城际交通、城市交通、城乡交通和县域县城交通，统筹基础设施、运输服务和技术装备，充分考虑大数据、智能化、现代金融和低碳绿色等技术业态升级及联动赋能，客观审视、分类剖析我国县域交通现代化发展的现实基础、总体要求、战略思路、阶段目标、推动路径、重点任务和保障措施等。由于研究水平有限，在研究中还存在不少疏漏和争议，尤其是在中国式现代化演进要求下的县域交通发展趋势分析、需求把握、分类考量、针对施策等方面，本书只是粗浅探索，仅为抛砖引玉，敬请读者批评指正。

作者

2022年11月

目 录

理论篇

国际案例篇

国内实践篇

理论篇

第一章
现代化与县域交通现代化

现代化既是一个发展过程，也是一个发展目标，其内涵随着经济社会的发展和科学技术的进步而不断演变。县域交通现代化是交通现代化和县域现代化的交集，既在交通现代化的基础上界定了空间范畴，也在县域现代化的基础上明确了专业领域。当前，国际上对于现代化和县域交通现代化均未形成统一认识，对其特征与内涵进行研究有助于明确当前发展水平，把握未来发展方向。

第一节　现代化的特征与内涵

一、现代化的概念内涵

20世纪30年代，“现代化”一词开始出现在我国报刊上，由英语单词modernization翻译而来。Modernization由modern和modernize衍生而来，产生于1770年。根据韦氏辞典，modern是形容词，产生于1585年，既可表示当前的、时髦的，又可表示大约公元1500年到当前这段时期的。modernize是动词，产生于1748年，基本含义是使成为具有现代特点的、适合现代需要的。modernization是modernize的名词形式，由此推论，现代化具有两个基本词义：一是向具有现代特点的、适合现代需要的转变过程；二是大约公元1500年以来出现的新特点、新变化。20世纪50年代，美国学者建议用modernization来描述从传统社会向现代社会的转变。相关英文词汇含义见表1–1。

表1-1 现代化相关英文词汇的含义

英文单词	中文翻译	具体含义
modern	现代的	形容词，出现于1585年左右。 1.当前的、最近的、时髦的，或与当前、最近相关的； 2.公元1500年至当前的，或与这段时期相关的
modernize	现代化	动词，出现于1748年左右。 采用最新的方法、技术等使成为具有现代特点的、适合现代需要的
modernization	现代化	名词，出现于1770年左右。 1.向具有现代特点的、适合现代需要的转变过程； 2.大约公元1500年以来出现的新特点、新变化

资料来源：《中国现代化报告2020——世界现代化的度量衡》。

目前，国际上对于现代化尚无统一的定义。现代化既是一个发展过程，也是一个发展目标，随着经济社会的发展和科学技术的进步，现代化的内涵也在不断演变。总的来看，现代化是一个连续的发展过程，从低级到高级，从量变到质变，现代化水平是关于时间的函数；现代化是全社会的现代化，既包括政治现代化、经济现代化、文化现代化、国防现代化等不同领域的现代化，也包括区域现代化、城市现代化、农村现代化等不同空间的现代化。

国内外诸多专家学者围绕现代化开展了广泛研究。美国学者本迪克斯（Bendix）和德国学者查普夫（Zapf）认为，现代化是社会变迁的一种类型，起始于英国工业革命和法国大革命。美国学者亨廷顿（Huntington）归纳了现代化过程的9个特征，提出现代化是革命的、复杂的、系统的、全球的、长期的、有阶段的、趋同的、不可逆的、进步的过程。德国学者胡伯（Huber）认为，从农业社会向工业社会的转变是现代化，从工业社会向生态社会的转变是生态现代化，现代化是人类社会发展的一个阶段而不是终点。我国学者罗荣渠认为，广义的现代化是指以工业化为动力推动传统农业社会迈向现代工业社会的全球性大转变，狭义的现代化是指落后国家迅速赶上先进工业国家并适应现代国际形势的发展过程。孙立平认为现代化是人类历史上为数不多的最伟大的社会变革之一，并将现代化进程划分为启动期、转型期、全面展开期、成熟期等四个阶段。于光远、黎澍、于浩成、苏绍智等专家学者在首届全国现代化理论研讨会上就现代化的概念内涵提出了不同见解。部分学者认为工业化就是现代化，至少是现代化的主要内容，其他派生现象都能从工业化过程中得到解释，现代化的主要任务就是发展经济，而落后国家的非现代化标志就是工业化发展程度不高；部分学者认为工业化与现代化是两个不同的进程，前者指技术经济变革，即以大工业技术成果取代人力资源，后者则是指社会政治变革，如社会都市化发展和政治民主化。

在推进现代化实践过程中，欧美等发达国家积极探索，研究制定并实施了一系列针对性政策举措。英国率先开启并完成第一次工业革命，于19世纪中叶成为“世界工厂”。为进一步推动经济社会发展，英国放弃了原有的关税保护政策并转而实施自由贸易政策。20世纪30年代，美国总统罗斯福推行以救济（Relief）、复兴（Recovery）、改革（Reform）为核心的“3R”新政，开创了资本主义国家干预经济的先河，进一步推动了美国的现代化进程。

新中国成立以来，围绕工业化和现代化，我国也作出了积极探索。周恩来同志于1964年在政府工作报告中正式提出工业现代化、农业现代化、国防现代化、科学技术现代化的战略目标，同时提出要在20世纪内分两步实现“四个现代化”，即第一步建立一个独立的、比较完整的工业体系和国民经济体系，第二步全面实现农业、工业、国防和科学技术的现代化，使我国经济走在世界前列。邓小平同志于1987年提出了我国现代化建设的“三步走”战略，即第一步实现国民生产总值比1980年翻一番，解决人民的温饱问题；第二步到20世纪末，使国民生产总值再增长一倍，人民生活达到小康水平；第三步到21世纪中叶，人均国民生产总值达到中等发达国家水平，人民生活比较富裕，基本实现现代化。

习近平总书记在中国共产党第二十次全国代表大会上明确提出中国式现代化，这是中国共产党领导的社会主义现代化，既有各国现代化的共同特征，更有基于自己国情的中国特色。中国式现代化的本质要求是：坚持中国共产党领导，坚持中国特色社会主义，实现高质量发展，发展全过程人民民主，丰富人民精神世界，实现全体人民共同富裕，促进人与自然和谐共生，推动构建人类命运共同体，创造人类文明新形态。这是关于现代化的重要论述。

二、现代化的有关理论

20世纪50年代以来，世界现代化研究出现了3次高潮，分别是50—60年代的经典现代化研究、70—90年代的后现代化研究、90年代以来的新现代化研究（第二次现代化研究）。

（一）经典现代化理论

经典现代化理论是20世纪50—60年代不同领域学者现代化研究成果的统称。虽然学者们对现代化的解释不尽相同，但大家普遍接受两个基本认识：一是指发达国家16世纪，特别是工业革命以来发生的深刻变化；二是指发展中国家在不同领域追赶世界先进水平的发展过程。20世纪50年代，美国一批社会学家、经济学家和政治学家相继开展了现代化研究。例如，1958年，波特（Potter）和勒纳（Lerner）等人提出，从传统社会向现代社会的转变就是现代化。60年代，西方陆续出版了一批有影响力的专著和文章，现代化理论基本形成。在经典现代化理论中，现代化可以被概括为：从农业经济向工业经济、农业社会向工业社会、农业文明向工业文明转变的历史过程。

（二）后现代化理论

后现代化理论是20世纪70—90年代西方学者提出的一种社会发展理论。学者们发现，用经典现代化理论解释发达国家从18世纪工业革命到20世纪中叶的发展过程，以及发展中国家追赶世界先进水平的过程是合适的，但用来解释发达国家的进一步发展就不合适了。70年代以来，发达国家的发展方向逐步从重点加快经济增长转向重点提高人们的生活质量和幸福感。1997年，殷格哈特（Inglehart）把1970年以来发达国家产生的变化称为后现代化。西方学者开展现代化研究历时50年（20世纪50—90年代），最终形成了现代化理论体系。尽管这种理论存在许多缺陷，并因此受到种种批评，但仍被认为是用来阐释工业革命以来人类文明革命性变化的有力理论。

（三）第二次现代化理论

1998年，何传启发表文章《知识经济与第二次现代化》，提出第二次现代化，随后出版《第二次现代化——人类文明进程的启示》提出第二次现代化理论。何传启认为：从农业时代向工业时代、农业经济向工业经济、农业社会向工业社会、农业文明向工业文明的转变过程是第一次现代化，以工业化、城市化和民主化为主要特征；从工业时代向知识时代、工业经济向知识经济、工业社会向知识社会、工业文明向知识文明的转变过程是第二次现代化，以知识化、网络化和全球化为主要特征；文明发展具有周期性和加速性，知识时代不是文明进程的终结，而是驿站，将来还会有第三次、第四次、第五次现代化等。对于发展中国家而言，同时进行第一次现代化和第二次现代化，实现工业化和知识化的协调发展是比较合理的选择。第一次和第二次现代化概况见表1–2。

表1-2 第一次和第二次现代化概况

类别	第一次现代化	第二次现代化
时间	约1760—1970年	约1970—2100年
内容	从农业时代向工业时代、农业经济向工业经济、农业社会向工业社会、农业文明向工业文明的转变	从工业时代向知识时代、工业经济向知识经济、工业社会向知识社会、工业文明向知识文明的转变
特点	工业化、城市化、民主化	知识化、网络化、全球化

资料来源：《中国现代化报告2020——世界现代化的度量衡》。

三、现代化的评价指标

对现代化水平进行量化评价是现代化研究中的重要内容。国际上引用较多的是由殷格哈特制定的包含十项指标的评价指标体系。这套标准作为早期开创性成果值得肯定，但其把现代化“门槛”定得过低，容易误导处在快速发展阶段的发展中国家。国内关于现代化评价指标体系的研究成果较多，比较典型的是由何传启等构建的指标体系，主要涉及经济、社会、政治、文化、环境、个人生活等六个方面，包含100个核心指标，具体见表1–3至表1–8。

表1-3 经济领域的25个指标及有关说明

编号	指标	单位	指标说明
1	人均GDP	美元	GDP / 全国人口
2	人均制造业增加值	美元	制造业增加值/全国人口
3	人均知识产业增加值	美元	知识产业增加值/全国人口
4	人均GDP年增长率	%	人均GDP年增长率

续表

编号	指标	单位	指标说明
5	劳动生产率	美元/人	GDP/就业劳动力
6	农业劳动生产率	美元/人	农业增加值/农业劳动力
7	工业劳动生产率	美元/人	工业增加值/工业劳动力
8	服务业劳动生产率	美元/人	服务业增加值/服务业劳动力
9	能源生产率	美元/千克石油当量	GDP/能源总消费
10	水生产率	美元/立方米	GDP/淡水汲取总量
11	农业增加值比例	%	农业增加值/GDP
12	工业增加值比例	%	工业增加值/GDP
13	服务业增加值比例	%	服务业增加值/GDP
14	知识产业增加值比例	%	知识产业增加值/GDP
15	农业劳动力比例	%	农业劳动力/就业劳动力
16	工业劳动力比例	%	工业劳动力/就业劳动力
17	服务业劳动力比例	%	服务业劳动力/就业劳动力
18	知识产业劳动力比例	%	知识产业劳动力/就业劳动力
19	新企业密度	个/千人	新注册企业个数/15～64岁人口
20	工业机器人使用比例	台/万人	机器人数量/制造业劳动力
21	通货膨胀率	%	消费者价格指数增长率
22	劳动者税收比例	%	工人人均纳税/工人人均劳动成本
23	国家税收比例	%	国家税收/GDP
24	最终消费比例	%	最终消费（家庭和政府消费总和）/GDP
25	固定资本形成比例	%	固定资本形成/GDP

资料来源：《中国现代化报告2020——世界现代化的度量衡》。

表1-4　社会领域的25个指标及有关说明

编号	指标	单位	指标说明
1	人口自然增长率	%	人口自然增加数/同期平均人口
2	城市人口比例	%	城市人口/全国人口
3	郊区人口比例	%	郊区人口/全国人口

续表

编号	指标	单位	指标说明
4	老龄人口比例	%	65岁及以上人口/全国人口
5	医生比例	名/千人	医生数/全国人口
6	护士比例	名/千人	护士数/全国人口
7	婴儿死亡率	‰	婴儿死亡数/活产儿数
8	孕产妇死亡率	例/10万例活产儿	孕产妇死亡数/活产儿数
9	卫生支出比例	%	卫生支出/GDP
10	中学普及率	%	在校中学生人数/中学段适龄人数
11	大学普及率	%	在校大学生人数/大学段适龄人数
12	小学生师生比	%	小学在校生人数/小学教师人数
13	平均受教育年限	年	平均受教育年限
14	受过高等教育劳动力比例	%	受过高等教育劳动力/劳动力
15	政府教育支出比例	%	政府教育支出/GDP
16	成年女性就业率	%	15岁及以上女性就业人数/15岁及以上女性总人数
17	童工比例	%	7～14岁儿童就业人数/7～14岁儿童总人数
18	失业率	%	失业人数/劳动力
19	人均国民收入	美元	人均国民收入
20	人均购买力	美元	人均购买力
21	基尼系数	%	基尼系数
22	绝对贫困人口比例	%	绝对贫困人口数量/全国人口
23	实际平均工作时间	小时/年	劳动者实际年均工作时间
24	休闲和个人保健时间	分钟/天	劳动者实际每天用于休闲和个人保健的时间
25	养老保险覆盖率	%	领取养老金的适龄人口/养老金适龄总人口

资料来源：《中国现代化报告2020——世界现代化的度量衡》。

表1-5 政治领域的12个指标及有关说明

编号	指标	单位	指标说明
1	选民投票率	%	投票人数/选民人数
2	女性国会议员比例	%	女性国会议员人数/国会议员人数
3	政府收入比例	%	政府收入（不含国际援助）/ GDP
4	政府消费比例	%	政府消费（不含国防支出）/ GDP
5	转移支付比例	%	政府转移支付 / GDP
6	法律权力指数	—	数值从低到高，越高越好（0 ～ 12）
7	营商环境指数	—	数值从低到高，越高越好（0 ～ 100）
8	养老金支出比例	%	公共养老金和个人养老金支出之和 / GDP
9	开办企业所需天数	天	开办企业平均所需天数
10	平均出口通关时间	天	平均出口通关时间
11	国防费用比例	%	国防费用 / GDP
12	道路交通死亡率	人/10万人	道路交通死亡人数/全国人口

资料来源：《中国现代化报告2020——世界现代化的度量衡》。

表1-6 文化领域的12个指标及有关说明

编号	指标	单位	指标说明
1	人均观看电影次数	次/年	年观影人次/全国人口
2	人均出国旅游次数	次/年	年出国旅游人次/全国人口
3	互联网普及率	%	互联网个人用户数/全国人口
4	移动通信普及率	%	手机用户数/全国人口
5	网络音乐用户比例	%	网络音乐注册用户数/全国人口
6	网络犯罪报案比例	起/10万人	网络犯罪报案登记数/全国人口
7	科研经费比例	%	科研经费支出 / GDP
8	科研人员比例	人/100万人	科研人员/全国人口
9	发明专利申请比例	项/万人	国内居民发明专利申请数/全国人口
10	人均知识产权出口	美元	知识产权出口收入/全国人口
11	人均知识产权进口	美元	知识产权进口支出/全国人口
12	企业创新比例	%	开展科研活动的企业数/企业总数

资料来源：《中国现代化报告2020——世界现代化的度量衡》。

表1-7　环境领域的12个指标及有关说明

编号	指标	单位	指标说明
1	人均能源消费	千克石油当量	能源消费总量/全国人口
2	可再生能源消费比例	%	可再生能源消费量/能源消费总量
3	人均淡水消费	立方米	年淡水汲取总量/全国人口
4	森林覆盖率	%	森林面积/国土面积
5	$PM_{2.5}$年均浓度	微克/立方米	全年$PM_{2.5}$的平均浓度
6	二氧化碳排放密度	千克/美元	二氧化碳排放量/GDP
7	生活废水处理率	%	生活废水得到处理的人口数/全国人口
8	城市废物处理率	%	城市废物处理量/城市废物产生量
9	国际移民比例	%	国际移民存量/全国人口
10	国际贸易比例	%	国际贸易总额/GDP
11	外国直接投资净流入比例	%	外国直接投资净流入/GDP
12	简单平均关税	%	全部产品的简单平均关税

资料来源：《中国现代化报告2020——世界现代化的度量衡》。

表1-8　个人生活领域的14个指标及有关说明

编号	指标	单位	指标说明
1	人均蛋白质供应	克/天	每天全国蛋白质供应总量/全国人口
2	营养不良人口比例	%	营养不良人数/全国人口
3	儿童超重比例	%	5岁以下儿童超重人数/5岁以下儿童人数
4	平均预期寿命	岁	出生时平均预期寿命
5	总和生育率	—	平均每对夫妇生育的子女数
6	家庭人均可支配收入	美元	全国家庭可支配收入/全国人口
7	人均住房面积	平方米	全国家庭住房总面积/全国人口
8	安全饮水普及率	%	获得安全饮水的人口/全国人口
9	卫生设施普及率	%	拥有卫生设施的人口/全国人口

续表

编号	指标	单位	指标说明
10	汽车普及率	辆/千人	全国家用汽车总量/全国人口
11	人均航行次数	次/年	全年民航旅客运输量/全国人口
12	网购人口比例	%	网购用户数/全国人口
13	人工智能家庭普及率	%	全国家用人工智能设备总数/全国人口
14	生活满意度	—	数值从低到高，越高越好（4 ～ 10）

资料来源：《中国现代化报告2020——世界现代化的度量衡》。

第二节　县域现代化的特征与内涵

一、县域现代化的概念内涵

郡县治，天下安。县级行政区是我国经济社会发展的基本空间单元，处在承上启下的关键环节，是发展经济、保障民生、维护稳定的重要基础，由城镇和农村组成。县域现代化是地区现代化的组成部分，可进一步细分为城镇现代化和农村现代化。其中，地区现代化指18世纪工业革命以来地区经济社会发展的各个方面达到、保持及追赶世界先进水平的历史过程及其深刻变化，既是发达地区达到并保持世界先进水平的过程，又是发展中地区追赶和达到世界先进水平的过程。城镇现代化指城镇发展达到所处时代先进水平的过程，是城镇综合实力和文明程度的反映，包括城镇政治、经济、文化、科技、生态等的现代化。对于农村现代化，专家学者们主要从农业、农村、农民等视角开展研究（见表1-9）。

表1-9　部分专家学者对农村现代化的认识

学者	年份	概念内涵
唐金虎	1993	农村现代化包括农业现代化、农村工业化、农村城市化和农民知识化四个方面
黄文新	1995	农村现代化是个地域性概念，是指在县和县以下的广大农村地区实现现代化，用当代的科学技术、管理手段等武装农村国民经济的各个部门，使之获得全面的、根本的改造，从而使整个农村经济和社会生活各个方面赶上、接近或超过当代世界先进水平
梁丹	2005	农村现代化就是要实现农业现代化、农村工业化、乡村城镇化，达到农村经济发达、农民生活富裕、农业科技先进、基础设施完善、运行机制灵活、环境文明优美的农村社会经济发展水平
杜萍	2009	农村现代化就是要实现农业现代化、农村工业化、农村城镇化、农村信息化，达到农村经济发达、农民生活富裕、农业科技先进、基础设施完善、运行机制灵活、环境文明优美的农村经济社会发展目标。农村现代化至少包括农民、农业、经济、社会和制度现代化等几个方面
何关新	2014	农村现代化是全面现代化的应有之义，没有农村现代化也就没有完全意义上的现代化，也不可能有百姓的“物质富裕”和“生活品质”。农村现代化是“三农”现代化的集中体现，有了现代化的农民、现代化的农业，才可能有现代化的农村

资料来源：根据有关文献整理。

二、县域现代化的有关认识

县域现代化是国家现代化的基础和缩影。对于如何实现县域现代化，不少专家学者以推动城乡融合发展作为切入点，同时考虑到不同县域的差异性较大，主张统筹考虑县域现代化的共性和个性。马建堂认为，推进县域现代化，应大力推动城乡融合发展，将农业农村现代化作为主体任务，立足不同地区的资源禀赋和发展基础，因地制宜、分类施策。何晓斌采用问题导向的研究思路，认为我国县域现代化主要面临产业发展模式不完善、基础设施和公共服务相对薄弱、人才“空心化”较严重、半熟人社会的运行逻辑待优化等问题，因此要重点加强县域治理能力和治理体系建设，促进县域经济和居民收入同步增长，完善基础设施，提高教育、医疗、养老等核心民生福利的质量和均等化水平，从县域实际情况出发探索出适合不同县域类型的共同富裕道路。李后强提出，随着中国城市化水平的提高，大中城市对区域空间、市场空间、行政空间的需求越来越大，向县域扩张势在必行，县域现代化发展需践行新发展理念，推动乡村振兴战略落地，将城乡融合发展作为重要切入点。

三、县域现代化的评价指标

推进县域现代化建设是一项系统工程，有必要建立一套科学的评价指标体系，既体现县域发展的共性，也反映县域发展的个性。目前，专家学者们针对城镇现代化、农业农村现代化、县域治理现代化建立了评价指标体系（见表1–10）。

2021年10月，全国首个县域农业农村现代化指标体系——《山西省临猗县加快实现农业农村现代化指标体系（试行）》在北京发布。该指标体系设置农业生产现代化、农民生活现代化、乡村生态现代化、乡村文化现代化、乡村治理现代化和城乡融合发展等6个一级指标，进一步细化为18个二级指标和47个三级指标，涵盖临猗县所有乡镇。

2022年1月，全国首个长三角县域治理现代化指数发布，对长三角201个县域的治理现代化水平进行评价。相应的评价指标体系由5个一级指标、15个二级指标、56个三级指标构成，具有聚焦县域与基层治理的研究对象创新、探索治理体系维度与政治建设的研究取向创新、政府公开信息与大数据获取相结合的研究手段创新等三个特色。

表1-10　城镇现代化评价指标

编号	指标	单位	指标说明
1	人均地区生产总值	元	地区生产总值/总人口
2	第三产业增加值占地区生产总值比重	%	第三产业增加值/地区生产总值
3	商务服务业占第三产业比重	%	商务服务业增加值/第三产业增加值
4	社会消费品零售总额	元	社会消费品零售总额
5	财政收入占地区生产总值比重	%	财政收入/地区生产总值
6	进出口总额占地区生产总值比重	%	进出口总额/地区生产总值
7	恩格尔系数	%	恩格尔系数
8	研发费用占地区生产总值比重	%	研发费用/地区生产总值
9	科学进步贡献率	%	科学进步贡献率
10	科技人员比例	人/万人	科技人员数量/总人口
11	中级以上职称人员占科技人员比重	%	获中级以上职称科技人员数量/科技人员数量
12	科技研发机构	个	科技研发机构数量
13	家庭计算机普及率	%	家庭计算机普及率
14	非农业就业人口占总就业人口的比重	%	非农业就业人数/总就业人数
15	城镇化水平	%	城镇人口/总人口
16	文化性支出占生活支出比重	%	文化性支出/生活支出
17	人均图书占有量	册	图书册数/总人口
18	医务人员比例	人/万人	医务人员数量/总人口
19	人均寿命	岁	人口平均预期寿命
20	青少年犯罪率	%	青少年罪犯数/青少年总数
21	犯罪率	%	罪犯数/总人口
22	刑事案件率	件/10万人	刑事案件数/总人口

续表

编号	指标	单位	指标说明
23	交通事故死亡率	人/10万人	交通事故死亡人数/总人口
24	失业率	%	失业人数/(在业人数+失业人数)
25	享受社会保障人口占社会劳动者的比重	%	享受社会保障人口/社会劳动者
26	人口自然增长率	%	人口出生率-人口死亡率
27	婴儿死亡率	%	婴儿出生后不满周岁死亡人数/出生人数
28	识字人口占总人口的比重	%	识字人口/总人口
29	适龄青年受高等教育的比重	%	适龄青年受高等教育的比重
30	高中普及率	%	具有高中学历的人数/总人口
31	入托率	%	3岁前儿童入托儿所的比率
32	群众性体育活动参加率	%	群众性体育活动参加率
33	中小学体育达标率	%	中小学生体质健康达标率
34	基础设施投资占地区生产总值比重	%	基础设施投资总额/地区生产总值
35	人均住房建筑面积	平方米	住房建筑面积/居住人口
36	户均停车位	个	停车位数量/户数
37	人均生活用电量	千瓦时/年	每人每年消耗的电量
38	人均生活用水量	升	每人每年消耗的水量
39	自来水普及率	%	使用自来水人口/总人口
40	饮用水源水质达标率	%	饮用水源水质达标率
41	燃气普及率	%	使用燃气人数/总人口
42	电话普及率	部/百人	电话机数量/总人口
43	火灾地点到最近消防队时间	分钟	火灾地点到最近消防队时间
44	每万人商业建筑面积	万平方米	商业建筑面积/总人口
45	每万人商业网点数	个	商业网点数/总人口
46	私人汽车拥有率	辆/万人	私人汽车数量/总人口

续表

编号	指标	单位	指标说明
47	人均道路面积	平方米/人	道路面积/总人口
48	道路网密度	公里/平方公里	道路里程/区域面积
49	绿化覆盖率	%	绿化覆盖面积/区域面积
50	绿地率	%	绿地面积/用地面积
51	人均绿地面积	平方米	绿地面积/总人口
52	人均公共绿地面积	平方米	公共绿地面积/总人口
53	公交车拥有率	辆/万人	公交车数量/总人口
54	出租车拥有率	辆/万人	出租车数量/总人口
55	总悬浮颗粒物日均浓度	毫克/立方米	总悬浮颗粒物日均浓度
56	二氧化硫日均浓度	毫克/立方米	二氧化硫日均浓度
57	综合污水处理率	%	经综合处理的污水量/需综合处理的污水总量
58	垃圾无害化处理率	%	经无害化处理的垃圾量/需无害化处理的垃圾总量
59	工业固体废弃物综合利用率	%	工业固体废弃物综合利用量/(工业固体废弃物产生量+综合利用往年贮存量)
60	工业废水处理率	%	工业废水处理量/需处理的工业废水量
61	烟尘控制区覆盖率	%	烟尘控制区面积/区域面积
62	区域环境噪声平均值	分贝	区域环境噪声平均值
63	居住区环境噪声平均值	分贝	居住区环境噪声平均值
64	中心区环境噪声平均值	分贝	中心区环境噪声平均值
65	交通干线噪声平均值	分贝	交通干线噪声平均值

资料来源：《城镇体系规划中的城镇现代化研究》。

第三节 交通现代化的特征与内涵

一、交通现代化的概念内涵

交通现代化是国家现代化的重要标志。交通有广义和狭义之分。广义交通是狭义交通和运输的统称；狭义交通指运载工具或行人在特定线路上的移动，英文中通常用traffic，communication等表示；运输指借助运载工具实现人或物的位移，英文中通常用transport，transportation，transit等表示。狭义交通强调运载工具在交通网络上的移动，而与运载工具上人员、货物的有无和多少无关，一般以“交通量”进行表征。运输强调运载工具上人员、货物的多少和移动的距离，一般以“运输量”表征。

交通现代化属于特定领域的现代化。目前，国内外对于交通现代化的内涵尚未形成统一认识。国家发展改革委综合运输研究所课题组研究提出，交通现代化是指以技术先进、能力充分的交通基础设施为基本条件，以科学高效的交通管理手段和组织方式为重要保障，以为经济社会和人的全面发展提供安全、便捷、舒适、高效、经济、低碳的交通运输服务为根本目的，不断促进交通运输产业升级并达到世界先进水平的发展过程。此外，部分专家学者也对交通现代化的特征和内涵发表了自己独到的见解（见表1–11）。

表1-11 部分专家学者对交通现代化的认识

学者	年份	概念内涵	主要特征
樊桦	2008	交通现代化是指在资源和环境等各种外部约束条件下，各种运输方式按照技术经济比较优势和国情特点分工协作、优势互补、有效衔接形成一体化运输系统，该系统不仅能够在管理和技术上充分满足社会经济发展所产生的各种客货运输需求，而且能够实现与资源环境和经济社会的协调、可持续发展	总量适应、结构合理、组织有效、技术先进、以人为本、可持续发展

续表

学者	年份	概念内涵	主要特征
戴东生	2010	交通现代化是指交通服务体系整体发展水平与经济社会现代化相适应，并且相对自身发展过程而言，达到前所未有的高度发达完善的状态	基础设施网络化、公众出行便捷化、货物运输物流化、交通结构合理化、运营管理智能化、服务人性化、公平化、资源环境最优化
李作敏	2013	交通现代化是传统社会变革的一部分，本质是交通运输系统通过变革提升自身服务能力，并与人、社会、自然和谐共处，既是交通运输满足经济社会需求、适应自然环境要求的一种状态，也是从欠发达到较发达的一个过程	功能特征：安全、便捷、高效、可靠、经济、舒适、低耗、环保等。 结构特征：基础设施现代化、运输装备现代化、服务平台现代化等。 要素特征：从业人员、科学技术、生产工具、行业文化、管理体制机制等
许云飞	2013	新时期交通现代化更强调用先进的工业化技术和新型的信息化技术改造传统的交通运输业，使各种运输方式能够在外部条件的约束下有效衔接、分工协作、优势互补，进而形成一体化的运输系统。该系统不仅能够在管理和技术上充分满足经济社会发展所产生的各种客货运输需求，而且能够实现与资源环境和经济社会的协调、可持续发展	以人为本、低碳节能、可持续发展、安全
李连成	2016	从静态角度，交通现代化是交通运输的一种状态，最大限度地、经济地克服了时空对经济活动的约束。从动态角度，则是达到这一状态的过程，交通现代化实质上是空间尺度上时间距离不断缩短、费用距离不断下降的过程	快速、经济

续表

学者	年份	概念内涵	主要特征
何传启	2021	交通现代化是交通领域现代化的简称，指18世纪工业革命以来交通发展的世界前沿，以及追赶、达到和保持世界前沿水平，同时适应和满足经济发展和社会生活的交通需求的行为和过程，包括从传统交通向现代交通和综合智能交通的范式转变，以及交通技术、交通效率、交通质量、交通满意度和交通环境友好性的提升等	交通生产力和质量的提高，交通劳动力收入和生活质量的提高，交通技术水平和竞争力的提高

资料来源：根据有关文献整理。

【专栏1-1】

交通运输现代化的特征

交通运输现代化是一个复杂的系统演进过程，其运动状态、过程及其影响因素、因果关系等十分复杂。通过剖析，寻找共性，可以归纳为以下几个特征：一是从交通运输现代化的目的性或外部性功能特征考察，交通运输现代化的核心价值观可概括为安全、便捷、经济、高效。这是人类生产生活对交通运输发展的根本性诉求，是交通运输现代化的基本价值遵循。二是从构成交通运输系统的各个子系统结构特征考察，交通运输现代化表现为各子系统的现代化，主要包括基础设施现代化、技术装备现代化、运输服务现代化等。三是从实现交通运输大系统、各子系统功能的主要元素以及系统环境要素特征考虑，包括生产力和生产关系或经济基础和上层建筑等。具体包括人、科技、生产工具（指为交通运输生产、建设提供中间产品的关联产业）、行业文化、管理体制、管理制度（广义还包括政策、法规等）的现代化。

因此，交通运输现代化具体可以从载运设备、基础设施、运输服务、体制机制、经济支撑以及文化发展等诸多方面进行阐释。载运设备方面，既有技术条件下处于世界前沿的载运设备是交通运输技术发展程度的直接体现。基础设施方面，不断创造与高技术水平的载运设备相适应的新基础设施网络。运输服务方面，最大限度保证各类运输需求得到高品质满足，实现物畅其流、人畅其行。体制机制方面，促进先进技术应用、基础设施拓展、运输服务提升、资源环境友好的管理运行制度。经济支撑方面，交通运输发展能够适应、支撑、引导经济发展需要。文化发展方面，交通运输发展对人类社会进步的认识与贡献，包括在先进发展理念、提高资源能源利用效率、保护环境、呵护人类幸福等多方面寻求平衡。

资料来源：《中国交通2050：愿景与战略》

二、交通现代化的有关认识

交通现代化是一个复杂的过程，既遵循共性规律，也具有时代特征和国别差异，现代科学的基本原理同样适用于交通现代化。目前，既有研究多从交通现代化的内涵、特征以及评价等方面展开（见表1–12）。智能交通作为交通现代化的重要组成和发展方向，得到了社会各界的广泛关注。部分学者提出，加快智能交通发展应重点把握以下六个方向：一是推动大数据共享平台及交通云技术应用；二是提高城市智能交通管理水平；三是实现高效便捷一站式智能客运服务和门到门一单制智能货运服务；四是智能提升交通主动安全水平；五是推动车路协同一体化发展；六是实现综合运输智能化关键技术突破。交通智能化发展也将为交通强国建设提供有力支撑。交通现代化的历史演进见表1–13。

表 1-12 交通现代化的理论架构

理论分类	研究视角	主要内容
一般理论	整体性研究	交通现代化的内涵、过程、目标、动力、模式等
分支理论	分阶段研究	第一次交通现代化、第二次交通现代化、综合交通现代化等
	分层次研究	世界、国家、地区、省市等的交通现代化
	分方式研究	公路、铁路、水路、航空、管道运输等的现代化
	分领域研究	交通科技、交通能源、交通安全、交通治理等的现代化

资料来源：《中国现代化报告2021——交通现代化研究》。

表 1-13 交通现代化的历史演进

时间跨度	社会类别	主要交通形态	交通现代化
工具时代（起步—公元前3500年）原始社会原始交通			
起步期（250万年前）	旧石器时代早期	步行等	—
发展期（20万年前）	旧石器时代中期	步行等	
成熟期（4万年前）	旧石器时代晚期	步行等	
过渡期（1万年前）	新石器时代	步行等	
农业时代（公元前3500年—公元1760年）农业社会传统交通			
起步期（公元前3500年）	古代文明	步行、人力车、马车、木船等	—
发展期（公元前500年）	古典文明	步行、人力车、马车、木船等	
成熟期（公元500年）	东方文明、欧洲中世纪文明	步行、人力车、马车、木船等	
过渡期（1500年）	欧洲文艺复兴	步行、人力车、马车、木船等	

续表

时间跨度	社会类别	主要交通形态	交通现代化
工业时代（1760—1970年）工业社会现代交通			
起步期（1760年）	第一次工业革命	机械化，以蒸汽机为动力	第一次交通现代化：交通的机械化、规模化、电气化、自动化等。从传统交通向现代交通转变，交通在国民经济中的占比先升后降
发展期（1870年）	第二次工业革命	电气化，以内燃机和电力为动力	
成熟期（1914年）	家庭机械电气化	专业化、标准化，多种交通方式出现	
过渡期（1946年）	第三次工业革命	自动化，综合交通体系逐步形成	
知识时代（1970—2100年）知识社会智能交通			
起步期（1970年）	信息革命	信息化、高速化、全球化	第二次交通现代化：交通的信息化、智能化、绿色化、便利化等。从现代交通向智能交通转变，交通在国民经济中的占比下降趋于合理值
发展期（1992年）	信息革命	智能化、绿色化、便利化	
成熟期（2020年）	新生物学革命	仿生化、体验化、自动驾驶	
过渡期（2050年）	新物理学革命	新能源、新运输、太空旅行	

资料来源：《中国现代化报告2021——交通现代化研究》。

三、交通现代化的评价指标

改革开放以来，我国综合交通运输体系建设取得了历史性成就，高速铁路里程、高速公路里程、内河航道里程、港口万吨级泊位数量、快递业务量等稳居世界第一，新能源汽车占全球总量一半以上。为找准我国交通现代化水平在全世界范围内所处的位置，把握未来交通发展方向，有必要对交通现代化水平进行科学评价。何传启等提出交通现代化指标体系，指出衡量交通现代化水平的100个核心指标，主要涉及交通体系、交通服务、交通效率、交通治理等4个方面（见表1–14至表1–17）。

表1-14 交通体系领域的32个指标及有关说明

编号	指标	单位	指标说明
1	人均国内客运周转量	人公里	国内客运周转量/全国人口
2	人均国内货运周转量	吨公里	国内货运周转量/全国人口
3	人均国内公路客运周转量	人公里	国内公路客运周转量/全国人口
4	人均国内公路货运周转量	吨公里	国内公路货运周转量/全国人口
5	人均国内铁路客运周转量	人公里	国内铁路客运周转量/全国人口
6	人均国内铁路货运周转量	吨公里	国内铁路货运周转量/全国人口
7	人均国内航空客运量	人次	国内航空客运总量/全国人口
8	人均国内航空货运周转量	吨公里	国内航空货运周转量/全国人口
9	人均集装箱海运量	标箱	标准集装箱海运量/全国人口
10	人均管道运输周转量	吨公里	管道运输周转量/全国人口
11	单位GDP的轿车数量	辆/百万美元	轿车存量/GDP
12	单位GDP的货车数量	辆/百万美元	货车存量/GDP
13	每千位居民拥有的轿车数量	辆	轿车存量/居民数量
14	每千位居民拥有的货车数量	辆	货车存量/居民数量
15	单位GDP的铁路客位数	个/百万美元	铁路乘客座位和铺位总数/GDP
16	单位GDP的铁路货运装载力	吨/百万美元	铁路货运装载能力/GDP
17	每千位居民的铁路客位数	个	铁路乘客座位和铺位总数/居民数量
18	每千位居民的铁路货运装载力	吨	铁路货运装载能力/居民数量

续表

编号	指标	单位	指标说明
19	单位GDP的定期航班客位数	个/百万美元	定期航班客位数/GDP
20	每千位居民的定期航班客位数	个	定期航班客位数/居民数量
21	每千人高速公路长度	公里	高速公路里程/全国人口
22	每千人铁路里程	公里	铁路里程/全国人口
23	每百万居民拥有的机场数量	个	机场数量/居民数量
24	交通设施数字化指数	—	数值从低到高，越高越好（0～100）
25	交通基础设施的综合质量	—	数值从低到高，越高越好（1～7）
26	公路密度	公里/百平方公里	公路总里程/国土面积
27	铁路密度	公里/百平方公里	铁路总里程/国土面积
28	机场密度	个/10万平方公里	机场总数/国土面积
29	高速公路比例	%	高速公路里程/公路总里程
30	高铁线路比例	%	高铁里程/铁路总里程
31	公路连通性指数	—	数值从低到高，越高越好（0～100）
32	农村交通可达性	%	居住在公路周边2公里范围内的农村人口比例

资料来源：《中国现代化报告2021——交通现代化研究》。

表1-15　交通服务领域的44个指标及有关说明

编号	指标	单位	指标说明
1	人均轿车交通里程	公里	全国轿车行驶里程/全国人口
2	家庭交通支出比例	%	家庭在交通方面的支出/家庭总支出
3	城市公共交通出行比例	%	城市公共交通出行量/城市所有交通方式出行量

续表

编号	指标	单位	指标说明
4	人均客车公路客运周转量	人公里	营运客车公路客运周转量/全国人口
5	中小学人均校车经费	美元	中小学年度校车总支出/中小学学生总数
6	人均交通产业增加值	美元	交通产业增加值/全国人口
7	人均交通产业产值	美元	交通产业总产值/全国人口
8	交通产业劳动生产率	美元	交通产业增加值/劳动力数量
9	公路客运密度	千人公里/公里	国内公路客运周转量/公路总里程
10	公路货运密度	千吨公里/公里	国内公路货运周转量/公路总里程
11	铁路客运密度	千人公里/公里	国内铁路客运周转量/铁路总里程
12	铁路货运密度	千吨公里/公里	国内铁路货运周转量/铁路总里程
13	机动车单车公路运行里程	千车公里	机动车运行总里程/机动车数量
14	交通服务的综合效率	—	数值从低到高，越高越好（1～7）
15	交通产业增加值率	%	交通产业增加值/交通产业总产值
16	交通产业净利润率	%	交通产业净营业盈余和混合收入/交通产业总产值
17	贸易和运输相关基础设施的质量	—	物流绩效指数，数值从低到高，越高越好（1～5）
18	追踪查询货物的能力	—	物流绩效指数，数值从低到高，越高越好（1～5）
19	货物在计划或预期时间内到达收货人的频率	—	物流绩效指数，数值从低到高，越高越好（1～5）
20	城市交通满意度	%	城市交通满意度
21	交通产业增加值比例	%	交通产业增加值/GDP
22	交通产业增加值占服务业增加值比例	%	交通产业增加值/服务业增加值
23	公路客运占客运总量比例	%	公路客运量/客运总量

续表

编号	指标	单位	指标说明
24	公路货运占货运总量比例	%	公路货运量/货运总量
25	铁路客运占客运总量比例	%	铁路客运量/客运总量
26	铁路货运占货运总量比例	%	铁路货运量/货运总量
27	国际旅游客运收入占比	%	国际旅游客运收入/交通产业总产值
28	交通产业劳动力比例	%	交通产业劳动力/全国劳动力
29	交通产业劳动力占服务业劳动力比例	%	交通产业劳动力/服务业劳动力
30	交通产业女性劳动力比例	%	交通产业女性劳动力/交通产业劳动力
31	交通需求比例	%	交通产业需求/总需求
32	单位GDP的公路客运周转量	人公里/千美元	公路客运周转量/GDP
33	单位GDP的公路货运周转量	吨公里/千美元	公路货运周转量/GDP
34	单位GDP的铁路客运周转量	人公里/千美元	铁路客运周转量/GDP
35	单位GDP的铁路货运周转量	吨公里/千美元	铁路货运周转量/GDP
36	单位GDP的航空客运周转量	人公里/千美元	航空客运周转量/GDP
37	单位GDP的航空货运周转量	吨公里/千美元	航空货运周转量/GDP
38	单位GDP的内陆水运货运周转量	吨公里/千美元	内陆水运货运周转量/GDP
39	单位GDP的管道货运周转量	吨公里/千美元	管道货运周转量/GDP
40	单位GDP的客运周转量	人公里/千美元	国内客运周转量/GDP
41	单位GDP的货运周转量	吨公里/千美元	国内货运周转量/GDP

续表

编号	指标	单位	指标说明
42	单位GDP的公路交通周转量	车公里/千美元	机动车交通周转量/GDP
43	单位GDP的国内航空客运周转量	人公里/千美元	国内航空客运周转量/GDP
44	单位GDP的国际航空客运周转量	人公里/千美元	国际航空客运周转量/GDP

资料来源：《中国现代化报告2021——交通现代化研究》。

表1-16　交通效率领域的12个指标及有关说明

编号	指标	单位	指标说明
1	交通研发投入比例	%	交通研发投入/研发总投入
2	自动驾驶汽车比例	%	L2级自动驾驶车辆数/机动车总数
3	交通二氧化碳排放量占比	%	交通二氧化碳排放量/二氧化碳排放总量
4	人均交通二氧化碳排放量	吨	交通二氧化碳排放量/全国人口
5	单位GDP的交通二氧化碳排放量	千克/美元	交通二氧化碳排放量/GDP
6	单位GDP的交通能耗	克标准油/美元	交通产业能耗/GDP
7	单位GDP的机动车能耗	吨/百万美元	燃油机动车能耗/GDP
8	人均机动车能耗	吨	机动车能耗/全国人口
9	公路交通事故致死率	人/10万人	公路交通事故死亡人数/全国人口
10	公路交通事故致伤率	人/10万人	公路交通事故受伤人数/全国人口
11	机动车公路交通致死率	人/百万车	公路交通事故死亡人数/机动车数量
12	车辆百万里程交通事故致死率	人/百万里程	公路交通事故死亡人数/车辆行驶里程

资料来源：《中国现代化报告2021——交通现代化研究》。

表1-17　交通治理领域的12个指标及有关说明

编号	指标	单位	指标说明
1	受高等教育劳动力比例	%	受高等教育劳动力/全国劳动力
2	受中等教育劳动力比例	%	受中等教育劳动力/全国劳动力
3	道路运输车辆税	美元/年	道路运输车辆税
4	道路运输燃油税	美元/升	道路运输燃油税
5	出口清关平均时间	天	出口清关平均时间
6	城市绿色出行比例	%	采用公共交通、自行车、步行等方式的出行量/城市出行总量
7	电动车比例	%	电动车数量/机动车总量
8	交通基础设施投资占GDP比例	%	交通基础设施投资/GDP
9	人均交通基础设施投资	美元	交通基础设施投资/全国人口
10	交通基础设施维护费占GDP比例	%	交通基础设施维护费用/GDP
11	人均交通基础设施维护费	美元	交通基础设施维护费用/全国人口
12	公路基础设施维护费占公路基础设施总支出比例	%	公路基础设施维护费/公路基础设施总支出

资料来源：《中国现代化报告2021——交通现代化研究》。

第四节　县域交通现代化的特征与内涵

一、县域交通现代化的概念内涵

县域交通现代化既在交通现代化的基础上界定了空间范畴，也在县域现代化的基础上明确了行业领域。县域交通现代化作为交通现代化和县域现代化的交集，其概念在县域空间范围，内涵应体现二者的特征和要求，至少应包括设施现代化、装备现代化、技术现代化、组织现代化、治理现代化，以及生态化、文明化等特征内涵。鉴于此，不妨将县域交通现代化定义为：以技术先进、能力充分的交通基础设施和装备等为条件，以科学高效的交通组织方式和交通治理机制为保障，为人们生产生活和地区经济发展提供安全、便捷、舒适、高效、经济、低碳的交通运输服务，同时为促进交通运输整体升级并达到世界先进水平提供全面支撑的动态发展过程。

部分学者提出了与县域交通现代化发展相似的概念，即县域交通科学发展。王海洋等认为，县域交通科学发展主要包括全面、协调、可持续三个方面。其中，全面是指县域交通要重视交通基础设施建设与管理的全面发展、政府职能与市场机制的全面发展；协调是指不同运输方式、不同地理空间、不同发展阶段的动态协调；可持续是指资源要素、生态环境、建设资金的可持续。推动县域交通科学发展，核心是要做到统筹兼顾，具体包括统筹交通运输与经济社会的发展、统筹各种交通运输方式的发展、统筹城乡交通运输的发展、统筹交通运输与自然环境的发展、统筹交通运输与科技人才和体制机制的发展。在新发展阶段，县域交通要贯彻新发展理念，即创新、协调、绿色、开放、共享的发展理念。

二、县域交通现代化的有关认识

当前，关于县域交通现代化的研究不多，既有相关研究主要集中在城乡交通一体化发展等领域。城乡交通一体化既是城乡一体化的重要组成，也是县域交通现代化的重要内容，具体是指统筹考虑城镇和农村之间的交通基础设施建设、运输服务供给、管理体制机制等，破除城乡交通壁垒，构建快捷、舒适、安全、均等的一体化城乡交通体系。考虑到各种运输方式的比较优势和技术特点，当前城乡间的交通仍以公路运输为主。由于发达国家的城乡发展差距较小，而我国城乡发展二元结构问题较为突出，部分专家学者认为，推动城乡交通一体化，宜聚焦农村客运公交化改造、农村客货邮融合发展、农村运输信息化服务等主题，持续推进城乡交通运输基础设施、客运服务、货运与物流服务一体化建设。

三、县域交通现代化的评价指标

类似于交通现代化的综合考量，县域交通现代化不应局限在筑路架桥等“硬基础”，还应着眼于降本增效等“软服务”。王海洋等提出了包含44个指标的县域交通科学发展评价指标体系，为县域交通现代化发展提供了一定参考借鉴（见表1–18）。

表1-18　县域交通科学发展评价指标及有关说明

编号	指标	单位	指标说明
1	城镇高速公路覆盖率	%	30分钟内能上高速公路的乡镇数/乡镇总数
2	铁路可达性	小时	乡镇与毗邻中心城市铁路站的平均时间距离
3	高铁可达性	小时	乡镇与毗邻高铁站的最短时间距离
4	港口可达性	小时	乡镇与毗邻沿海（内河）港口的最短时间距离
5	机场可达性	小时	乡镇与毗邻中心城市机场的最短时间距离
6	县乡公路通达深度	—	乡镇间依靠公路交通相互连通的强度
7	县乡公路技术等级	—	公路网各区段技术等级的加权平均值
8	二级以上公路比例	%	二级以上公路的里程之和/公路网总里程
9	县域干线公路网饱和度	—	公路网流实际量/公路网最大容量
10	建制村通畅率	%	通公路的建制村数量/建制村总数
11	县乡公路路面铺装率	%	有铺装的公路里程/公路网总里程
12	县乡公路完好率	%	县乡村公路优良等级里程/公路养护里程
13	干线航道通航保证率	%	干线航道实际水深达到航道标准水深天数之和/当年通航天数
14	乡镇农村物流配送站覆盖率	%	建成农村物流配送站的乡镇数量/乡镇总数

续表

编号	指标	单位	指标说明
15	交通运输、仓储和邮政业增加值占地区生产总值的比重	%	交通运输、仓储、邮政业增加值之和/地区生产总值
16	城区公共交通正点率	%	统计期内公共汽电车的正点率与轨道交通正点率的平均值
17	城乡客运线路公交化运营率	%	按照公交化模式运营的城乡客运线路数量/城乡客运线路总量
18	万人公共交通车辆保有量	标台/万人	公共交通车辆数量/县域人口
19	县城城区公共交通机动化出行分担率	%	公共交通出行量/机动化出行总量
20	城乡客运班线准点率	%	准点发车的班次数量/班次总数
21	中高级客车占营运客车比例	%	中高级客车数量/营运客车总数
22	公路甩挂运输拖挂比	—	牵引车总数与挂车总数之比
23	厢式车、集装箱车及专用车占营运货车比例	%	注册厢式车、集装箱车、专用车数量之和/注册营运货车总数
24	内河船舶标准化率	%	注册从事内河运输的标准化船舶数量/注册从事内河运输的船舶总数
25	道路交通事故万车死亡率	人/万车	道路交通事故死亡人数/注册机动车总数
26	万艘船舶事故率	起/万艘	水上交通事故起数/营运船舶总数
27	交通Ⅰ级应急响应启动时间	小时	应急领导小组决定是否启动交通Ⅰ级应急响应的时间
28	交通科技投入比例	%	交通科技投入/交通投资总额
29	法律及相关专业执法人员比例	%	交通行业法律及相关专业执法人员数量/交通行业执法人员总数
30	中高技能人才比例	%	交通行业中高技能人才数量/交通行业技能人员总数
31	公共交通乘车一卡通使用率	%	使用公共交通一卡通的客运量/公共交通客运总量

续表

编号	指标	单位	指标说明
32	公共交通车辆监测覆盖率	%	安装车载监测设备（卫星定位系统等）的公共交通车辆数/公共交通车辆总数
33	道路客运联网售票覆盖率	%	实现客运联网售票的客运站数量/客运站总数
34	长途客运车辆监测覆盖率	%	安装车载监测设备（卫星定位系统等）的长途客运车辆数/长途客车总数
35	出租车电召服务率	%	出租车电召乘客数量/出租车乘客量
36	公共物流信息平台组货服务率	%	公共物流信息平台服务的公路货运量/公路货运总量
37	客运班线出行信息查询率	%	能够网上查询出行信息的客运班线数量/客运班线总量
38	港口岸线利用率变化幅度	%	港口生产性泊位单位长度岸线的货物吞吐量变化幅度
39	交通建设用地效率变化幅度	%	单位交通运输能力下交通运输用地占辖区国土面积比例的变化幅度
40	绿色公共交通车辆比率	%	绿色公共交通车辆数量/公共交通车辆总数
41	政府财政性资金投入交通基础设施建设的比例	%	中央和地方政府在交通基础设施建设领域的财政资金投入/交通基础设施建设总投资
42	民间资本投入交通运输基础设施建设的比例	%	民间资本在交通基础设施建设领域的资金投入/交通基础设施建设总投资
43	出行服务满意度	—	居民对出行便利性、服务质量等的满意度
44	行政执法结案率	%	交通行政执法结案件数/交通行政执法立案件数

资料来源：《县域交通运输发展理论研究与评价实证》。

参考文献

戴东生，2010.宁波综合交通运输现代化水平研究[J].宁波经济：三江论坛(3)：15-17，20.

杜萍，2009.新农村建设中农村现代化评价指标体系及评价的研究——

以江苏省为例[J].安徽农业科学(26): 12722-12724, 12768.

樊桦, 2008.交通运输现代化评价指标体系初探[J].综合运输(5): 19-23.

方言, 2021.分类施策推进县域现代化建设[J].社会治理(5): 62-64.

何传启, 等, 2020.中国现代化报告2020——世界现代化的度量衡[M].北京: 北京大学出版社.

何传启, 等, 2021.中国现代化报告2021——交通现代化研究[M].北京: 北京大学出版社.

何关新, 2014.杭州市农村现代化县(市)标准体系研究——以桐庐县城乡统筹为例[J].现代城市(2): 8-13.

何晓斌, 2021.以县域为基础的现代化和共同富裕[J].探索与争鸣(11): 24-26, 177.

黄文新, 马康贫, 顾建敏, 1995.农村现代化指标体系及其推广应用[J].江苏农业科学(3): 2-5.

李连成, 2016.交通现代化的内涵和特征[J].综合运输(9): 43-49.

李作敏, 樊东方, 杨雪英, 等, 2013.关于中国交通运输现代化路线图的思考[J].交通建设与管理(12): 40-43.

梁丹, 张小林, 连建功, 2005.我国农村现代化评价指标体系的研究——以宜兴市为例[J].安徽农业科学(9): 1732-1733, 1736.

马建堂, 2021.在新发展阶段接续推进县域现代化[J].中国发展观察(8): 5-6.

唐金虎, 吴胜荣, 1993.无锡县农村现代化指标研究[J].中国农村经济(7): 55-59.

王海洋, 石琼, 胡铁钧, 2019.县域交通运输发展理论研究与评价实证[M].北京: 人民交通出版社.

许云飞, 金小平, 曹更永, 2013.现代化和交通现代化研究[J].理论与现代化(3): 16-23.

杨建辉, 2000.城镇体系规划中的城镇现代化研究[J].安徽建筑(1): 34-35.

赵颖坤,2007.县域交通运输发展新思路[J].交通企业管理(10):17-18.

Bernstein D W, 1966. Social Structure and Modernization: A Comparative Study of Two Villages[J]. American Journal of Sociology, 71(5):509-521.

Cutright P, Wiley J A, 1969. Modernization and Political Representation:1927-1966[J]. Studies in Comparative International Development, 5(2):23-44.

Goldscheider C, 1971. Population, Modernization, and Social Structure[J]. Social Forces, 51(4):503.

Inglehart Ronald, 1997. Modernization and Postmodernization[M]. Princeton:Princeton University Press.

Potter D, Lerner D, Pevsner L W, et al,1958. The Passing of Traditional Society:Modernizing the Middle East[J]. American Sociological Review, 24(1):117.

第二章
我国县域经济社会与交通运输发展逻辑关系

我国县域地域面积广、人口众多，在我国经济社会发展中具有重要作用，是经济增长的潜力地区。县域经济是国民经济的重要组成部分，是站在党的二十大新的历史起点，向第二个百年奋斗目标进军的重要着力点。

第一节　我国县域经济社会发展的总体概况

县是我国政治、经济和社会系统的最基础层次和最基本单元。我国县域以占全国约94%的陆地面积承载了近75%的户籍人口和超过50%的经济总量，是我国城乡联动发展的关键节点和城乡融合运行实现乡村振兴的重要载体。

一、全国及分区域的县域经济社会发展情况

（一）我国县域以占全国90%多的国土面积承载着全国70%多的人口和50%多的经济总量

我国县域从行政区划上来看，包括市辖区、县级市、县、自治县、

旗、自治旗、特区、林区。截至2020年底，全国共有2844个县级行政区，包括977个市辖区、393个县级市、1303个县、117个自治县、49个旗、3个自治旗、1个特区、1个林区。若仅统计除中心城区之外的县域单元[1]，则县级行政区总数缩减至2081个，市辖区减至200余个（2018年数据）。照此标准，我国县域行政区划面积合计达到900.3万平方公里，占到我国陆地面积的93.5%；户籍人口达到10.3亿人，占到全国总人口的73.7%；地区生产总值46.5万亿元，占到全国总量的51.6%（人均4.5万元，相当于全国水平线的70%）；一般公共预算收入3.2万亿元，占全国总量的17.7%。

（二）全国四大区域板块之间县域发展水平存在显著差异

我国东部（10省市）、中部（6省市）、西部（12省市）以及东北（3省市）地区的县域发展差异显著。从总量规模看，东中西部地区县域人口数量接近，但东部地区的GDP和财政收入达到了中西部地区的总和；中部地区省市数量是西部的一半，但两个区域的GDP和财政收入处在同一水平（见表2–1）。从平均规模看，我国2081个县级行政区的户籍人口、地区生产总值和一般公共预算收入的平均值分别为49.4万人、223.4亿元和15.6亿元，东部地区三项指标全面超越全国平均水平，其中财政收入高达全国县域的两倍；中部地区县域人口高于全国平均，GDP和财政收入接近全国平均；西部和东北地区的三项指标均与全国县域平均线存在较大差距，经济社会发展进程明显滞后（见表2–2）。

---

[1] 此为《中国县域统计年鉴》所采用的统计口径，本书参照此标准进行整理和分析，经济社会基本数据全部源自最新公开的《中国县域统计年鉴2019》，统计年为2018年。

表 2-1 全国县域经济社会基本情况分区域对比（按总量规模）

区域	县域总人口		县域 GDP 总额		县域财政收入总额	
	规模（亿人）	占比（%）	规模（万亿元）	占比（%）	规模（万亿元）	占比（%）
东部	3.3	32.5	22.3	47.9	1.7	51.2
中部	3.1	30.3	11.1	23.9	0.8	23.2
西部	3.2	31.1	10.9	23.3	0.7	21.9
东北	0.6	6.1	2.3	4.9	0.1	3.6

资料来源：根据《中国县域统计年鉴2019》整理得出。

表 2-2 全国县域经济社会基本情况分区域对比（按平均规模）

区域	县域平均人口		县域平均 GDP		县域平均财政收入	
	规模（万人）	相当于全国县域水平（%）	规模（亿元）	相当于全国县域水平（%）	规模（亿元）	相当于全国县域水平（%）
东部	64.7	130.9	431.7	193.3	32.1	206.6
中部	61.7	124.9	219.6	98.3	14.9	95.6
西部	35.2	71.2	119.4	53.4	7.8	50.3
东北	41.7	84.3	150.1	67.2	7.7	49.8

资料来源：根据《中国县域统计年鉴2019》整理得出。

二、不同类型县域经济社会发展基本情况

（一）全国GDP百强县

我国长期存在多种“百强县”指标评价体系，曾经影响最大的是国家统计局组织的评估，但仅有2004年、2005年两次，其后终止；之后以中郡县域经济研究所为代表的机构也相继组织过“百强县”评选，指标选取各异，社会上也存在对不同榜单权威性的质疑。此次研究依据最

为常见的GDP规模，简要呈现排名我国前一百县域的经济发展规模水平。区域分布上，全国GDP百强县约有80%位于东部地区，其次为中部10%、西部8%、东北1%（见图2–1）。从总量规模看，GDP百强县人口数量约1亿，占到全国县域的9.5%；GDP达到12.4万亿元，占到全国县域的26.7%；财政收入1万亿元，占到全国县域的31.6%。从平均规模看，GDP百强县平均人口数量98万，约为全国县域平均水平的2倍；平均GDP达1239.9亿元，高达全国县域的5倍；平均财政收入102.4亿元，在全国县域的6倍之上。全国GDP百强县经济社会基本情况及排名见表2–3、表2–4。

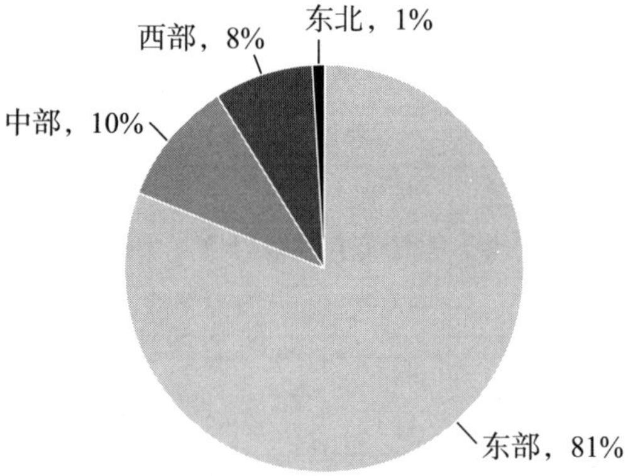

图2–1　全国GDP百强县区域分布情况

资料来源：根据《中国县域统计年鉴2019》整理得出。

表2-3　全国GDP百强县经济社会基本情况

	总　量		平　均	
	规模	占比（%）	规模	相当于全国县域水平（%）
人口（万人）	10000	9.5	98.0	198.3
GDP（亿元）	124000	26.7	1239.9	555.1
财政收入（亿元）	10000	31.6	102.4	658.6

资料来源：根据《中国县域统计年鉴2019》整理得出。

表2-4 全国GDP百强县排名

排名	省	县（区、市）	地区生产总值（亿元）	排名	省	县（区、市）	地区生产总值（亿元）
1	江苏省	昆山市	3832.2	27	江苏省	海门市	1249.0
2	江苏省	江阴市	3806.2	28	浙江省	义乌市	1248.1
3	广东省	顺德区	3015.9	29	山东省	龙口市	1238.8
4	广东省	南海区	2809.1	30	广东省	三水区	1228.0
5	江苏省	张家港市	2720.3	31	江苏省	六合区	1227.9
6	江苏省	常熟市	2399.9	32	河南省	新郑市	1225.4
7	江苏省	武进区	2380.1	33	浙江省	诸暨市	1225.2
8	浙江省	余杭区	2312.4	34	山东省	胶州市	1211.4
9	福建省	晋江市	2229.0	35	山东省	荣成市	1211.2
10	江苏省	江宁区	2163.6	36	山东省	滕州市	1196.3
11	浙江省	萧山区	2106.4	37	江苏省	吴中区	1125.0
12	江苏省	吴江区	1924.9	38	广东省	增城区	1124.1
13	广东省	禅城区	1855.1	39	江苏省	如皋市	1120.5
14	浙江省	鄞州区	1820.1	40	湖南省	宁乡市	1113.7
15	浙江省	慈溪市	1737.0	41	浙江省	余姚市	1105.1
16	江苏省	宜兴市	1713.3	42	福建省	福清市	1102.1
17	湖南省	长沙县	1509.3	43	福建省	惠安县	1094.5
18	江西省	南昌县	1476.1	44	浙江省	温岭市	1091.1
19	山东省	即墨区	1413.4	45	江苏省	铜山区	1090.7
20	浙江省	柯桥区	1404.6	46	浙江省	乐清市	1078.5
21	湖南省	浏阳市	1342.1	47	山东省	章丘区	1072.7
22	江苏省	太仓市	1330.5	48	江苏省	江都区	1070.4
23	陕西省	神木市	1298.0	49	福建省	南安市	1067.8
24	江苏省	通州区	1269.0	50	江苏省	启东市	1063.3
25	四川省	双流区	1258.5	51	江苏省	泰兴市	1050.3
26	江苏省	丹阳市	1251.0	52	江苏省	浦口区	1050.1

续表

排名	省	县（区、市）	地区生产总值（亿元）	排名	省	县（区、市）	地区生产总值（亿元）
53	山东省	邹城市	1008.2	77	江苏省	东台市	878.7
54	江苏省	靖江市	1002.1	78	山东省	诸城市	877.7
55	江苏省	海安市	993.0	79	山东省	邹平市	862.2
56	辽宁省	瓦房店市	975.3	80	山东省	文登区	852.5
57	河北省	迁安市	965.4	81	重庆市	永川区	845.7
58	江苏省	邗江区	955.1	82	山东省	新泰市	843.4
59	江苏省	如东县	952.3	83	福建省	石狮市	836.0
60	浙江省	海宁市	948.7	84	河北省	丰润区	833.7
61	浙江省	瑞安市	948.0	85	江苏省	沭阳县	825.4
62	上海市	奉贤区	942.3	86	山东省	肥城市	823.5
63	内蒙古	准格尔旗	938.2	87	江西省	新建区	821.6
64	江苏省	溧阳市	935.5	88	河南省	巩义市	815.6
65	山东省	广饶县	932.1	89	福建省	长乐区	811.8
66	江苏省	邳州市	920.7	90	山东省	莱州市	805.6
67	浙江省	上虞区	916.5	91	江苏省	金坛区	801.9
68	陕西省	长安区	909.1	92	湖北省	仙桃市	800.1
69	福建省	龙海市	908.3	93	四川省	新都区	799.2
70	江苏省	兴化市	905.1	94	河南省	新密市	791.8
71	山东省	寿光市	902.7	95	江苏省	溧水区	789.1
72	重庆市	江津区	902.3	96	山东省	招远市	780.9
73	山东省	平度市	895.9	97	浙江省	富阳区	764.6
74	浙江省	桐乡市	893.5	98	江苏省	沛县	762.6
75	江苏省	锡山区	883.3	99	湖北省	潜江市	755.8
76	广东省	高明区	879.5	100	内蒙古	东胜区	733.9

资料来源：根据《中国县域统计年鉴2019》整理得出。

【专栏2–1】

昆山成为全国首个市场主体破百万县级市

昆山市在我国各类百强县市排名中已连续多年位居榜首，素有“中国最强县”之称。为了稳占鳌头，昆山市在优化营商环境上一直不遗余力，尤其是在近三年连续发布优化营商环境建设的新政，推动营商环境整体水平系统性提升，使得越来越多的创业者来昆山投资，为昆山高质量发展注入了强劲动力。2020年，昆山市新增各类市场主体43.8万户，新增内资企业注册资本1055.8亿元，比2019年同期增长27.59%，其中国有投资382.4亿元，比2019年增长75.4%。工业总产值历史性地迈上万亿元新台阶；社会消费品零售总额1398.1亿元；实际利用外资10.5亿美元，增长（40.3%）创近五年来新高；进出口总额868.4亿美元，增速5%。

2021年3月9日，随着斯坦德机器人（昆山）有限公司获得企业营业执照，昆山市场主体总量正式突破100万户大关；这也意味着昆山成为全国首个市场主体突破100万的县级市，彰显了昆山近年来持续优化营商环境所取得的显著成效。

（二）县城新型城镇化建设示范县

2020年，国家发展改革委发布《关于加快开展县城城镇化补短板强弱项工作的通知》，选择了120个县和县级市开展县城新型城镇化建设示范工作，其中县的数量占2/3、县级市数量占1/3。区域分布上，县城新型城镇化建设示范县近一半位于东部地区，其次为中部25.8%、西部17.5%、东北8.3%（见图2–2）。从总量规模看，示范县人口近1亿，占到全国县域9%；GDP达5.5万亿元，占到全国县域11.9%；财政收入0.4万亿元，占到全国县域11.2%。从平均规模看，示范县平均人口76.9万，约为全国县域水平的1.5倍；平均GDP 459.1亿元，是全国县域的2倍；平均财政收入30.1亿元，同样约达全国县域的2倍。全国县城新型城镇化建设示范县经济社会基本情况及示范县名单见表2–5、表2–6。

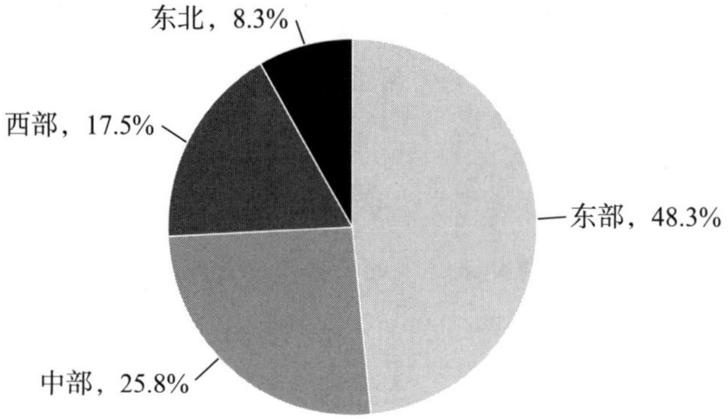

图2–2　全国县城新型城镇化建设示范县区域分布情况

资料来源：国家发展改革委。

表2-5　全国县城新型城镇化建设示范县经济社会基本情况

	总　　量		平　　均	
	规模	占比（%）	规模	相当于全国县域水平（%）
人口（万人）	9000	9.0	76.9	155.5
GDP（亿元）	55000	11.9	459.1	205.5
财政收入（亿元）	4000	11.2	30.1	193.7

资料来源：根据国家发展改革委相关公开资料及《中国县域统计年鉴2019》整理得出。

表2-6　县城新型城镇化建设示范县名单

区域	省份（24个）	县及县级市(120个）
东部（58个）	浙江	桐庐县、宁海县、海盐县、武义县、长兴县、岱山县、缙云县、诸暨市、乐清市、温岭市
	江苏	盱眙县、宝应县、沛县、东海县、术阳县、建湖县、泗阳县、海门市、泰兴市、溧阳市

续表

区域	省份（24个）	县及县级市（120个）
东部（58个）	广东	惠东县、博罗县、新兴县、佛冈县、东源县、海丰县、龙门县、饶平县、阳春市、台山市
	福建	霞浦县、闽侯县、永泰县、永春县、德化县、上杭县、长汀县、福清市、福安市、晋江市
	山东	郓城县、齐河县、桓台县、宁阳县、广饶县、海阳市、诸城市、龙口市、滕州市、新泰市
	河北	固安县、正定县、景县、魏县、迁安市
	海南	澄迈县、琼海市、万宁市
中部（31个）	湖北	阳新县、红安县、大悟县、南漳县、监利县、仙桃市、潜江市、天门市、赤壁市、宜都市
	安徽	当涂县、庐江县、蒙城县、灵璧县、天长市
	河南	兰考县、鄢陵县、新安县、南乐县、新郑市
	湖南	湘潭县、攸县、澧县、浏阳市、宁乡市
	江西	南昌县、奉新县、吉安县
	山西	清徐县、阳城县、孝义市
西部（21个）	四川	金堂县、乐至县、大英县、江安县、绵竹市
	重庆	垫江县、忠县、彭水县
	陕西	富平县、三原县、岐山县
	贵州	金沙县、清镇市
	云南	大理市、腾冲市
	广西	横县、东兴市
	内蒙古	宁城县、满洲里市
	甘肃	榆中县、敦煌市
东北（10个）	吉林	前郭县、珲春市、公主岭市、梅河口市
	辽宁	桓仁县、黑山县、盘山县
	黑龙江	五常市、肇东市、穆棱市

资料来源：国家发展改革委。

（三）城乡交通运输一体化示范县

交通运输部在2017年印发了《关于公布城乡交通运输一体化示范县第一批创建县（区、市）的通知》，对具备条件的通乡镇、建制村硬化路、旅游路、客运场站、乡镇客运综合服务站等项目给予优先扶持，创建时间原则上为2年，到2020年底进入了全面验收阶段。区域分布上，52个城乡交通运输一体化示范县中有超过40%位于西部地区，其次为东部26.9%、中部23.1%、东北7.7%（见图2–3）。从总量规模看，示范县人口约3000万，占到全国县域2.4%；GDP为1.5万亿元，占到全国县域3.2%；财政收入约1000亿元，占到全国县域3.3%。从平均规模看，示范县平均人口52.5万人，基本相当于全国县域平均水准；平均GDP 308.6亿元、财政收入22.1亿元，均要高于全国县域水平。详见表2–7。

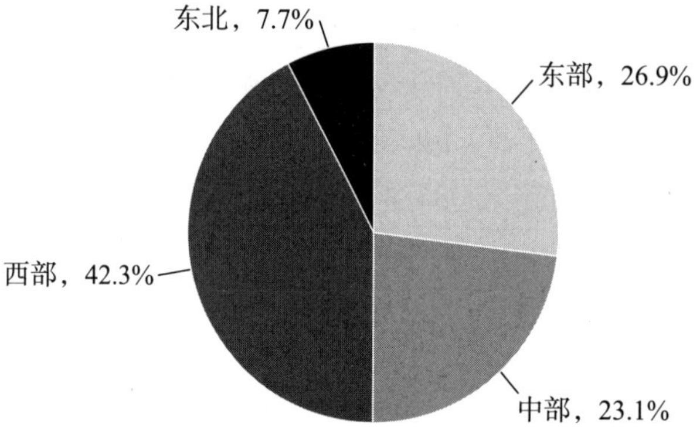

图2–3　全国城乡交通运输一体化示范县区域分布情况

资料来源：交通运输部。

表2-7　全国城乡交通运输一体化示范县经济社会基本情况

	总　量		平　均	
	规模	占比（%）	规模	相当于全国县域水平（%）
人口（万人）	3000	2.4	52.5	106.1
GDP（亿元）	15000	3.2	308.6	138.2

续表

	总量		平均	
	规模	占比（%）	规模	相当于全国县域水平（%）
财政收入（亿元）	1000	3.3	22.1	142.3

注：基于年鉴中的可访问数据，表格中数值计算仅以除天津武清区、四川涪城区、重庆涪陵区、宁夏沙坡头区之外的其余48个示范县为基础。

资料来源：交通运输部、根据《中国县域统计年鉴2019》整理得出。

（四）“四好农村路”全国示范县

交通运输部、农业农村部、国务院扶贫办在2019年联合发布了“四好农村路”全国示范县名单，鼓励被命名的83个县市先行先试、率先探索出我国“四好农村路”高质量发展的成功实践之路。区域分布上，“四好农村路”全国示范县的分布相对而言更加均衡，东、中、西部地区比例均在30%左右，西部稍高、中部稍低，其余有约10%位于东北地区（见图2-4）。从总量规模看，示范县人口约4000万，占到全国县域4.1%；GDP约达2万亿元，占到全国县域4.3%；财政收入约2000亿元，占到全国县域5.3%。从平均规模看，示范县平均人口54.3万人、GDP为261.2亿元，均略微高于全国县域平均水准；平均财政收入22.4亿元，接近全国县域水平的1.5倍。详见表2-8。

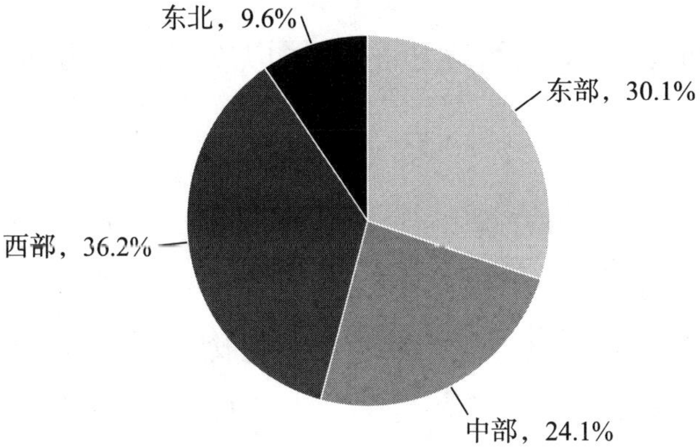

图2-4 “四好农村路”全国示范县区域分布情况

资料来源：交通运输部等。

表 2-8 “四好农村路”全国示范县经济社会基本情况

	总量		平均	
	规模	占比（%）	规模	相当于全国县域水平（%）
人口（万人）	4000	4.1	54.3	109.8
GDP（亿元）	20000	4.3	261.2	116.9
财政收入（亿元）	2000	5.3	22.4	143.8

注：基于年鉴中的可访问数据，表格中数值计算仅以除北京顺义区、天津武清区、内蒙古松山区、山东东昌府区、湖南冷水滩区、宁夏红寺堡区之外的其余77个示范县为基础。

资料来源：根据交通运输部等相关公开资料及《中国县域统计年鉴2019》整理得出。

第二节　我国县域经济社会发展的主要历程

自新中国成立以来，我国县域经济社会的发展历程，主要由以下四个发展阶段组成。

一、新中国成立后逐步形成了以城乡二元结构为主的发展形态

新中国成立后，在行政体制设计上，基本延续了历史上中央、省、县的三级管理体制。县域在资源高度集中化配置的计划经济时期，以农村与城市、工业与农业分割管理的组织模式为依托，成为国家调控分配社会经济资源的重要空间载体。这一时期的县域发展缺少自主权，虽然县乡内有各种自治组织在调动农民积极性、发展生产和稳定社会等方面发挥了一定作用，但总体上县域经济发展以公有制为主体，服从国家计划管理，服从国家城市

化、工业化优先发展，城乡发展失衡的问题逐渐显现。

二、改革开放以来城乡割裂发展的矛盾进一步加剧

自1978年党的十一届三中全会起，我国开始从计划经济向市场经济转变，形成了“以经济建设为中心”的发展模式，但县域经济发展并未得到充分重视。虽然20世纪80年代初期的农村经济建设曾短暂提速，但由于我国随后步入城市经济时代，发展政策全面向城市倾斜，县域经济，尤其是农村经济发展在80年代后期开始放缓，与城市之间发展水平差距逐渐拉大，二元制结构下城乡经济长期呈现“割裂式并存”状态，城乡公民身份不平等进一步加剧。到21世纪初，我国已到了必须加快县域经济发展，以促进工业与农业、城市和农村协调发展的重要关口。

三、新世纪伊始县域经济建设全面提速

2002年11月，党的十六大报告首次提出“发展农产品加工业，壮大县域经济”，“县域”和“县域经济”概念首次被写入党的文献。从党的十六大到十七大，党的文献对县域经济内涵的表述不断深化，逐步推动了从以乡村为依托、以农业和农村经济为主体的传统县域经济，向以县城和中心镇为依托、以非农经济为主导、一二三产业协调发展的新型县域经济转变。这一时期，我国县域经济实力明显增强，社会民生持续改善，助力小康建设步伐不断加快，城乡统筹一体发展水平稳步提高。

四、党的十八大后县域经济社会转型升级持续发力

党的十八大以来，为更好更快推动县域经济社会健康发展，中央在破除城乡二元结构、形成城乡一体化发展体制机制、促进县域经济区域

间平衡发展，以及解决县域经济发展特色不突出、同质化矛盾等方面出台了多项重大改革举措，转型升级不断加快，全国县域进入政治、经济、文化、社会、生态环境多元全面发展的新阶段。2020年，国家发展改革委印发实施“1+N+X”系列文件全面推进县城建设发展，我国县域经济社会已站在全面建成小康社会新起点的基础上，开启了补短板强弱项的新一轮征程。

【专栏2–2】

国家发展改革委印发实施“1+N+X”系列文件全面推进县城建设发展

2020年5月29日，国家发展改革委印发《关于加快开展县城城镇化补短板强弱项工作的通知》，聚焦县城及县级市城区，兼顾镇区常住人口10万以上的非县级政府驻地特大镇、2015年以来“县改区”“市改区”形成的地级及以上城市市辖区，将公共服务设施、环境卫生设施、市政公用设施、产业培育设施四大领域共17项建设任务作为建设重点，明确了总体要求、主要任务、要素保障和组织实施方式，公布了县城城镇化补短板强弱项项目范畴和县城新型城镇化建设示范地区名单。随后，分别针对17项建设任务制发具体规范性意见，逐一细化提出建设目标、项目范畴和建设标准；推出县城新型城镇化建设专项企业债券、政策性商业性信贷支持政策，引导金融资本和工商资本积极参与县城建设。

一是推进公共服务设施提标扩面，含6项建设任务。在健全医疗卫生设施方面，主要是县级综合医院（含中医院）提标改造、县级疾控中心标准化建设、完善县级妇幼卫生健康服务机构等。在完善教育设施方面，主要是建设公办幼儿园，改善义务教育学校设施，建设普通高中校园校舍设施等。在改善养老托育设施方面，主要是扩充护理型床位，建设县级特困人员供养服务设施（敬老院），建设综合性托育服务机构和社区托育服务设施等。在发展文旅体育设施方面，主要是打造新型文旅商业消费聚集区，完善县级公共图书馆、文化馆、博物馆，改善游客服务中心等旅游配套设施，建设体育公园和城市公园等。在完善社会福利设施方面，主要是建设儿童福利设施和未成年人救助保护设施、残疾人康复和托养设施、公共殡仪馆和公益性骨灰安放设施等。在建设社区综合服务设施方面，主要是建设集基本和非基本公共服务等功能于一体的美好生活服务站。

二是推进环境卫生设施提级扩能，含3项建设任务。在完善垃圾无害化资源化处理设施方面，主要是建设生活垃圾焚烧终端处理设施、危险废物处理设施等。在健全污水集中处理设施方面，主要是提高管网收集能力，提标改造污水处理厂，建设污泥无害化资源化处理设施等。在改善县城公共厕所方面，主要是配建补建固定公共厕所或移动式公共厕所，改造老旧公共厕所，增加无障碍厕位和第三卫生间等。

三是推进市政公用设施提挡升级，含5项建设任务。在优化市政交通设施方面，主要是建设公共停车场，改造客运站，完善市政道路“三行系统”等。在完善市政管网设施方面，主要是更新改造水厂和老旧破损供水管网，完善燃气储气设施和燃气管网，集中改造燃煤锅炉，推进路面电网和通信网架空线入地等。在发展配送投递设施方面，主要是建设公共配送中心，布设智能快件箱等。在推进县城智慧化改造方面，主要是建设新型基础设施，搭建县城智慧化管理平台等。在更新改造老旧小区方面，主要是完善水电气路信等配套基础设施和养老托育、停车、便民市场等公共服务设施。

四是推进产业培育设施提质增效，含3项建设任务。在完善产业平台配套设施方面，主要是在产业园区和特色小镇等县城产业集聚区内，健全检验检测认证中心、技术研发转化中心、智能标准厂房、便企政务服务中心、农村产权交易中心等。在健全冷链物流设施方面，主要是建设冷库、生鲜食品低温加工处理中心、冷链物流前置仓等。在提升农贸市场水平方面，主要是改善交易棚厅，在批发型农贸市场配置检测检疫设备，在零售型农贸市场和社区菜市场完善环保设施，改造畜禽定点屠宰加工厂等。

第三节　我国县域经济社会发展与交通运输的基本关系

交通运输是国民经济重要的基础性、先导性、战略性产业和服务性行业，是串接生产和消费，支撑服务现代流通，促进县域融入城市群、承接都市圈、衔接城市、连接乡镇、服务乡村的载体和纽带，在县域经济社会发展中发挥了基础性、先导性作用。

一、交通运输是助力县域脱贫攻坚任务圆满完成的重要保障

作为支撑引领贫困地区发展和改善贫困人口生产生活的重要基础，交通运输是贫困地区扶贫开发和脱贫致富的基础性、先导性条件。习近平总书记指出，交通基础设施建设具有很强的先导作用，特别是在一些贫困地区，改一条溜索、修一段公路就能给群众打开一扇脱贫致富的大门。李克强总理在中央扶贫开发工作会议也特别强调，要想富，先修路。道路不通畅，经济发展和民生改善就无从谈起。要加大交通建设力度，完善管护机制，使之长期发挥效益，真正成为致富路、希望路。小康不小康，关键看老乡，致富不致富，关键看公路。贵州乡村旅游路、湖南宁乡农村公路、

湖北黄冈市大别山红色旅游公路等典型案例，都印证了交通在县域扶贫开发和脱贫致富中发挥的巨大作用。

二、交通运输是推动县域融入国民经济循环的重要支撑

由于县域内的资源、人口和行政面积非常有限，仅依靠区域内部的经济循环难以高效率打通生产、分配、流通、消费各环节，因此需要在更大空间维度上进行资源配置，构建形成跨县域的经济协作网络。交通运输业是县域经济参与国民经济循环的重要支撑，一方面，交通运输网络的投资建设活动直接伴随生产要素的流转，能够对县域经济增长形成直接拉动；另一方面，内畅外联的交通物流体系是商贸流通的基础条件之一，是国民经济的流动载体，能够为县域经济活动提供要素向内集聚和产品对外辐射的重要支撑保障。

三、交通运输是促进县域一二三产业协同联动的基础纽带

县域经济发展虽受宏观经济影响，但依托其在一定程度上的经济决策自主权，仍拥有经济发展的独立性和能动性。县域范围能够囊括形式多样的经济活动，一二三产业虽有主次，但在大多数县域通常均具备一定基础和规模。统筹县域内各运输方式的发展规划，充分发挥交通运输点多、线长、面广的优势和特点，不但能够为农业现代化和工业化之间的协同联动提供支撑，满足诸如农产品加工环节附带的经济高效运输需要，促进农产品价值链水平提升，更能通过现代物流、旅游交通等形式推动一二产业与现代服务业深度融合。

【专栏2-3】

交通运输支撑广东省现代农业产业园一二三产业协同联动发展

截至2020年底，广东共创建14个国家级、161个省级现代农业产业园，规模全国领先，实现主要农业县省级现代农业产业园全覆盖，形成了国家级、省级、市级现代农业产业园梯次发展的格局。据统计，到2019年底，位于粤东西北地区的100个现代农业产业园共计吸引返乡创业人员2.6万人，吸纳农民就业33万人，辐射带动农户61.9万户；产业园内农民年人均可支配收入19199.6元，比产业园建设前增长了20%；累计联结带动7.2万户贫困户平均每户每年增收8518.9元。

在现代农业产业园加快布局的助推下，广东省农村地区一二三产业不断深化融合，农产品加工业、农村电商、休闲农业等蓬勃发展，目前已有超过100个省级产业园的二三产业产值超过一半。而交通运输在现代农业产业园促进一二三产业融合的过程中更发挥着重要作用，典型案例如梅州大埔县的西岩万亩茶文化产业园。

梅州大埔县充分整合资源，以“一核一轴两翼多园区”空间布局，把面积达3.5万亩的西岩万亩茶文化产业园打造成为三产融合示范区及红色党建引领绿色发展示范带，形成了集“研发+种植+加工+销售+旅游”于一体的产业新格局，积极打造全省茶园连片集中规模最大、全国乌龙茶连片集中规模最大的现代茶园。

路通产业兴，为了补齐制约茶产业发展的交通短板，近年来依托乡村振兴发展的布局，大埔县枫朗镇建设了一条串起岗头、南坪、岽顶湖等多个特色园区的旅游线路，全长22公里，连通大埔县、潮州市饶平县新丰镇等3镇20余村，不仅降低了茶农运输成本，同时通过完善民宿、停车场、游人步道等基础服务设施，让更多游客走进茶山，旅游、购茶。根据相关规划，下一步大埔县还将不断完善西岩万亩茶园沿线道路配套设施建设和提升改造工作，注入茶文化元素与长寿文化元素，做好绿化美化工作，依托交通运输的建设发展进一步丰富茶文化产业园的内涵。

资料来源：根据《南方日报》2021年12月20日刊登内容整理。

四、交通运输是发挥县域比较优势，打造特色县域经济的重要保障

不同的县域往往拥有鲜明的地域特色，县域经济发展应避免“小而全”，注重发挥比较优势，发展与当地人文环境、资源禀赋、自然地理息息相关的特色产业和经济模式。交通运输是县域间构建“宜农则农”“宜工则工”“宜商则商”“宜游则游”等分工格局的重要保障因素。通过交通基础设施建设，进一步完善县域内通外联的交通网络，支撑引领特色产业发展，将县域独特的资源优势转化为经济优势和发展优势，实现“输血变造血”“绿水青山变成金山银山”。例如，若打造形成能够辐射和服务周边区域的贸易集散经济发展导向，需要依托便利的地理区位条件和强大的交通运输组织能力；若要强化县域自身专业化、特色化产业驱动，需要拥有能够满足相关产品专业运输服务需求的物流供应链能力，提升诸如仓储保鲜冷链等配套设施供给水平。

五、交通运输是协同推进乡村振兴和新型城镇化发展的重要载体

县域经济是以县城为中心、乡镇为纽带、农村为腹地的区域经济，层次化特征明显。经过长期以城市为中心的经济建设，我国当前县域经济发展的短板在乡村，潜力也在乡村。为发挥县域对于实现乡村振兴和“城乡

统筹、城乡一体”的新型城镇化这两项国家战略的关键载体功能，需要依托更高质量的交通运输供给，如打造可达性更高的农村公路网络和城乡间更加均衡的运输服务，以促进城乡要素、资源、产业等方面的深度融合，为县域经济发展提供坚实基础。

【专栏2-4】

2021年中央一号文件中关于加快县域内城乡融合发展、加强乡村地区交通运输能力建设的要求

2021年2月21日，中央一号文件《中共中央 国务院关于全面推进乡村振兴加快农业农村现代化的意见》（简称《意见》）正式发布。这是21世纪以来，第18个指导“三农”工作的中央一号文件，其中对加快县域内城乡融合发展、加强乡村地区交通运输能力建设等方面提出的要求有：

加快县域内城乡融合发展方面，《意见》提出要推进以人为核心的新型城镇化，促进大中小城市和小城镇协调发展。把县域作为城乡融合发展的重要切入点，强化统筹谋划和顶层设计，破除城乡分割的体制弊端，加快打通城乡要素平等交换、双向流动的制度性通道。统筹县域产业、基础设施、公共服务、基本农田、生态保护、城镇开发、村落分布等空间布局，强化县城综合服务能力，把乡镇建设成为服务农民的区域中心，实现县乡村功能衔接互补。壮大县域经济，承接适宜产业转移，培育支柱产业。加快小城镇发展，完善基础设施和公共服务，发挥小城镇连接城市、服务乡村作用。推进以县城为重要载体的城镇化建设，有条件的地区按照小城市标准建设县城。积极推进扩权强镇，规划建设一批重点镇。开展乡村全域土地综合整治试点。推动在县域就业的农民工就地市民化，增加适应进城农民刚性需求的住房供给。鼓励地方建设返乡入乡创业园和孵化实训基地。

加强乡村地区交通运输能力建设方面，《意见》提出要实施农村道路畅通工程。有序实施较大人口规模自然村（组）通硬化路。加强农村资源路、产业路、旅游路和村内主干道建设。推进农村公路建设项目更多向进村入户倾斜。继续通过中央车购税补助地方资金、成品油税费改革转移支付、地方政府债券等渠道，按规定支持农村道路发展。继续开展“四好农村路”示范创建。全面实施路长制。开展城乡交通一体化示范创建工作。加强农村道路桥梁安全隐患排查，落实管养主体责任。强化农村道路交通安全监管。

六、交通运输是改善县域社会民生条件的关键支撑

县域交通运输的改善能有效地解决农村地区，特别是贫困村群众出行难的问题，使身处自然条件较为恶劣的贫困山区的人民群众“进得来、出得去、行得通、走得畅”。交通条件的改善和基本客运服务的供给能够极大地改善县域尤其是农村地区的生产生活条件，推动农村地区教育、医疗、卫生等各方面社会事业的发展，从而最终改变农村地区的落后发展面貌。此外，加大县域基础设施，特别是交通基础设施建设的投入，能够给贫困地区创造大量就业机会，直接增加贫困人口家庭收入，提高生活水平。

七、交通运输是县域层面实现共同富裕目标的坚实基础

推动共同富裕需要解决发展不平衡不充分的问题，重点加强基础性、普惠性、兜底性民生保障建设。交通运输是提供基础支撑、普惠服务和兜底保障的重要领域，能够助力在高质量发展中促进共同富裕。立足共同富

裕目标要求，交通运输发挥基础支撑作用，确保共同富裕大局根稳基固；发挥普惠服务作用，增强共同富裕均衡共享能力；发挥兜底保障作用，改善农民农村共同富裕条件。

参考文献

陈文胜，2014.中国县域发展的基本特征与历史演进[J].中国发展观察（6）：30–31.

冯奎，2021.以县域为重点空间载体推动乡村振兴[N]. 21世纪经济报道，2021-03-03（4）.

国家发展改革委，2020.关于加快开展县城城镇化补短板强弱项工作的通知[EB/OL].（2020-05-29）[2022-10-26]. https://www.ndrc.gov.cn/xxgk/zcfb/tz/202006/t20200603_1229778_ext.html.

胡灿伟，2013.县域经济与组团发展[M].北京：光明日报出版社.

胡福明，1987.中国县域经济学[M].南京：江苏人民出版社.

凌耀初，2005.中国县域经济发展战略[M].上海：学林出版社.

吕风勇，邹琳华，2021.中国县域经济发展报告（2020）[M].北京：中国社会科学出版社.

秦逍，2021.乡村振兴下县域经济发展新路径[J].当代县域经济（3）：57–59.

王青云，2003.县域经济发展的理论与实践[M].北京：商务印书馆.

第三章
我国县域交通发展现实基础

新中国成立初期，以公路为主的县域交通底子薄、发展慢，全国公路通车里程不足8万公里。改革开放以来，我国农村公路建设取得令人瞩目的成就，通达深度和覆盖广度明显提升。步入21世纪，特别是党的十八大以来，全国县域交通经历了以适应全面建成小康社会为导向，以乡镇、建制村通畅工程为重点的大规模建设与发展阶段，农村交通运输条件明显改善，农民群众“出行难”问题得到基本解决。截至2021年底，全国农村公路里程接近450万公里。交通运输作为经济社会发展的先行官，在支撑引领以县城为载体的新型城镇化过程中发挥了重要作用。

第一节　基本现状

一、交通基础设施建设持续推进，县域交通“硬基础”不断夯实

长期以来，以公路为主的县域交通基础设施建设持续加快，交通运输网络不断完善。高速公路作为我国部分县级行政区的大能力对外快速通

道，在长距离跨县客货运输中发挥了重要作用。截至2021年12月，我国已实现县县通高速的省级行政区有天津市、北京市、上海市、江苏省、福建省、贵州省、宁夏回族自治区、广东省、江西省、浙江省、山东省、海南省、湖北省、安徽省、辽宁省、陕西省、湖南省（不含港澳台）。此外，国道和省道也在县域对外交通中扮演重要角色。

改革开放以来，我国农村公路建设取得令人瞩目的成就，具备条件的建制村通硬化路、通客运、通邮等脱贫攻坚兜底性目标均已于2020年9月顺利完成。截至2021年底，全国农村公路总里程达到447万公里，其中乡镇通三级及以上公路比例达82.2%（见图3-1）。在覆盖广度不断提高的同时，农村公路建设标准也在不断提升。近年来，多地结合当地发展需求加快推进农村公路改造提升，如推进桥梁建设改造、灾毁路段整修等。东部部分较发达省份已实现行政村农村公路双向四车道比例超过90%。

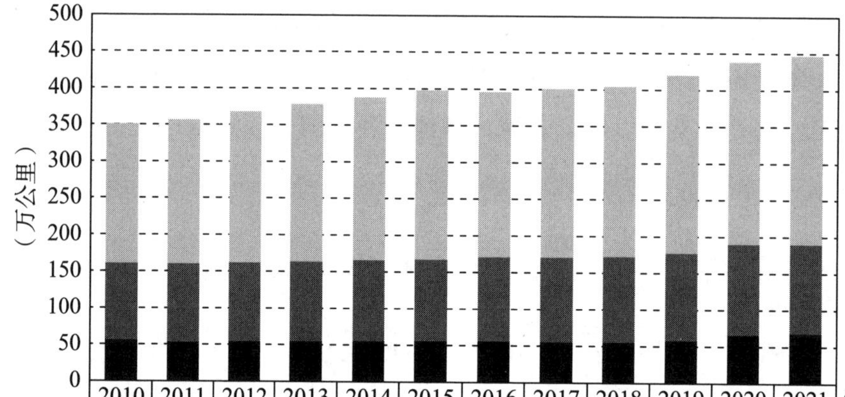

	2010	2011	2012	2013	2014	2015	2016	2017	2018	2019	2020	2021（年）
村道	189.8	196.4	206.2	214.7	222.5	231.3	225.1	230.1	231.6	242.2	248.2	256.4
乡道	105.5	106.6	107.7	109.1	110.5	111.3	114.7	115.8	117.4	119.8	123.9	122.3
县道	55.4	53.4	54	54.7	55.2	55.4	56.2	55.1	55	58	66.1	68

图3-1　2010—2021年我国农村公路里程变化

资料来源：2010—2021年《交通运输行业发展统计公报》。

为服务新型城镇化和乡村振兴，一系列国家政策文件均对县域交通发展提出要求。《交通强国建设纲要》提出，要形成广覆盖的农村交通基础设施网，促进交通建设与农村地区资源开发、产业发展有机融合。《国家综合立体交通网规划纲要》提出，国家综合立体交通网要有效覆盖县级节点，基本实现全国县级行政中心15分钟上国道。《“十四五”现代综合交通运输体系发展规划》提出，要夯实乡村振兴交通基础，逐步提升城乡交通运输一体化水平。随着铁路网络的不断完善，接入高速铁路、普速铁路的县级行政区不断增多，铁路在县域交通中的地位也越来越重要。例如，云桂铁路经由文山州的富宁县、广南县、丘北县并均设有铁路站。对于广东、江苏等水网纵横的省级行政区，内河航道在承载沿线客货运输、带动沿线县（市）经济发展中也发挥了重要作用。同时，为了降低居民长距离出行成本，推动空中旅游、航拍测绘、农林喷洒等新模式新业态的发展，一批县级行政区积极谋划通用机场。截至2021年底，全国在册管理的通用机场总数已达到370个。2020年各省市通用机场数量统计见表3–1。

公共停车场和公路客运站是县城重要的市政公用设施，对于拓展县城居民出行空间、提高人民群众幸福感、促进城乡融合发展具有重要作用。2020年7月，国家发展改革委办公厅印发《关于做好县城城镇化公共停车场和公路客运站补短板强弱项工作的通知》，提出“推进县城、县级市、特大镇区停车场和公路客运站建设，强化与综合交通运输体系有机融合，以全生命周期推进设施建设发展，切实保障人民美好生活需要，推进县城交通高质量发展”。一批县城积极响应、多措并举，大力建设惠民便民公共停车场。例如，充分利用城区一些已拆迁、暂未开发的边角余地，因地制宜建设小型生态停车场；优先在商业区、学校、医院、市场、景区等停车问题突出的地方，建设大型公共停车设施；积极编制公共停车场专项规划等。

表3-1　2020年我国各省市通用机场数量统计

序号	省份	数量	序号	省份	数量
1	黑龙江	88	17	湖北	6
2	广东	28	18	云南	5
3	江苏	25	19	天津	4
4	浙江	19	20	吉林	4
5	河北	17	21	甘肃	4
6	内蒙古	17	22	宁夏	4
7	新疆	14	23	山西	3
8	山东	13	24	福建	3
9	四川	13	25	海南	3
10	湖南	12	26	重庆	3
11	北京	10	27	安徽	2
12	辽宁	10	28	广西	2
13	陕西	9	29	贵州	1
14	河南	8	30	西藏	0
15	上海	7	31	青海	0
16	江西	7			

资料来源：《2020年通用机场数据简报》。

【专栏3-1】

湖南省脱贫攻坚自然村通水泥（沥青）路建设技术指标

主要建设技术指标应符合《公路工程技术标准》(JTG B01—2014)、《农村公路建设暂行技术要求》(交公路发〔2004〕372号) 等规定，一般应不低于四级公路技术标准，路基宽度不小于4.5米，路面宽度不小于3.5米。采用水泥混凝土路面，非重载交通的路面面层厚度不小于18厘米、强度等级不低于C25，基层必须满足强度和平整度的要求；采用沥青路面，路面面层厚度不小于4厘米，水泥稳定类基层厚度不小于18厘米。采用4.5米路基宽度或3.5米路面宽度时，每300米左右设置一个错车道。对于受地形、地质等自然条件限制的路段，在保障行车安全的前提下，经市级交通运输部门批准，可适当降低技术指标。应同步建设好路肩和排水设施，在陡坡、急弯、沿河、村庄和人群聚集地路段应因地制宜设置必要的安全防护设施和警示标志，提高公路抗灾能力和行车安全性。

资料来源：《湖南省脱贫攻坚自然村通水泥（沥青）路建设实施方案》

二、城乡运输服务差距不断缩小，县域交通“软服务”持续提质

近年来，得益于运输装备的迭代升级、工艺技术的突破创新、组织模式的优化完善，县域客货运输服务质量稳步提高，城乡运输服务差距不断缩小，基本公共运输服务均等化有序推进，交通在促进城乡人员往来和产业经济交流方面发挥了重要作用，有力地支撑了城乡一体化发展。县域交通安全运营水平有序提升，各类客运班线、货运服务安全通行规则标准相继出台，相关部门针对非法营运车辆等进行了较为有力的约束管理，进一步优化了县域客货运输发展的基础环境，推动县域客货运输服务供给体系不断完善。

客运方面，城乡客运衔接程度不断提升，旅客中转换乘愈发便捷，具备条件的建制村通客车这一兜底性目标已基本完成，客运班线设置不断优化，客运组织形式不断多元，有效满足县域对外联通交流。同时，针对留守老人、儿童、妇女的出行服务保障进一步完善，差异化服务功能保障也随着日益丰富的服务形式逐步建立。

货运方面，众多县级行政区积极构建“县－乡－村”三级物流网络，推动电商下沉和快递进村，打通“农产品进城”和“工业品下乡”双向

通道，农村货运物流组织能力持续提升，农产品进出和农村物流通村到户等的支撑保障能力显著增强。部分农业大县立足本县资源禀赋优势，合理布设“田头冷库”，破解农产品冷链运输的“最先一公里”问题。“多站合一”的农村物流站点发展模式、客运班线捎货下乡等服务模式持续推广，共同配送等新模式逐步推广应用。总体来看，城乡客货运服务范围有效辐射延伸，以及农村地区客货运输服务缺口的不断填补，使原本二元化发展的城乡客货运输走向均衡，县域人民群众出行的获得感、满足感、幸福感不断增强。

【专栏3–2】

当前我国城乡公交一体化发展的主要模式

1.组团扩散模式。对于城镇化水平较高、道路条件较好、客流密集的城市周边，可以考虑将城市公共交通延伸，财政补贴政策和乘员核定标准按照城市公共交通的标准执行。此类模式的典型特征为城市空间布局向组团发展，组团辖区内部形成以县城为中心、以重要乡镇为节点、以村为终点的网络。

2.经营区域对接模式。对城市公交和农村客运实行统筹运营管理，明确各自线路的长度范围、经营范围、票制票价、财税政策，实行分区和分级经营，通过枢纽实现城市公交与农村客运高效对接。

3.道路客运公交化改造模式。对于客运需求较大、距离较远、无法直接将城市公共交通延伸的区域，可以考虑将传统道路客运班线进行公交化改造。公交化改造的线路应做到“五定、三统一”（定线路、定时间、定票价、定班次、定站点；统一排班、统一调度、统一结算）以及低票价。

4.市县间客运资源整合模式。主要有两种形式：一种是针对在同一线路方向的各县客运班线进行整合，通过智能化调配，使客运资源得到充分利用；另一种形式是针对县域内镇村至市区比较分散的客运班线进行整合，通过集中同一客流方向的客运资源，提高发车频次等方式，提供更加便捷、优质的客运服务。

资料来源：《推动城乡客运一体化的探索》

三、智能绿色发展趋势逐步显现，县域交通管理养护水平不断提升

绿色出行、共同配送等理念在县域交通发展中逐步深入人心，促进县域交通可持续发展。例如，浙江省平阳县大力打造新能源公交车队，投放至繁忙公交路线，为市民提供更安全、舒适、绿色、低碳的出行服务；湖南省双牌县则加快生态廊道建设，助推绿色交通发展。无人机、无人车、智能快递柜等先进物流配送设备已在部分县域探索应用，“末端配送”智能化水平不断提升，依托互联网、物联网、云计算等现代信息技术，各类交通信息共享服务平台陆续搭建起来，有效提高客货运输供需匹配效率，县域客货运服务组织能力进一步提升。以贵州省雷山县“通村村”App应用为例，定制公交、农村版“滴滴”、客运捎带等模式相继出现并逐步推广。

我国农村公路发展重点长期集中在建设，养护工作整体较为缺失。近年来，多地将农村公路养护作为其发展的重要任务之一，加强农村公路整体管理养护。但值得指出的是，农村公路基础设施的快速发展为未来养护增加了潜在压力，近年来农村地区小汽车使用量急剧增加，加之部分地区为加快农村公路建设而选择较低标准，多种因素叠加，导致农村公路养护压力逐步累积，并于近几年逐步凸显，成为未来农村公路发展的重点任务之一。当前，农村公路养护的理念技术不断更新，农村地区养护公

路的意识开始形成，“建养并重”取代以往“以建代养”的传统理念，逐步为农村公路地方管理部门广泛接受。同时，部分有条件的地区开始将高技术、机械化装备逐步应用到农村公路管理中，相关装备的应用极大地提升了农村公路管理养护效率效益，推进了农村公路基础设施可持续发展。

【专栏3–3】

贵州“通村村”平台经验

贵州雷山县“通村村”是全国首家利用大数据技术与互联网技术应用的平台，也是农村客运智能化应用的示范项目，主要解决农村日常出行、农村学生周末返家、农村货运物流等交通问题。平台有打车、包车、小件物流、汽车购票、公交查询、定制班车等群众出行服务功能，均可通过手机App进行点击预约，获取方便快捷的出行服务。“通村村”上线后，农村群众出行候车平均时间减少1个多小时，全县农村地区客运车辆实载率也得到了提高。

资料来源：《“通村村”“贵州经验”惠及全国》

【专栏3–4】

农村公路管理养护体制改革相关部署

（一）《关于深化农村公路管理养护体制改革的意见》：建立农村公路管理养护长效机制

——加快推进农村公路养护市场化改革。将人民群众满意度和受益程度、养护质量和资金使用效率作为衡量标准，分类有序推进农村公路养护市场化改革，逐步建立政府与市场合理分工的养护生产组织模式。引导符合市场属性的事业单位转制为现代企业，鼓励将干线公路建设养护与农村公路捆绑招标，支持养护企业跨区域参与市场竞争。鼓励通过签订长期养护合同、招投标约定等方式，引导专业养护企业加大投入，提高养护机械化水平。

——**加强安全和信用管理**。公路安全设施要与主体工程同时设计、同时施工、同时投入使用，县级人民政府要组织公安、应急等职能部门参与农村公路竣（交）工验收。已建成但未配套安全设施的农村公路要逐步完善。加强农村公路养护市场监管，着力建立以质量为核心的信用评价机制，实施守信联合激励和失信联合惩戒，并将信用记录按照国家有关规定纳入全国信用信息共享平台，依法向社会公开。

——**强化法规政策和队伍建设**。推动公路法修订，研究制定农村公路条例，探索通过民事赔偿保护路产路权。坚持经济实用、绿色环保理念，全面开展“美丽公路”创建工作，提高农村公路养护技术，完善路政管理指导体系，建立县有路政员、乡有监管员、村有护路员的路产路权保护队伍。

（二）《关于深化农村公共基础设施管护体制改革的指导意见》：健全高效的分类管护机制

——**完善非经营性设施政府或村级组织管护机制**。没有收益的农村公共管理和公共服务设施、绿化设施、道路等非经营性基础设施，按照权属关系，由地方政府或村级组织负责管护。鼓励地方政府逐步由直接提供管护服务向购买服务转变，采用多种形式，有序引导社会力量参与管护。鼓励集体经济实力强的村对所属各类农村公共基础设施实行统一管护。鼓励地方设立公益性管护岗位，优先从贫困户中聘请管护员，负责村属公共基础设施日常巡查、小修、保洁等管护工作。

——**健全准经营性设施多元化管护机制**。经营收益不足以弥补建设和运营成本的准经营性设施，按照权属关系，由运营企业、地方政府或村级组织负责管护。地方政府和经济实力强的村根据实际情况对运营企业予以合理补偿，运营企业应控制成本、提高效益。

——**创新经营性设施市场化管护机制**。经营收益可以弥补建设和运营成本的经营性设施，由运营企业自行或委托第三方管护。地方政府应完善相关支持政策，鼓励各类企业、专业机构从事运营管护。鼓励运营企业与村级组织开展管护合作，聘用村民参与管护。

——**梯次推进公共基础设施城乡一体化管护**。通过统一管护机构、统一经费保障、统一标准制定等方式，将城市公共基础设施管护资源、模式和手段逐步向农村延伸。各地区要结合当地实际，确定公共基础设施城乡一体化管护的设施类别、工作路径和时间表。东部沿海发达地区、中西部省会城市等具备条件的地区，应率先实现城乡一体化管护。

资料来源：《关于深化农村公路管理养护体制改革的意见》

《关于深化农村公共基础设施管护体制改革的指导意见》

四、投融资模式持续优化，为县域交通发展提供有效资金保障

交通基础设施建设工程投资规模大、公益性强、回收期长，需要政府在资金筹措中发挥主力军的作用。在积极防范化解地方政府债务风险的要求下，地方政府采取多种措施，持续优化投融资模式。目前，交通基础设施分级分类投入机制不断健全，对普通铁路、国省干线、农村公路、农村公交、航道、邮政等公益性强、经济性差的设施，建设投入以政府为主；对城市轨道交通、收费公路、高速公路、机场等有一定经济收益的设施，政府加大投入力度，积极引入社会资本；对港口、物流等经营性为主的设

施，建设投入以企业为主。支持城乡基础设施项目、高收益与无收益项目整体打包，实行一体化开发建设。

在农村公路建设中，投融资机制不断调整，为农村公路发展提供了有效的资金保障。一方面，建设资金渠道模式不断优化，除政府保障外，PPP等多种模式逐步应用在农村公路建设中，农村公路也被纳入地方一般债券支持范围，随着农村公路设施资产不断完善，针对农村公路建设中突发事件的相关金融服务也相继发展，分散建设过程中资金风险。另一方面，特别是近年在农村公路管养资金应用中，先后采用了资金补助、先养后补、以奖代补、无偿提供料场等多种方式支持农村公路养护。同时，在资金安排中，按照《国务院办公厅关于深化农村公路管理养护体制改革的意见》，鼓励地方人民政府将农村公路建设和一定时期的养护进行捆绑招标，将农村公路与产业、园区、乡村旅游等经营性项目实行一体化开发，运营收益用于农村公路养护，提升公路的造血能力，不断推进投融资方式创新发展。

【专栏3-5】

《关于深化农村公路管理养护体制改革的意见》

强化农村公路管理养护资金保障

落实成品油税费改革资金。完善成品油税费改革转移支付政策，合理确定转移支付规模，加大对普通公路养护的支持力度。成品油税费改革新增收入替代原公路养路费部分，不得低于改革基期年（2009年）公路养路费收入占“六费”（公路养路费、航道养护费、公路运输管理费、公路客货运附加费、水路运输管理费、水运客货运附加费）收入的比例。成品油税费改革转移支付用于普通公路养护的比例一般不得低于80%且不得用于公路新建。2022年起，该项资金不再列支管理机构运行经费和人员等其他支出。继续执行省级人民政府对农村公路养护工程的补助政策，省级补助资金与切块到市县部分之和占成品油税费改革新增收入替代原公路养路费部分的比例不得低于15%，实际高于上述比例的不得再降低。

加大财政资金支持力度。农村公路养护属于地方财政事权，资金原则上由地方通过自有财力安排，对县级人民政府落实支出责任存在的收支缺口，上级人民政府可根据不同时期发展目标给予一定的资金支持。中央在均衡性转移支付中将进一步考虑农村公路管理养护因素，加大对重点贫困地区支持力度，继续安排车购税资金支持农村公路升级改造、安全生命防护工程建设和危桥改造等。地方各级人民政府要确保财政支出责任落实到位，将相关税收返还用于农村公路养护。省、市、县三级公共财政资金用于农村公路日常养护的总额不得低于以下标准：县道每年每公里10000元，乡道每年每公里5000元，村道每年每公里3000元，省、市、县三级公共财政投入比例由各省（区、市）根据本地区实际情况确定，并建立与养护成本变化等因素相关联的动态调整机制。

强化养护资金使用监督管理。财政部、交通运输部要建立对省级人民政府的农村公路管理养护考核机制，将考核结果与相关投资挂钩。对地方各级公共财政用于农村公路养护的资金实施全过程预算绩效管理，确保及时足额拨付到位。地方各级财政和交通运输主管部门要加强农村公路养护资金使用监管，严禁农村公路建设采用施工方带资的建设—移交（BT）模式，严禁地方以“建养一体化”名义新增隐性债务，公共资金使用情况要按有关规定对社会公开，接受群众监督。村务监督委员会要将村道养护资金使用和养护质量等情况纳入监督范围。审计部门要定期对农村公路养护资金使用情况进行审计。

创新农村公路发展投融资机制。地方各级人民政府要发挥政府资金的引导作用，采取资金补助、先养后补、以奖代补、无偿提供料场等多种方式支持农村公路养护。将农村公路发展纳入地方政府一般债券支持范围。鼓励地方人民政府将农村公路建设和一定时期的养护进行捆绑招标，将农村公路与产业、园区、乡村旅游等经营性项目实行一体化开发，运营收益用于农村公路养护。鼓励保险资金通过购买地方政府一般债券方式合法合规参与农村公路发展，探索开展农村公路灾毁保险。

资料来源：《关于深化农村公路管理养护体制改革的意见》

第二节　主要特点

一、突出兜底性工程建设和网络覆盖面拓展

步入21世纪，特别是党的十八大以来，全国县域交通经历了以适应全面建成小康社会为导向，以乡镇、建制村通畅工程为重点的大规模建设与发展阶段，农村公路覆盖范围、通达深度、通畅水平、服务能力显著提高，农村交通运输条件明显改善，农民群众“出行难”问题得到基本解决。到2020年底，具备条件的乡镇和建制村通硬化路、通客车目标全面实现，基本形成了遍布农村、连接城乡的农村公路网络。但仍存在路网通达深度不足、技术等级水平总体偏低、安全防护及桥涵等配套设施建设不足、管理养护存在明显短板、客货运输服务水平不高，以及“四好农村路”发展长效机制有待完善等问题。

【专栏3-6】

我国交通兜底性工程建设历程

20世纪80年代中后期，我国开始了“以工代赈”的方式开展农田、水利、县乡公路等方面的基础设施建设，到2000年累计安排以工代赈资金达390亿元，其中第一、二、三、六、七批以工代赈资金大部分用于农村公路建设。从1990年开始，交通运输相关部门开始对云南怒江州等地开展扶贫挂钩工作，历时十二载。进入“十五”期，国家在《国家公路网》《西部开发省际公路通道建设》《中长期铁路网规划》等重大规划中统筹兼顾贫困地区交通需求，组织实施西部地区通县油路、县际及农村公路改造、乡村通达工程、农村公路通畅工程、乡镇客运站建设等专项工程，专项投入推进农村公路建设，加快西部开发性铁路建设，支持“兴边富民”行动和人口较少民族地区交通基础设施建设等措施，进一步加大了对贫困地区的支持力度，有力地改善了当地的交通条件。

资料来源：《我国以工代赈发展历程：从救灾到扶贫》

二、交通发展以公路为主发展方式相对单一

县域涵盖城镇与乡村，兼有农业与非农业，是承上启下、实现新型城镇化的重要载体，就县域交通网络规模而言，公路在县域交通发展中占据主导地位。在公路管理和研究中，通常将公路分为国家公路、省道、农村公路三个层级，其中国家公路网由国家高速公路网和普通国道网组成；农村公路包括除高速公路、国道、省道、部分专用公路外的其余路网，覆盖县道、乡道、村道等。同时，村道还可以进一步细分为通建制村路、通组路、村内道路等。目前，80%以上的公路主要位于县域范围，而铁路、机

场等交通方式在县域的发展相对滞后。

三、重视发挥交通运输在脱贫攻坚中的作用

党的十八大以来，我国大力推进贫困地区交通建设，全力消除制约贫困地区发展的交通瓶颈。把贫困地区、革命老区、民族地区、边疆地区共1177个县（区、市）全部纳入交通扶贫规划，约占全国县（市、区）总数的43%。2012年至2019年，贫困地区新改建旅游路、资源路、产业路约5.9万公里，为广大农民脱贫致富奔小康提供了坚实保障，为县域经济发展提供了有力支撑。例如，地处川青交界地区的四川省甘孜藏族自治州色达县是全国189个深度贫困县之一，经过4年定点扶贫，色达的公路通车里程达到2260公里，17个乡镇、134个行政村实现了100%通硬化路、100%通农村客车，圆满完成了"两通"目标。2020年2月，色达县正式退出贫困县序列。"十三五"交通扶贫规划范围分布见表3–2。

表3-2 "十三五"交通扶贫规划范围分布

省份	县区总数（个）	集中连片特困县（个）	片外国贫县（个）	其他"老少边"县（个）	合计（个）	所占比例（%）
河北	172	22	23	3	48	28
辽宁	100	0	0	12	12	12
浙江	90	0	0	1	1	1
福建	85	0	0	52	52	61
广东	121	0	0	25	25	21
海南	20	0	5	3	8	40
山西	119	21	15	0	36	30
吉林	60	3	5	11	19	32
黑龙江	128	11	9	15	35	27
安徽	105	12	8	8	28	27

续表

省份	县区总数（个）	集中连片特困县（个）	片外国贫县（个）	其他"老少边"县（个）	合计（个）	所占比例（%）
江西	100	17	7	33	57	57
河南	159	26	12	11	49	31
湖北	103	26	2	15	43	42
湖南	122	37	3	1	41	34
内蒙古	102	8	23	16	47	46
广西	110	29	4	12	45	41
重庆	38	12	2	0	14	37
四川	183	60	6	25	91	50
贵州	88	65	1	4	70	80
云南	129	85	3	17	105	81
西藏	74	74	0	0	74	100
陕西	107	43	13	21	77	72
甘肃	86	58	0	6	64	74
青海	43	40	2	0	42	98
宁夏	22	7	1	6	14	64
新疆	101	33	6	41	80	79
合计	2567	689	150	338	1177	46

资料来源：《"十三五"交通扶贫规划》。

【专栏3-7】

国务院文件对贫困地区交通发展的目标任务要求

1.《关于打赢脱贫攻坚战的决定》（中发〔2015〕34号）

加快交通、水利、电力建设。推动国家铁路网、国家高速公路网连接贫困地区的重大交通项目建设，提高国道省道技术标准，构建贫困地区外通内联的交通运输通道；大幅度增加中央投资投入中西部地区和贫困地区的铁路、公路建设，继续实施车购税对农村公路建设的专项转移政策，提高贫困地区农村公路建设补助标准；加快完成具备条件的乡镇和建制村通硬化路的建设任务；加强农村公路安全防护和危桥改造；推动一定人口规模的自然村通公路。

2.《关于进一步发挥交通扶贫脱贫攻坚基础支撑作用的实施意见》（发改基础〔2016〕926号）

到2020年，在贫困地区建设广覆盖、深通达、提品质的交通运输网络，总体实现进得来、出得去、行得通、走得畅。乡村交通基础网络明显改善，实现乡镇通硬化路，建制村通硬化路、通客车、通邮政，自然村道路条件得到改善。区域交通骨干通道建设显著加强，铁路、高速公路基本覆盖贫困地区市（地、州）行政中心，有条件的市（地、州）级城市和重点旅游景区布局建设支线机场。二级及以上高等级公路基本覆盖所有县城，有条件的县城实现通铁路、高速公路。普遍运输服务保障能力显著增强，多样化、个性化运输需求得到满足，基本消除贫困地区发展的交通瓶颈，有效支撑脱贫攻坚任务。

3.《“十三五”脱贫攻坚规划》（国发〔2016〕64号）

现行标准下农村建档立卡贫困人口实现脱贫。贫困户有稳定收入来源，人均可支配收入稳定超过国家扶贫标准，实现“两不愁、三保障”。

建档立卡贫困村有序摘帽。村内基础设施、基本公共服务设施和人居环境明显改善，基本农田和农田水利等设施水平明显提高，特色产业基本形成。

贫困县全部摘帽。县域内基础设施明显改善，基本公共服务能力和水平进一步提升，全面解决出行难、上学难、就医难等问题，社会保障实现全覆盖，县域经济发展壮大，生态环境有效改善，可持续发展能力不断增强。

四、强调城乡交通一体化发展二元特色明显

党的十八届三中全会提出“健全城乡发展一体化体制机制”。城乡交通一体化是将城市公共交通体系与农村公共交通体系加以整合，统一规划，使城市带动农村、农村辅助城市，突破原有的区域限制、行政限制、管理机构限制等，建设共同管理体系下的道路公共交通新规划。城乡交通一体化有助于打破城乡二元分割的局面，让广大农民共同参与现代化进程，是一项补足城乡发展短板的交通工程、造福农民群众的民生工程和巩固执政之基的民心工程。根据《中国城乡交通运输一体化发展研究报告（2020）》，城乡交通基础设施建设加快发展，以县城为中心、乡镇为节点、村组为网点的农村公路交通网络初步形成，农村公路等级率达到93%，全国县、乡、村三级物流节点覆盖率分别为67%、65%、43%。具备条件的建制村、镇农村物流服务覆盖率达到96%，有1045个县在城乡交通一体化发展中达到5A级（见图3–2）。

- 5A级：1045个
- 4A级：918个
- 3A级：354个
- 2A级：129个
- A级：29个

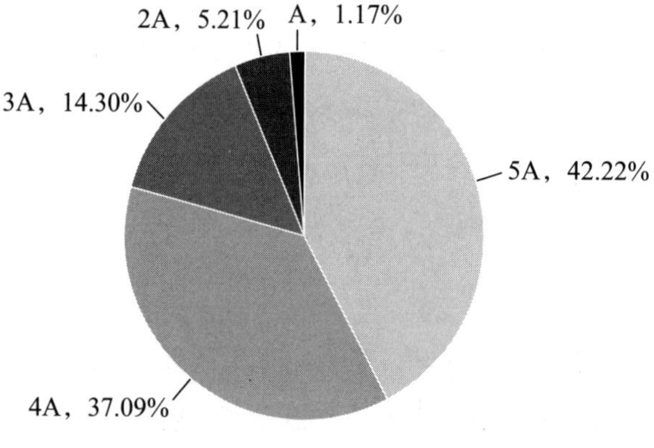

图3-2　全国城乡交通一体化发展水平

资料来源：《中国城乡交通运输一体化发展研究报告（2020）》。

五、交通运输需求发展强劲潜力将逐步释放

随着全面建成小康社会后向社会主义现代化建设迈进，以及新型城镇化建设和乡村振兴战略的深入推进，在流通体系相对落后、消费需求被长期压抑的县域，交通运输需求将被逐步释放。城镇化进程加快所带来的最直接效应是客运需求的快速发展。一方面，城镇化进程使县域范围内，城关镇、乡镇和中心区之间分工协作加深，通勤、公务类出行不断增长；另一方面，城镇化进程是居民的生活水平和可支配收入增加，促使县域居民出行频率尤其是休闲类出行呈现明显增长的趋势。从空间上看，传统的县域出行需求一般以县城（城关镇）内部出行为主，辅以少量镇区间的出行及县域对外的出行；随着城镇化和县域经济的快速发展，一方面县域内部的出行量大幅增加，另一方面县城对外联系及县城至中心城镇的出行联系也会不断加强。

六、交通运输发展水平差异大且区域不均衡

我国县域面积广阔，覆盖全国90%以上的国土面积，由于自然资源禀赋、地理历史文化以及经济社会发展进程的不同，交通发展水平差异性较大。有些地区已实现县县通高速、县县通铁路，而有些地区县域交通运输发展瓶颈和短板依然明显，有些条件较差的县域交通发展明显滞后，对外交通不便，城乡衔接不畅，运输通道少、标准低，服务质量水平落后。总体上看，现阶段我国东部地区县域交通基础设施建设已经“基本适应”经济社会发展需求，某些指标已经达到中等收入国家水平；中部地区县域属于“随后–跟进型”，而西部地区县域则处于滞后状态，制约经济发展。而且，相比县域城镇化地区，部分农村地区的公路技术标准普遍偏低、抗灾能力较弱，缺桥少涵、安全设施不到位等问题依然突出，很多道路出现“油返砂”“砂返土”现象，客运均等化水平不高、路通车不通，客运线路开得通、留不住现象突出，货运服务水平较低。

第三节　主要问题

一、骨干通道对外衔接不畅，路网通达通畅水平有待提升

目前，我国县域尤其是中西部县域对外运输通道建设相对滞后，交通基础设施网络对外衔接不畅，资源要素流动和人员对外交流不便，严重影响了与周边经济相对发达城市的经济联系。仍有大量县域不通铁路，毗邻州县之间尚无高速公路、铁路直接相连，现有国省道路况条件差且连通不足，绕道出行情况比较普遍。

从县城来看，县城交通基础设施标准偏低，内部道路网大多是自然形成的，缺乏系统规划，性质功能不清晰，由于县域空间拓展和功能调整，很多过境国省道的功能和作用都发生了变化，公路与市政道路界限不清。从县域路网来看，长期以来，我国农村公路建设是以每个乡（镇）、建制村行政区划单位为连接点，按照“一乡一路、一村一路”的单向模式规划和建设的，致使许多乡道、村道成为断头路，相邻乡镇、村与村之间无路连通，相互之间通行必须较长距离绕行，路网连接度差。到2020年底，虽然全国具备条件的乡镇和建制村通硬化路目标全面实现，基本形成了遍布农村、连接城乡的农村公路网络，但仍有相当数量的村组、自然村、移民搬迁安置点等不通公路。

二、交通运输有效供给不足，城乡运输服务能力有待加强

从当前我国县域交通基础设施和运输服务整体供给水平来看，无论是供给总量、质量和效率，还是供给结构、公平程度和可持续性，与县域经济社会发展及其派生的交通需求相比，还存在不同程度上的有效供给不足问题，对新型城镇化发展和乡村振兴战略实施的精准适配能力有待加强，

交通运输基本公共服务水平有待提升。

一是县域现行交通运输发展难以适应新的出行模式和新兴业态发展的需要。随着城市化和社会经济快速发展，生活观念和消费结构急剧变化，人们对高品质生活不断追求，私家车大幅增加，乡村旅游业快速发展，由此也带动了“农家乐”的快速兴起。与此同时，在移动互联网技术的推动下，“互联网+”对个性化、多样化需求的影响也在逐步向县域蔓延，农村快递、电商物流等新业态快速兴起；而县域现有的交通运输系统发展与这些新兴业态模式的快速兴起相比明显滞后，部分地区现有道路条件和运输服务能力不足以支撑游客进得来、出得去，即使能进得来、出得去，也不能保证能玩得好，对当地旅游开发支撑能力明显不足，更加难以适应农村快递、电商物流等新业态的发展。

二是县域交通供给对产业扶持、生态保护、教育支持、医疗救助等需求的支撑不够。自然条件差的山区县交通可达性较差，许多特色产品运不出来，日常消费品和农用物资运不进去，旅游和生态资源未得到很好的开发利用。未来随着县域经济社会不断发展以及产业扶持、生态保护等持续推进，县域“名、优、特”等特色产业发展、旅游和生态资源的开发利用等对交通条件改善的需求越来越强烈，对交通支撑产业、旅游、生态等的有效性和精准性要求也越来越高。同时，由于部分县域农村地区缺少必要的基本客运公共服务保障，“上学难”“就医难”依然难以有效解决。疫情防控时期更暴露出交通运输组织服务精准性、有效性不足等问题。

三、交通安全隐患较为突出，建管养运协同发展难以统筹

交通运输为县域经济发展和民生改善创造了有利条件，但同时也带来交通事故及其造成的人员伤亡和财产损失，尤其是在一些山区和临河、临崖道路，以及与干线交通交叉的路口，交通事故较多。受建设资金、地形条件等因素制约，目前我国许多县域农村公路路面较窄，桥涵、排水、安

保设施配套不足，危桥、病桥多，不少农村公路上急弯、陡坡、临水、临崖、视距不良等安全隐患路段较多。

我国早期建成的农村公路主要以“通”为主，公路技术标准普遍偏低、抗灾能力较弱，缺桥少涵、安全设施不到位等问题比较突出。长期以来，受地方责任主体不到位、体制机制不完善、“重建轻养”思想普遍、养护资金不足等多种因素影响，相当数量农村公路处于失养状态，农村公路“油返砂”“砂返土”“畅返不畅”“通返不通”现象日益显现，影响了县域交通的可持续发展。近年来，我国农村公路逐步进入养护高峰期，在中央资金补助有限、地方财政配套资金普遍不足的情况下，农村公路养护体制机制问题已成为制约贫困地区农村公路建管养运协同发展的攻坚难题。

四、资金保障机制尚不健全，资源环境约束压力日益凸显

“融资难、配套难”是当前困扰我国县域交通发展的两大关键性问题。目前，县域交通基础设施尤其是不收费的普通国省道、农村公路建设和养护普遍存在资金投入不足问题。在现有交通基础设施投融资体制下，高速公路可以通过收费还贷形式筹集建养资金，高速铁路、普通铁路和民用机场建设可以通过铁路建设基金和民航发展基金募集资金，农村公路建设虽然有车购税资金支持，养护由燃油税返还资金支持，但保障能力有限。目前公路建设养护造价逐渐攀高，国家、省级政府财政补助的资金不足，许多县财政基本上都是“吃饭财政”，拿不出相应的资金作为农村公路建设和养护的配套资金。如何建立资金保障长效机制，解决县域近年来不断扩大的农村公路建设养护配套资金缺口是当前县域交通现代化发展过程中必须解决的关键问题。

同时，县域交通运输的建设和发展要受到资源容量环境的约束。县域一般是城市化程度较低的地方，相对于城市，资源环境较好，旅游资源比较丰富，但也是生态环境最为脆弱的区域。县域交通运输发展需要消耗大

量的资源，必然会对生态环境产生不良影响。

参考文献

GAAIP通用机场信息平台通用机场研究中心，2021. 2020年通用机场数据简报[EB/OL].（2021-01-10）[2022-10-26]. http://www.beishuokj.com/news/241.html.

陈梅兰，2020.新时代加强“四好农村路”建设和资金使用管理的思考[J].交通财会（12）：12-14，28.

贵州发布，2019.“通村村”“贵州经验”惠及全国[EB/OL].（2019-11-28）[2022-10-26]. https://baijiahao.baidu.com/s?id=1651418600899018956&wfr=spider&for=pc.

李玲玲，赵光辉，2021.城乡交通一体化高质量发展的困局及其治理[J].中国软科学（7）：97-105.

人民资讯，2021.我国以工代赈发展历程：从救灾到扶贫[EB/OL].（2021-09-14）[2022-10-26]. http://www.gongyishibao.com/html/gongyizixun/2021/09/18596.html.

王海洋，2020.县域交通运输发展理论研究与评价实证[M].北京：人民交通出版社.

张敏，2018.推动城乡客运一体化的探索[J].交通企业管理（2）：29-31.

综合运输服务创新团队，2021.中国城乡交通运输一体化发展研究报告（2020）[R].北京：交通运输部科学研究院.

第四章
我国县域交通现代化发展形势要求

站在党的二十大新的历史起点，加快县域交通现代化发展，是全面建设社会主义现代化国家，以中国式现代化全面推进中华民族伟大复兴的必然要求，是立足新发展阶段，完整、准确、全面贯彻新发展理念，构建以国内大循环为主体、国内国际双循环相互促进的新发展格局，实现高质量发展的重要保障，是推进以县城为重要载体的城镇化建设和推动乡村振兴的基础支撑。

第一节 宏观背景

新中国成立以来，我国集中力量发展社会生产力，实现了广泛而深刻的经济社会变革。其中，交通运输事业历经几代人逢山开路、遇水架桥，成为中国现代化的开路先锋，在支撑县域经济社会发展中发挥了重要的基础性、先导性作用。

党的十八大以来，我国经济社会发展取得新的历史性成就。经济运行总体平稳，经济结构持续优化。区域重大战略扎实推进，脱贫攻坚成果举世瞩目。县域城镇化补短板强弱项加快推进，县域交通发展水平持续提升。

但聚焦当前，国内外形势仍然复杂多变。新冠肺炎疫情仍在全球蔓延，世界经济形势复杂严峻，国内经济恢复基础尚不牢固。县域经济社会发展不平衡不充分问题突出，县域交通现代化发展仍然面临诸多困难和挑战。

一、国际环境不稳定因素显著增多，国内经济社会建设发展步入新阶段

从国际看，世界正面临百年未有之大变局，虽然和平与发展仍然是时代主题，但后疫情时代的国际经济格局、贸易规则、产业链布局加速调整，世界经济正陷于深度衰退，2020年仅有我国在全球主要经济体中实现经济正增长。保护主义和单边主义等逆全球化趋势持续蔓延，世界主要经济体之间的综合国力竞争日益激烈，新一轮科技革命和产业变革风起云涌，全球经济运行风险和地缘政治风险显著上升，国际环境的不稳定性和不确定性大幅增加。

从国内看，我国已进入高质量发展阶段，开启全面建设社会主义现代化国家新征程，正处在转变发展方式、优化经济结构、转换增长动力的攻关期，经济稳中向好、长期向好的基本趋势没有改变，供给侧结构性改革加快推进，超大规模市场优势和内需潜力逐步显现，正在加快形成以国内大循环为主体，国内国际双循环相互促进的新发展格局。

二、区域重大战略实施取得明显成效，区域发展协调性持续增强

我国正构建形成高质量发展的区域经济布局，区域重大战略实施不断取得新进展。京津冀、长三角、粤港澳大湾区逐渐成为引领全国高质量发展的动力源，长江经济带生态环境保护发生转折性变化，黄河流域生态保护和高质量发展迈出新的步伐，西部陆海新通道加快建设，区域发展格局更加优化完善。

区域协调发展战略深入实施，形势日趋向好。西部大开发正在形成新格局，东北振兴取得新突破，中部地区加快崛起，东部地区加快推进现代化。革命老区、民族地区发展逐步加快，边疆地区建设不断加强。区域发展相对差距逐步缩小，基本公共服务均等化水平不断提高，基础设施通达均衡程度明显改善，人民生活水平跃上新台阶。

三、乡村振兴实现良好开局，新型城镇化水平和质量稳步提升

2020年我国脱贫攻坚战取得全面胜利，完成了消除绝对贫困的艰巨任务，决胜全面建成小康社会取得决定性成就，交出了一份人民满意、世界瞩目、可以载入史册的答卷。党的十九届五中全会提出，要全面推进乡村振兴，实现巩固拓展脱贫攻坚成果同乡村振兴有效衔接。今后将继续坚持农业农村优先发展，加快农业农村现代化步伐，大力实施乡村建设行动，不断健全城乡融合发展体制机制。

以人为核心的新型城镇化战略正在深入推进。农业转移人口市民化不断加快，常住人口城镇化率稳步提高，城市群和都市圈发展壮大，城市更新行动有序实施，城镇化发展质量显著提升。同时，县城是城镇体系的重要一环，是城乡融合发展的关键纽带。国家已明确提出要以县域为基本单元推进城乡融合发展，并推进以县城为重要载体的新型城镇化建设，为新时期加快县域交通发展提供了基本遵循。

四、县域经济持续向好发展，县域城镇化补短板强弱项加快推进

县域经济是国民经济的重要基石和支柱，改革开放40多年，我国县域经济发展取得显著成就。2019年县及县级市GDP体量达38万亿元左右，

占全国GDP的近2/5，其中，作为县域经济核心的县城及县级市城区GDP占全国GDP的近1/4。县域人口城镇化率明显提高，县城人口承载能力显著提升，2019年底，县城和县级市城区常住人口达2.4亿左右，占全国城镇常住人口的近30%。

尽管如此，县域经济发展仍存在诸多问题和突出矛盾，不平衡不充分问题突出，农业基础还不稳固、城乡区域发展差距较大、县域主导产业较弱、市场化程度低，综合承载能力和治理能力仍然较弱，对经济发展和农业转移人口就近城镇化的支撑作用不足，与经济高质量发展和满足人民美好生活需要还有较大差距。2020年国家发展改革委印发关于要求加快开展县城城镇化补短板强弱项工作的通知，着力扩大有效投资、释放消费潜力、拓展市场纵深，为坚定实施扩大内需战略和新型城镇化战略提供重要支撑。其中，县域交通基础设施成为县城城镇化补短板强弱项的重要领域之一。

【专栏4-1】

国家发展改革委《关于加快开展县城城镇化补短板强弱项工作的通知》相关内容

各地区要统筹配置城镇化补短板强弱项工作的公共资源，重点投向县城（县政府驻地镇或街道及其实际建设连接到的居委会所辖区域）新型城镇化建设，并在布局建设各类公共设施时，注重做好与邻近地级市城区同类设施的衔接配套。兼顾县级市城区（市政府驻地实际建设连接到的居委会所辖区域及其他区域），以及镇区常住人口10万以上的非县级政府驻地特大镇，将其一并纳入目标区域。

大力提升县城公共设施和服务能力，促进公共服务设施提标扩面、环境卫生设施提级扩能、市政公用设施提档升级、产业培育设施提质增效，适应农民日益增加的到县城就业安家需求，扩大有效投资、释放消费潜力、拓展市场纵深，为坚定实施扩大内需战略和新型城镇化战略提供重要支撑。

五、全面打赢脱贫攻坚战目标完成，共同富裕提出更高要求

随着打赢脱贫攻坚战、全面建设小康社会的目标实现，我国开启实现共同富裕的新征程。2021年4月，习近平总书记在广西考察时提出，“让人民生活幸福是‘国之大者’”，“要在新起点上接续奋斗，推动全体人民共同富裕取得更为明显的实质性进展”。2021年8月17日，习近平总书记主持召开中央财经委员会第十次会议并在会上明确指出，“共同富裕是社会主义的本质要求，是中国式现代化的重要特征，要坚持以人民为中心的发展思想，在高质量发展中促进共同富裕”。共同富裕是全体人民的富裕，要提高发展的平衡性、协调性、包容性，增强区域发展的平衡性，强化行业发展的协调性，增强发展能力创造更加普惠公平的条件。

交通运输在我国经济社会发展中发挥了重要的支撑引领作用，由于县域覆盖了我国广阔面积，县域交通是综合交通运输体系真正发挥支撑引领作用的关键。牢固树立以人民为中心的发展思想，把交通运输作为促进全体人民共同富裕的先手棋，以县域为重要的发力点，加快推进综合立体交通网建设，促进交通运输新业态高质量发展，着力改善人民出行条件，不断满足人民群众多样化、多层次、多方面出行需求，提升交通运输对生产生活的服务支撑能力，切实增强人民群众的获得感、幸福感、安全感，以交通运输夯实共同富裕基石。

六、交通强国加快建设，县域交通发展进入全面提升新阶段

建设交通强国是以习近平同志为核心的党中央立足国情、着眼全局、面向未来作出的重大战略决策，是建设现代化经济体系的先行领域，是全面建成社会主义现代化强国的重要支撑。在建设交通强国战略引领下，我

国交通运输发展将更加突出创新的核心地位，注重交通运输创新驱动和智慧发展；更加突出统筹协调，注重各种运输方式融合发展和城乡区域交通运输协调发展；更加突出绿色发展，注重国土空间开发和生态环境保护；更加突出共享发展，注重建设人民满意交通，满足人民日益增长的美好生活需要。

县域交通是我国综合交通运输体系的重要组成部分，是交通强国建设的主战场之一。为适应旅客出行需求稳步增长，高品质、多样化、个性化的需求不断增强，以及货物运输需求稳中有升，高价值、小批量、时效强的需求快速攀升的交通运输发展趋势，我国县域交通发展要把握“先行官”定位，适度超前发展，着力推动交通发展由追求速度规模向更加注重质量效益转变，由各种方式独立发展向更加注重一体化融合发展转变，由依靠传统要素驱动向更加注重创新驱动转变，在加快补齐县域交通发展短板基础上，逐步构建安全、便捷、高效、绿色、经济的现代化综合交通体系。

【专栏4–2】

当前已批复的交通强国建设试点单位

第一批：河北雄安新区、辽宁省、江苏省、浙江省、山东省、河南省、湖北省、湖南省、广西壮族自治区、重庆市、贵州省、新疆维吾尔自治区、深圳市。

第二批：天津市交通运输委、山西省交通运输厅、内蒙古自治区交通运输厅、吉林省交通运输厅、上海市交通委员会、安徽省交通运输厅、福建省交通运输厅、江西省交通运输厅、广东省交通运输厅、四川省交通运输厅、云南省交通运输厅、陕西省交通运输厅、宁波市交通运输局、厦门市交通运输局、中国移动通信集团有限公司、中国远洋海运集团有限公司、招商局集团有限公司、中国铁道建筑集团有限公司、中国交通建设集团有限公司、中国邮政集团公司和大连海事大学。

第三批：北京市交通委员会、黑龙江省交通运输厅、海南省交通运输厅、西藏自治区交通运输厅、甘肃省交通运输厅、青海省交通运输厅、宁夏回族自治区交通运输厅、新疆生产建设兵团交通运输局、青岛市交通运输、武汉市交通运输局、国家能源投资集团有限公司、中国中车集团有限公司、中国建筑集团有限公司、阿里巴巴（中国）有限公司、北京京东世纪贸易有限公司、重庆高速公路集团有限公司、北京航空航天大学、东南大学、大连理工大学、北京交通大学、武汉理工大学、长安大学、交通运输部救助打捞局、中国船级社、交通运输部规划研究院、交通运输部科学研究院、交通运输部水运科学研究院、交通运输部公路科学研究院、交通运输部天津水运工程科学研究院、人民交通出版传媒管理有限公司、中国交通通信信息中心、交通运输部职业资格中心、交通运输部长江航务管理局、交通运输部海事局。

第二节　时代要求

我国已开启建设社会主义现代化国家新征程，新发展格局加快形成，技术进步引发产业和消费升级，碳达峰、碳中和提上日程，以县城为重要载体的城镇化建设有力推进，新冠肺炎疫情等重大公共突发事件给经济社会带来巨大冲击。新的形势变化对县域交通现代化发展提出了全新要求。

一、建设社会主义现代化国家新征程的开启，要求县域交通运输提供更加精准的基础设施能力支撑与运输服务先行引领

立足如期全面建成小康社会的新起点，我国已开始向社会主义现代化建设的第二个百年奋斗目标迈进。当前，县域户籍人口占到我国总人口的70%以上，地区生产总值在我国经济总量中占比过半，是我国经济社会发展的重要空间载体。县域交通应围绕交通运输作为国民经济基础性、先导性、战略性产业和服务性行业的功能定位，加快补齐发展短板，精准对接现代流通体系、现代产业体系建设需要，更好支撑和引领现代化经济体系建设，全面推动县域经济高质量发展。

二、国内大循环为主体，国内国际双循环相互促进的新发展格局构建，要求依托县域交通发展，推动形成城乡双向畅通的经济循环

构建新发展格局的逻辑在于通过坚持扩大内需这个战略基点，充分挖掘国内市场潜力，促进消费与投资有效结合，实现供需更高水平动态平衡，并依托国内经济循环体系形成对全球要素资源的强大引力场，促进国内国际双循环。2021年政府工作报告明确提出，稳定和扩大消费需要健全城乡流通体系，扩大县乡消费。新发展格局下，县域交通应紧密围绕乡村振兴和新型城镇化战略，以畅通农产品和消费品双向流通渠道为抓手，壮大县域经济，推动县域内城乡融合发展。

【专栏4-3】

习近平总书记关于构建新发展格局的重要论述

一、关于构建新发展格局

要深化供给侧结构性改革，充分发挥我国超大规模市场优势和内需潜力，构建国内国际双循环相互促进的新发展格局。

——在中共中央政治局常务委员会会议上的讲话（2020年5月14日）

二、关于逐步形成新发展格局

面向未来，我们要把满足国内需求作为发展的出发点和落脚点，加快构建完整的内需体系，大力推进科技创新及其他各方面创新，加快推进数字经济、智能制造、生命健康、新材料等战略性新兴产业，形成更多新的增长点、增长极，着力打通生产、分配、流通、消费各个环节，逐步形成以国内大循环为主体、国内国际双循环相互促进的新发展格局，培育新形势下我国参与国际合作和竞争新优势。

——在看望参加全国政协十三届三次会议经济界委员时的讲话（2020年5月23日）

三、关于加快形成新发展格局

当前经济形势仍然复杂严峻，不稳定性不确定性较大，我们遇到的很多问题是中长期的，必须从持久战的角度加以认识，加快形成以国内大循环为主体、国内国际双循环相互促进的新发展格局，建立疫情防控和经济社会发展工作中长期协调机制，坚持结构调整的战略方向，更多依靠科技创新，完善宏观调控跨周期设计和调节，实现稳增长和防风险长期均衡。

——在中共中央政治局会议上的讲话（2020年7月30日）

三、以技术进步为牵引的产业和消费升级，要求系统性谋划县域交通运输“新基建”布局，积极培育新模式、新业态

人工智能、大数据、云计算、移动互联网、5G等现代信息技术蓬勃发展，新旧动能转换全面提速，科技创新成为提高社会生产力和综合国力的战略支撑。我国县域应依托信息型、融合型、创新型等新型基础设施建设契机，系统谋划交通运输“新基建”战略性布局，协同推进“传统”与“新型”基础设施建设，探索培育“互联网+交通”“交通+旅游”等新模式、新业态，推动交通运输与通信、能源、水利等其他类型基础设施融合发展，更好支撑服务产业和消费升级。

【专栏4–4】

国家发展改革委对新型基础设施的界定

新型基础设施是以新发展理念为引领，以技术创新为驱动，以信息网络为基础，面向高质量发展需要，提供数字转型、智能升级、融合创新等服务的基础设施体系。目前主要包括三方面内容：

信息基础设施。主要是指基于新一代信息技术演化生成的基础设施。比如，以5G、物联网、工业互联网、卫星互联网为代表的通信网络基础设施，以人工智能、云计算、区块链等为代表的新技术基础设施，以数据中心、智能计算中心为代表的算力基础设施等。

融合基础设施。主要是指深度应用互联网、大数据、人工智能等技术，支撑传统基础设施转型升级，进而形成的融合基础设施。比如，智能交通基础设施、智慧能源基础设施等。

创新基础设施。主要是指支撑科学研究、技术开发、产品研制的具有公益属性的基础设施。比如，重大科技基础设施、科教基础设施、产业技术创新基础设施等。

四、推进碳达峰、碳中和进程，要求县域交通践行绿色发展理念，提升建设发展的全生命周期质量

我国已提出采取更加有力的政策和措施，力争在2030年前实现碳达峰，努力争取2060年前实现碳中和。交通运输是全社会三大碳排放行业之一，县域交通对于落实应对气候变化国家自主贡献目标同样具有重要作用。以促进人与自然和谐共生为指引，我国县域交通应践行生态优先、绿色发展理念，积极引导绿色出行、大力发展绿色物流，推动资源集约节约利用，持续打好污染防治攻坚战和生态文明建设持久战，提高交通基础设施管理养护水平，增强交通运输可持续发展能力。

【专栏4–5】

习近平总书记在第七十五届联合国大会一般性辩论上关于我国减排目标讲话

2020年9月22日，在第七十五届联合国大会一般性辩论上，在谈到各国应携手迎接更多全球性挑战的话题时，习近平总书记指出：

这场疫情启示我们，人类需要一场自我革命，加快形成绿色发展方式和生活方式，建设生态文明和美丽地球。人类不能再忽视大自然一次又一次的警告，沿着只讲索取不讲投入、只讲发展不讲保护、只讲利用不讲修复的老路走下去。应对气候变化《巴黎协定》代表了全球绿色低碳转型的大方向，是保护地球家园需要采取的最低限度行动，各国必须迈出决定性步伐。中国将提高国家自主贡献力度，采取更加有力的政策和措施，二氧化碳排放力争于2030年前达到峰值，努力争取2060年前实现碳中和。各国要树立创新、协调、绿色、开放、共享的新发展理念，抓住新一轮科技革命和产业变革的历史性机遇，推动疫情后世界经济“绿色复苏”，汇聚起可持续发展的强大合力。

五、新型城镇化和城乡融合发展，要求县域交通供需精准适配，差异化推进交通补短板强弱项

推进以县城为重要载体的城镇化建设，加快推进城乡融合发展，加强特色小镇规范健康发展，需要充分发挥交通支撑引领功能，加快推进县域补短板强弱项。我国各县经济发展、所处地形地貌不尽相同，要立足地理区位、资源禀赋、产业基础等，探索符合本地实际的交通发展路径，实施差异化发展。对于城市郊区县，要按照城市统一规划布局，加快县城交通融入城市交通发展；经济实力较强县，要对标发达国家和地区，以动能转换、优化升级为重点推进交通现代化发展；经济实力一般县，要对标国内先进地区县，以加速发展、全面推进为重点加快推进交通系统完善；经济实力较弱县，对标省内先进地区，以补齐短板、跨越赶超为重点加快改善交通发展相对滞后局面。

【专栏4–6】

《关于促进特色小镇规范健康发展的意见》

对特色小镇规范健康发展要求

要遵循规律，立足不同地区经济发展阶段和客观实际，遵循经济规律、城镇化规律和城乡融合发展趋势。要因地制宜、突出特色。依托不同地区区位条件、资源禀赋、产业基础和比较优势，适合什么发展什么，合理谋划并做精做强特色小镇主导产业，防止重复建设、千镇一面。要准确把握发展定位，准确理解特色小镇概念，准确把握特色小镇区位布局，准确把握特色小镇发展内涵，发挥要素成本低、生态环境好、体制机制活等优势，打造经济高质量发展的新平台、新型城镇化建设的新空间、城乡融合发展的新支点、传统文化传承保护的新载体。

六、在高质量发展中促进共同富裕，要求县域交通正确处理效率和公平的关系，更好发挥交通运输的基础支撑、普惠服务和兜底保障作用

县域涵盖我国广大农村地区，是推进农村地区实现共同富裕目标的重要衔接点，县域交通发展应兼顾先发与后发，统筹需要和可能，更加精准、高效地满足发展需要。因地制宜，分域明确交通运输发展重点，结合县域实际推进交通运输发展；分类施策，精准适配交通运输发展需求，及时响应各类政策诉求；循序渐进，科学把握交通运输发展节奏，交通运输需要瞄准共同富裕进程，科学把握发展节奏，县域交通建设应建立在经济发展和财力可持续的基础之上，不应过度追求网络规模，要由追求速度规模向更加注重质量效益转变，精准适配共同富裕阶段需求，合理把握发展节奏，形成网络规模合理适度、网络结构优化配置、发展节奏有序有度、债务风险总体可控的高质量发展局面。

七、应对重大公共突发事件，要求增强县域交通运输系统韧性，提高现代化综合治理水平

我国突发公共事件频发，成灾强度大、影响范围广、持续时间长，尤其是2020年初突如其来的新冠疫情席卷全球，暴露出我国县域交通运输应急保障方面存在不少短板弱项，综合承载能力和治理能力仍然较弱。顺应国家应急管理体系建设对于打造健全统一应急物资保障体系的要求，我国县域应着力增强交通运输系统韧性，提升交通运输应急救援能力和保障水平，建立健全县域交通运输应急风险防控体制机制，加快提高现代治理能力。

【专栏4-7】

中央全面深化改革委员会第十二次会议

对应急物资保障体系建设的要求

健全统一的应急物资保障体系，把应急物资保障作为国家应急管理体系建设的重要内容，按照集中管理、统一调拨、平时服务、灾时应急、采储结合、节约高效的原则，尽快健全相关工作机制和应急预案。要优化重要应急物资产能保障和区域布局，做到关键时刻调得出、用得上。对短期可能出现的物资供应短缺，建立集中生产调度机制，统一组织原材料供应、安排定点生产、规范质量标准，确保应急物资保障有序有力。要健全国家储备体系，科学调整储备的品类、规模、结构，提升储备效能。要建立国家统一的应急物资采购供应体系，对应急救援物资实行集中管理、统一调拨、统一配送，推动应急物资供应保障网更加高效安全可控。

第三节 总体特征

虽然国内外对于交通运输现代化尚未完全形成统一认识，但总体上看，交通运输现代化主要体现在以技术先进、能力充分的交通基础设施为基本条件，以科学高效的交通管理手段和组织方式为重要保障，以为经济社会和人的全面发展提供安全、便捷、舒适、高效、经济、低碳的交通运输服务为根本目的，不断促进交通运输产业升级并达到世界先进水平的发展过程。党的十九大明确提出“决胜全面建成小康社会，开启全面建设社会主义现代化国家新征程”。2019年9月，党中央、国务院印发《交通强国建设纲要》，进一步明确“构建安全、便捷、高效、绿色、经济的现代化综合交通体系，打造一流设施、一流技术、一流管理、一流服务，建成人民满意、保障有力、世界前列的交通强国”，为我国县域交通运输现代化发展指明了方向。

一、一体化联通

各种交通运输方式均有其优缺点和适用范围，为了充分发挥各种方式的比较优势，县域交通运输应趋向一体化发展，即由不同交通方式相对独立发展转向更加注重多种交通方式协同发展，由不同区域交通相对独立发展转向更加注重区域间交通协同发展。近年来，我国建成了一批以机场、铁路车站等为代表的大型综合客运枢纽，以及一批以港口、物流园区等为代表的大型综合货运枢纽，集疏运设施网络不断完善，多种运输方式无缝衔接，旅客运输“一票制”、货物运输“一单制”、运输服务“一站式”等一体化运输组织模式不断涌现，城乡交通一体化发展成效显著。此外，交通与能源、水利、通信等其他基础设施之间的衔接逐渐增强，综合管廊加快建设，多网融合有序推进。《交通强国建设纲要》要求“统筹铁路、公路、水运、民航、管道、邮政等基础设施规划建设，以多中心、网络化为主形态，完善多层次网络布局，优化存量资源配置，扩大优质增量供给，实现立体互联，增强系统弹性”，为不同方式间、不同区域间交通一体化发展提供了指引。

二、多样化供给

县域交通发展本身涉及县城、乡镇、农村等多个空间层面的内容，同时我国东、中、西及东北等不同区域之间经济社会和交通运输发展的基础条件、导向路径等均存在较大差异。县域交通现代化发展应充分立足不同行政层级、不同发展水平地区的经济社会功能属性，依托当地资源禀赋及特色产业优势，差异化满足不同阶段周期、不同应用场景下的交通运输发展需要。以“因地制宜、分类施策”的总体原则为牵引，深入拓展县域交通发展内涵，构建多样化特征明显、本地化色彩突出的县域交通发展蓝图。此外，随着新时期个性化、高品质的交通出行及运输物流需求不断增大，以及为不同旅客群体提供更加公平包容出行服务的呼声不断增强，现代化的县域交通应着力扩大有效供给能力，不断丰富运输服务体系，提升运输服务效能，逐步实现交通运输高质量发展。

三、品质化提升

随着新技术、新材料、新工艺在交通运输领域应用范围的不断拓展，以及旅客美好出行需要、货物低碳运输需求的不断增强，综合交通运输体系的服务品质持续提升，呈现出客运高速化和货运专业化的趋势。2021年2月，交通运输部印发的《农村公路中长期发展纲要》提出：在全面建设社会主义现代化国家新征程阶段，农村公路发展将由侧重普惠向普惠与效率统筹兼顾转变，由注重规模速度向高质量发展转变，由满足基本出行向提供均等、优质服务转变，由行业自身发展向多元融合发展转变。以保障兜底的服务供给理念难以保障新时代新阶段“体验交通”发展需要。“十三五”期间，针对交通运输服务质量提升取得了积极成效，但整体来看，相关工作开展仍在既有“兜底保障”服务框架下隔靴搔痒，未能反映人民群众新需要的变化。要针对性保障旅客、货主等在交通运输活动中的实际感受，强调高品质运输服务普惠所有群众。

四、均等化服务

交通运输是关系到人民群众生存权利和发展基本需求的民生领域，城市公共交通、城乡交通、特殊群体无障碍交通等是基本公共服务的重要内容。党的十八大以来，习近平总书记高度重视民生兜底保障和推进基本公共服务均等化工作，非常关心“老幼病残孕”等特殊群体，要求坚持以人为本，兜住底线，覆盖全民，均等享有，不断提高交通运输基本公共服务均等化水平，增强人民群众的获得感和满意度。截至2019年底，我国60周岁及以上老年人已达到2.5亿人，残疾人数量超过8500万，如果包括孕妇、婴幼儿和病患群体，我国潜在障碍人群可达5亿人以上。未来我国县域交通运输发展应始终坚持以人民为中心的发展思想，保障人民群众特别是特殊人群的基本出行权和高品质运输服务享有权，不断提升不同区域、不同群体之间交通运输均等化水平，保证全体人民在共建共享发展中有更多获得感。

五、智能化赋能

近年来，人工智能、大数据、云计算、移动互联网、5G等现代信息技术蓬勃发展，自动驾驶汽车、智能铁路、全自动化码头、无人飞机等智能设备加快融入生产生活，为综合交通运输系统的智能化发展赋予新动能。世界主要发达国家持续推进先进交通装备的研发，深化先进技术与交通运输的融合，不断提高智能化发展水平。我国智能交通快速发展，市场规模不断扩大，智能交通系统成为我国交通现代化建设的重要内容。我国县域市场空间广阔，需要顺应新一轮科技革命和产业变革，以数字化、网联化、智能化为主线，推动交通运输与新技术深度融合发展，有序推进县域交通数字化升级和网联化发展，提高县域交通智能化发展水平。

六、生态化转型

从国际看，交通运输业的能源消耗约占全球能源消耗总量的1/3，产生的温室气体是空气污染的主要原因之一。欧盟坚定地发展零排放交通运输体系，计划到2030年将交通运输行业的温室气体排放量减少到2008年水平的80%左右。美国、英国、意大利、瑞典、瑞士、日本、韩国等均制定了节能减排法律法规。从国内看，绿色化既是交通强国建设的重要内容，也是生态文明建设的重要支撑。我国日益重视绿色交通发展，持续推动运输结构调整和组织模式创新，加快新能源汽车研发应用，大力推动公共交通发展和绿色出行，强化运输资源集约利用和交通污染防治，不断健全绿色交通发展制度保障体系。县域交通发展更要顺应发展大势、把握发展契机，坚持绿色化发展，走集约节约的发展道路。

七、韧性化保障

交通运输不仅是经济社会发展的先行引领，更是应对重大灾害事件的基础支撑。突发公共事件发生后，综合交通运输系统一方面需要保障灾区群众的疏散撤离和救援力量的快速投送，另一方面需要保障医疗救灾物资的高效送达和生产生活物资的快捷运输。2020年初，突如其来的新冠肺炎疫情席卷全球，严重威胁人民生命健康安全，沉重打击经济社会发展，暴露出综合交通运输系统韧性不足，应急物流能力亟待提升等突出问题。2020年2月14日，中央全面深化改革委员会第十二次会议明确提出，“要健全统一的应急物资保障体系，把应急物资保障作为国家应急管理体系建设的重要内容，按照集中管理、统一调拨、平时服务、灾时应急、采储结合、节约高效的原则，尽快健全相关工作机制和应急预案”，这对我国综合交通运输体系建设，应急响应和组织保障能力提升提出了重要要求。与大城市相比，县域交通基础较为薄弱、抗风险能力不强，要进一步提升县域交通的自然灾害、突发事件、国防安全等应对响应能力，合理设置安全冗余，提高系统韧性，聚焦交通基础设施老化、脆化等突出问题，加强维修养护，完善交通运输应急救援预案，建立社会化应急体系，提高应急处置能力。

参考文献

蔡之兵，2018.如何实现高质量区域协调发展新格局[J].经济（8）：96–98.

杜志雄，郜亮亮，2019.“坚持农业农村优先发展”的重要意义及实现路径[J].中国发展观察（21）：14–17.

付春香，2020.协同推进乡村振兴与新型城镇化[N].光明日报，2020-11-10（11）.

傅志寰，孙永福，等，2019.交通强国战略研究[M].北京：人民交通出版社.

国家发展和改革委员会，2020.国家新型城镇化报告（2019）[M].北京：人民出版社.

国家发展和改革委员会综合运输研究所，2021.中国交通运输发展报告（2021）[M].北京：中国市场出版社.

何立峰，2017.贯彻落实新发展理念 建设现代化经济体系[N].学习时报，2017-11-20（A1）.

清华大学中国新型城镇化研究院，2019.中国都市圈发展报告2018[M].北京：清华大学出版社.

汪鸣，吴文化，樊一江，等，2019.交通大融合[M].北京：中国计划出版社.

魏后凯，年猛，李功，2020.“十四五”时期中国区域发展战略与政策[J].中国工业经济（5）：5–22.

吴文化，宿凤鸣，等，2017.中国交通2050：愿景与战略[M].北京：人民交通出版社.

杨传堂，李小鹏，冯正霖，等，2020.交通强国建设纲要学习读本[M].北京：人民交通出版社.

杨洁，2013.县域城镇化是推进新型城镇化的关键[N].光明日报，2013-10-11（12）.

《拥抱全球化》编委会，2019.拥抱全球化[M].北京：中国计划出版社.

第五章
面向现代化的县域交通发展蓝图

2021年10月14日，习近平总书记在第二届联合国全球可持续交通大会开幕式上发表主旨讲话指出，交通是经济的脉络和文明的纽带，交通成为中国现代化的开路先锋。县域是交通强国建设的主战场，县域交通是全国现代综合交通运输体系的重要组成部分，在交通强国建设和交通现代化发展过程中具有不可替代的重要作用，县域交通现代化的进程和质量，将直接决定全国交通现代化的进程和质量。立足新发展阶段，加快县域交通现代化发展，需要科学描绘未来蓝图目标，准确把握未来发展导向，系统谋划、统筹推进县域交通现代化实施路径，充分发挥县域交通现代化发展在服务构建以国内大循环为主体、国内国际双循环相互促进的新发展格局中的积极作用，为全面建设社会主义现代化国家提供重要支撑和先行引领。

第一节　蓝图目标

党的二十大报告明确指出，要全面建设社会主义现代化国家。县域是推进新型城镇化的重点和着力点，县域现代化是国家现代化的重要组成部分。当前，我国已建成交通大国，正在加快建设交通强国。推进县域交通现代化，要立足县域现代化发展场景，瞄准交通强国建设，科学制定未来发展目标，描绘未来发展蓝图。

一、场景构想

（一）县城发达

县城是城镇化建设的重要载体，随着新型城镇化建设的深入推进，县城综合服务能力、对乡村的辐射作用和对农民的吸纳效应将显著增强，具备条件的县城将加快培育成为具有地域特色和生活舒适的现代化小城市。小城镇连接城市、服务乡村的独特作用更加凸显，逐步成为服务农业生产和农民生活的区域中心，持续涌现出一批产业基础深厚、聚集功能显著、服务设施齐全的重点镇。结合县城现代化发展场景，围绕县城经济社会发展和现代化产业体系建设要求，统筹考虑县城交通整体发展诉求，需要加快构建发达完善的县城交通体系，统筹布局、一体衔接地面、地下、空中等各类交通基础设施，创新应用现代化运输服务组织模式，加快形成畅通便捷、服务优质的现代化县城交通系统。

（二）乡村振兴

根据《乡村振兴战略规划（2018—2022年）》描绘的乡村振兴蓝图，到2035年，农业农村现代化基本实现，农业结构得到根本性改善，农民就业质量显著提高，相对贫困进一步缓解，共同富裕迈出坚实步伐；城乡基本公共服务均等化基本实现，城乡融合发展体制机制更加完善；乡风文明达到新高度，乡村治理体系更加完善；农村生态环境根本好转，生态宜居的美丽乡村基本实现。到2050年，乡村全面振兴，农业强、农村美、农民富全面实现。立足乡村振兴战略部署，按照产业兴旺、生态宜居、乡风文明、治理有效、生活富裕的总要求，需要统筹构建畅通便捷、服务高效的农村交通体系，显著提高农村地区交通基础设施覆盖广度和通达深度，全面改善农村交通物流条件和服务品质，深入推进城乡交通一体化发展。

（三）经济繁荣

把握加快构建以国内大循环为主体、国内国际双循环相互促进的新发展格局给县域经济发展带来的重大机遇，各县域将立足本地优势资源，加快形成县域经济硬核产业集聚的发展场景，加快打造特色制造业，塑成现代农业优势，建设现代服务业体系，推动现代服务业与先进制造业、现代农业深度融合。同时，县域经济发展将围绕增强标志性产业链竞争力，形成各种业态竞相奔涌的生动局面，加快布局特色农产品初加工和精深加工体系，积极发展休闲观光、健康养老等新产业，积极培育特色小镇和田园综合体，实现县域经济高端化、多元化、特色化发展。交通运输是经济社会发展的“先行官”，县域经济发展要求转变县域交通运输发展思路，以产业需求为导向，不断拓展网络覆盖范围，优化交通网络结构和运输服务组织，加快构建供给精准匹配的交通基础设施服务系统，更好服务县域现代化经济体系建设。

（四）生活富裕

党的二十大报告指出，中国式现代化是全体人民共同富裕的现代化。随着打赢脱贫攻坚战，全面建设小康社会目标的实现，我国开启实现共同富裕的新征程。共同富裕是全体人民的富裕，能够提高发展的平衡性、协调性、包容性，增强区域发展的平衡性，强化行业发展的协调性，增强发展能力创造更加普惠公平的条件。县域是在高质量发展中促进全体人民共同富裕的主战场，共同富裕下的县域将实现服务优质、民生优享的生活场景。在未来县域现代化建设和共同富裕发展场景中，交通在保障县域经济社会发展物质基本需要的同时，将更加注重提升整体体验性。客运方面，将构建“出行即服务”全程出行链条，全面提升旅客出行感受品质；货运方面，将打造全程链式组织，提升自动化、无感化货运物流组织水平。以县域交通的现代化发展不断满足高品质、多样化、个性化的客运需求和高价值、小批量、时效强的货运需求，持续增强人民满足感、成就感、幸福感。

（五）全域美丽

党的二十大报告指出，要推进美丽中国建设，促进人与自然和谐共生。践行生态优先、绿色发展，着力打造全域美丽的县域生态场景，是建设生态文明县域、实现人与自然和谐共生、贯彻新发展理念、打赢污染防治攻坚战的内在要求。县域的现代化必须走绿色发展的道路，要夯实生态基础、厚植生态优势，着力建设生态文明和全域美丽县域。在县域现代化、绿色化发展过程中，要贯彻绿色发展思想，加快转变交通运输发展方式，优化调整县域交通运输结构布局，充分依托现代信息技术等手段，推动交通运输智慧绿色发展，实施交通运输全生命周期管理，提高交通基础设施管理养护水平，集约节约利用资源，增强县域交通运输持续健康发展能力。要克服县域交通发展的负外部性，推动实现环境友好、节约集约、能源清洁、排放科学，使交通建设发展充分反映生态环境发展特点，与县域生态环境有机融合，实现县域交通生态化发展。

（六）文化承载

县域是文化发展的主要承载地，在县域文化保护传承和产业化发展过程中，我国很多省份和地区因地制宜，锐意创新，充分挖掘县域文化元素，创造了民俗文化、传统书画、工艺品制造等多种模式，涌现出一大批县域特色文化产业。县域现代化发展，将进一步促进各地以特色文化产业推动县域文化繁荣，营造浓厚县域文化氛围，着力打造文化自信、精神富足的人文场景，实现文化浸润生活、书香温暖城市，更好满足群众多元多样的精神文化生活需求，激活县域发展活力。这就要求县域交通现代化发展要更加注重提升地方文化特色，充分挖掘县域人文价值，加强县域交通发展与地方特色、民俗文化、旅游景点、红色文化等相关领域深度融合，以交通发展为承载平台，加强地方旅游民俗特征结合，构建县域形象发展窗口，拓展县域交通文化价值和功能。

二、县域交通现代化发展的阶段目标

截至2020年，我们已顺利完成决胜全面建成小康社会交通建设任务和“十三五”现代综合交通运输体系发展规划各项任务，为交通强国建设奠定了坚实基础。立足“十四五”，按照《交通强国建设纲要》对交通强国建设的阶段部署，县域交通现代化发展按近期2025年、中长期2035年、远期展望2050年三个阶段有序推进。

（一）2025年目标

到2025年，县域交通运输发展短板基本补齐，初步建成安全、便捷、高效、绿色、经济的现代综合交通运输体系，网络空间通达能力明显增强，运输服务品质大幅提升，智能绿色发展路径初步形成，综合治理能力明显改善，对县域经济和乡村振兴的支撑引领能力显著增强。

1.基础设施网络不断完善

县域对外重点方向适应需求的综合运输通道基本贯通，多层次、广覆盖的综合立体交通网初步形成，铁路、高速公路基本连接20万人口以上县城以及县域重要交通枢纽、边境口岸，普通国道基本连接县级及以上行政区、交通枢纽、边境口岸和国防设施，具备条件的乡镇和主要经济节点基本实现三级及以上公路连通，具备条件的建制村基本实现等级公路连通，具备条件的较大人口规模自然村（组）实现硬化路连通。

2.运输服务质量持续提升

县域快速化、便捷化客运服务能力大幅提升，城乡客运一体化加快推进，基本实现城乡交通公共服务均等化；运输结构持续优化，多式联运、专业化物流快速发展，物流系统化组织能力和供应链协同能力显著增强。除部分偏远地区外，基本实现县级行政中心30分钟上国道、60分钟上高速公路、90分钟上铁路，县城至地市级行政中心1～2小时通达。

3.智能技术装备广泛应用

县域交通基础设施智能化升级稳步推进，新型交通基础设施建设加快，各种交通方式信息交换与互联共享取得突破，枢纽站点无线网络广泛覆盖，智能型技术装备应用场景日益丰富，北斗卫星导航系统使用率和载运工具前装率显著提高。

4.绿色韧性水平明显增强

生态优先、绿色发展理念贯穿县域交通运输各领域各环节，资源集约节约利用和节能减排成效明显，交通环境保护能力不断增强，新能源汽车快速发展，主要污染物排放强度明显下降。交通基础设施耐久性和有效性不断增强，管理养护体制机制和资金保障政策机制持续完善，安全监管能力显著提高，突发事件应急保障机制更加健全。

（二）2035年目标

到2035年，基本建成能力充分适应、供需精准匹配、运行智能可靠、发展安全绿色、治理现代高效、融合广泛深入的县域现代化综合交通运输体系，运输服务基本实现“人便于行”“货畅其流”，交通运输高质量发展，现代化水平、治理能力等总体满足交通强国建设和县域经济发展需要，与物质文明、政治文明、精神文明、社会文明、生态文明以及城镇化、老龄化、数字化等发展精准适配，有力支撑农业农村现代化和县域共同富裕，人民群众获得感、幸福感、安全感显著增强。

（三）2050年目标

到2050年，全面建成网络设施配套衔接、运输服务一体高效、技术装备先进适用、安全智能绿色低碳，与国土空间开发保护、经济发展、产业布局、人口流动和生态环境保护相协调的县域现代化综合交通运输体系，县域交通现代化全面实现，与经济社会深度融合发展，县城产业聚集、资源配置、空间拓展、经济辐射功能显著增强。

【专栏5–1】

交通强国建设目标

到2035年，基本建成交通强国。现代化综合交通体系基本形成，人民满意度明显提高，支撑国家现代化建设能力显著增强；拥有发达的快速网、完善的干线网、广泛的基础网，城乡区域交通协调发展达到新高度；基本形成“全国123出行交通圈”（都市区1小时通勤、城市群2小时通达、全国主要城市3小时覆盖）和“全球123快货物流圈”（国内1天送达、周边国家2天送达、全球主要城市3天送达），旅客联程运输便捷顺畅，货物多式联运高效经济；智能、平安、绿色、共享交通发展水平明显提高，城市交通拥堵基本缓解，无障碍出行服务体系基本完善；交通科技创新体系基本建成，交通关键装备先进安全，人才队伍精良，市场环境优良；基本实现交通治理体系和治理能力现代化；交通国际竞争力和影响力显著提升。

到本世纪中叶，全面建成人民满意、保障有力、世界前列的交通强国。基础设施规模质量、技术装备、科技创新能力、智能化与绿色化水平位居世界前列，交通安全水平、治理能力、文明程度、国际竞争力及影响力达到国际先进水平，全面服务和保障社会主义现代化强国建设，人民享有美好交通服务。

资料来源：《交通强国建设纲要》（2019年9月14日）

三、蓝图展望

（一）出行便捷通畅

依托快速发展的综合立体交通网络，县域范围内旅客交通出行便捷度显著提升，出发地和目的地间的联通路径显著缩短且更趋多元，衔接转换次数明显减少，县城与县城、县城与地级城市之间均有快速公路或干线铁路通达，通过多种运输方式组合和衔接换乘，能够较为快捷地到达国内外主要城市，除沿边地区、自然条件复杂地区等不具备条件的县域外，其他任一县域出发均能够在一天内到达所有国内城市。

（二）流通精准高效

县域货物运输组织有机融入现代流通体系建设，农村地区流通“最后一公里”问题全面解决，任一县域范围内均能以较短时间、较小成本实现双向快速流通，通过多种运输方式组合能够较快到达货物收发点，运输过程的综合效益和系统效率全面提升。县域交通运输发展形成较强的需求捕捉能力，与县域经济发展精准对接、高效匹配，构建形成高效串接原材料产地、加工业基地、消费地等的多样化、专业化物流系统。

（三）服务灵活多元

县域层面的现代化交通运输服务供给体系全面形成，在保障普惠公平的基本公共服务需求外，能够因地制宜、因势利导提供差异化、品质化运输服务，切实满足人民美好生活需要。多元化、舒适化、高效化运输服务全面提升，与人口老龄化以及生活方式呈现出的新变化充分适配，各类人群不同需求充分满足。运输服务灵活性显著增强，旅客出行和货物运输具有较强的可选择性、自由性和自主性，个性化、定制化服务充分发展。

（四）城乡一体衔接

随着县域交通现代化发展持续推进，城乡交通运输全面实现协同发展、一体衔接，城乡交通二元发展问题有效解决。城乡基础设施发展全面联通，运输服务品质全面看齐，体制机制管理全面协同，载运设备应用全面推广。以交通运输为桥梁，城市与县域经济社会发展互动进一步深入，城市发展对县域的辐射带动作用持续凸显，县域发展空间逐步挖掘，交通运输对城乡一体化发展的纽带作用持续增强。

（五）科技深度赋能

县域交通运输与新技术深度融合发展，智能化成为县域交通发展动能的主引擎，人工智能、大数据、云计算、移动互联网、5G等现代信息技术广泛应用于县域交通发展，新技术、新材料、新工艺在交通运输领域应用范围不断拓展，智慧公路、无人飞机等智能设备加快融入县域生产生活，为县域综合交通运输智能化发展赋予新动能，基本实现县域交通全要素全周期数字化。

（六）发展绿色安全

县域交通成为践行绿水青山就是金山银山理念的重要领域，绿色化成为县域交通发展的主色调，运输结构调整和组织模式创新持续推进，绿色交通技术和装备研发广泛应用，公共交通和绿色出行成为县域出行首要选择，运输资源集约利用和交通污染有效防治，绿色交通发展制度保障体系健全。县域交通基础设施建有所养，交通运输的自然灾害、突发事件、国防安全等应对响应能力大幅提升，安全冗余合理设置，系统韧性显著增强，交通运输应急救援预案趋于完善，应急处置能力明显提升。

第二节　总体导向

立足新发展阶段，贯彻新发展理念，构建新发展格局，按照国家加快开展县城城镇化补短板强弱项工作的总体思路和要求，坚持稳中求进工作总基调，以推动高质量发展为主题，以深化供给侧结构性改革为主线，以改革创新为根本动力，以满足人民日益增长的美好生活需要为根本目的，统筹发展和安全，坚持差异施策和精准施策，加快完善县域交通基础设施网络空间布局与功能结构，推动县域交通发展质量变革、效率变革、动力变革，提升服务品质、提高服务效率、拓展服务功能，构建形成内畅外通、广泛覆盖、经济高效、普惠共享、智慧绿色、安全可靠的县域现代综合交通运输体系，为交通强国建设夯实基础，为坚定实施扩大内需战略和新型城镇化战略当好先行，为巩固拓展脱贫攻坚成果、全面推进乡村振兴提供有力支撑。

一、补齐县域交通运输发展短板

围绕更好满足县域交通出行和运输需求，加快补足县域交通基础设施发展短板。畅通多种运输方式衔接融合的县域骨干通道，推进县域交通与周边地区快速联通。打通县域路网“最后一公里”，有序拓展县域交通基础设施网络覆盖广度和通达深度。持续完善县域交通基础设施防护、排水、服务等附属设施建设，推进旅游资源富集地区旅游路及配套设施建设。强化县域枢纽功能，提升要素组织配置水平和市场辐射能力，更好支撑引领县域经济社会高质量发展和现代化经济体系建设。加快补齐县城公共停车场和公路客运站发展短板，拓展县城居民出行空间，提高人民群众幸福感，促进城乡融合发展。加强道路监控、智慧互联等相关新型基础设施在县域交通基础设施建设中应用，建设县域智慧交通。

二、畅通县域交通运输网络循环

围绕“大循环”“双循环”新发展格局构建，精准对接新型城镇化建设和乡村振兴战略实施，进一步优化县域综合交通网络空间布局和功能结构，以经济安全适用为准则，统筹长远发展与近期需要，强化交通运输供需动态化精准匹配，构建县域内联外通、全域覆盖、优质高效、一体衔接的综合立体交通网络。适应中高端运输服务需求，建设服务品质高、运行速度快的快速交通网；满足大众运输服务需求，建设运行效率高、服务能力强的普通干线网；保障基本运输服务需求，建设覆盖空间大、通达程度深、惠及面广的基础服务网。加快形成县域交通“通道+枢纽+网络”协同联动、“快速网+干线网+基础网”一体衔接、“大循环+小循环+微循环”循环畅通的发展局面，加强交通运输对多层次循环系统的支撑引领功能，有效串接县域各经济增长极、产业聚集区和人口聚集地，全面拓展对内对外发展空间，畅通县域国民经济循环。

三、变革县域交通运输发展方式

按照新发展理念，着眼县域现代化，把握技术革命机遇，顺应绿色低碳发展要求，依托互联网、大数据等现代信息技术和低碳发展技术，加快推动县域智能交通和绿色交通发展。加快转变传统县域交通运输要素配置和增长驱动的惯性路径依赖，更加关注系统性结构整体优化，提升基础设施、运输服务、技术装备、组织管理、市场主体等之间及内部要件间匹配衔接精准度，更加注重通过制度性改革、存量效能发挥、技术管理与组织创新，向存量要效益，向组织要效率，向技术要动力，向制度要红利，加强系统效率效益优化组合、设施服务管理治理联动、资源要素集约节约共享，推动县域交通运输质量变革、效率变革、动力变革，全面提升发展质量和效益，实现县域交通更高质量、更有效率、更加公平、更可持续、更为安全发展。

四、创新县域交通运输组织模式

按照高质量发展要求，围绕畅通县域经济循环运行和以县城为重要载体的城镇化建设，精准对接县域现代经济体系、现代产业体系、现代流通体系、现代化城镇体系等发展要求，创新县域交通运输组织模式和运行管理方式，强化运输组织供给能力精准提升，全面提升运输服务能力与质量水平。着眼更好满足县域人民群众美好生活期盼，满足多元化出行需求，营造快速便捷的出行体验，打造与现代生活方式、消费模式相适应的旅客运输服务体系。遵循现代产业组织规律，按照现代产业体系、经贸流通体系发展要求，持续调整货物运输结构，加快构建与县域现代产业体系相协同的专业化货运服务系统。加强需求侧有效引导、调节与管理，建立县域现代综合交通运输宏观调控与治理机制，树立服务人民、合理运输、安全绿色、开放共享、循环联动的县域交通运输发展价值观。

五、增强县域交通运输系统韧性

贯彻生态优先、绿色发展理念，顺应绿色低碳发展要求，推动县域交通绿色发展。聚焦县域交通基础设施老化、脆化等突出问题，加强维修与养护，提升交通运输全链条全生命周期发展能力。完善县域交通运输应急救援预案，提高突发事件交通运输应急保障能力。统筹发展与安全，提升县域交通运输自然灾害、突发事件、国防安全等应对响应能力，合理设置安全冗余，不断增强交通运输系统韧性。顺应产业跨领域跨行业发展趋势，发挥交通运输串接牵引现代产业各领域各部类发展的纽带和载体作用，推动县域交通与县域经济社会和其他基础设施深度融合发展，大力培育交通运输新经济新业态，培育形成增长新动能。

第三节 基本原则

我国县域国土空间广阔，发展类型多样，县域交通的现代化发展要坚持因地制宜，针对不同县域类型提出不同发展思路和发展策略；要坚持系统谋划，把系统观念贯穿到县域交通现代化发展全过程；要坚持供需适配，精准满足县域多样化专业化客货运输需求；要坚持融合联动，深入推进县域交通与经济社会跨业跨域跨界融合发展；要坚持改革创新，持续增强县域交通的智慧绿色和可持续发展能力。

一、因地制宜，分类施策

按照国家及各省主体功能区划分要求，立足东、中、西部区域差异和各地区县域发展基础和要素条件，分类分策推进县域交通现代化发展。优先推进东部地区基础较好的县域交通高质量发展，率先实现交通现代化。有序推进中西部和东北城镇化地区（含边境地区重点县城）县域交通现代化发展，为加快增强人口经济承载能力提供支撑。合理引导中西部和东北农产品主产区、重点生态功能区县域交通现代化发展，提高对农业农村发展和生态环境保护的交通保障能力。

二、系统谋划，有序推进

坚持存量与增量、设施与服务、传统与新型、先发与后发、近期与远期并重，兼顾建设、管理、养护、运营等全过程，统筹发展与安全，区分轻重缓急，加强平战结合，立足当前、着眼长远，做好发展统筹谋划，尽力而为、量力而行，有序精准推进县域交通基础设施建设，完善功能布局，强化薄弱环节和发展短板，加强一体衔接，确保运输能力适度超前，更好发挥交通先行作用，提升交通运输设施质量、服务质量、要素配置质量，提高安全性和可靠性，强化对县域经济社会发展的支撑引领质量。

三、供需适配，服务为本

着眼更好满足人民群众美好生活期盼，遵循现代产业组织规律，按照县域现代产业体系、现代城镇体系、经贸流通体系发展要求，着力推动县域交通网络布局、运输结构、服务效能系统性优化升级，精准匹配旅客出行需要和货物运输需求。坚持以服务人民为中心，以优质服务需求体验为出发点和落脚点，顺应人们对美好生活的新期待和畅捷舒适多元出行的新向往，全面提升县域交通运输服务效能，营造优质高效交通运输体验，增强人民群众交通运输获得感、幸福感、安全感。

四、融合联动，多元拓展

充分发挥交通运输对县域国土空间布局、人口分布、城镇及产业布局等的支撑引领作用，精准对接乡村振兴和新型城镇化战略整体部署，加强县域交通运输网络有效衔接，促进城镇乡一体联动发展。以交通网络布局与功能调整为先导，促进县域交通与县域经济、文化旅游，以及特色小镇、美丽乡村建设等融合发展。加强县域交通基础设施与其他基础设施统筹衔接和深度融合，推进各类基础设施规划建设与管理养护协同，打造县域现代基础设施体系。推动县域交通军民融合发展。

五、改革创新，智慧绿色

持续完善和创新县域交通建设、管理养护、客货运输发展以及投融资的体制机制和政策制度，探索创新运营管理、商业开发模式，提高交通运输综合治理能力。注重现代信息技术推广应用，加快推进“互联网+”交通等新业态新模式应用，有效激发运输市场活力，积极培育发展新动能。牢固树立和践行绿色发展理念，建立绿色发展长效机制，强化生态环境保护和节约集约利用资源，将生态保护红线意识贯穿到县域交通发展各环节，强化运输装备节能低碳、经济环保，实现县域交通与自然生态和谐共生。

第四节 推进路径

未来五年是全面建设社会主义现代化国家开局起步的关键时期，现代经济体系、现代产业体系、现代城镇体系、现代流通体系、现代综合交通运输体系等是典型表征。县域是我国现代化发展的主战场，在现代化强国和交通强国建设中发挥重要作用。深入推进县域交通现代化发展，需要围绕交通运输“先行官”功能定位，朝着现代化目标，明确路径，精准发力，有序推进，着力打造县域现代综合交通运输体系，为县域现代化提供有力支撑和战略牵引。

一、转变发展理念，增强县域交通持续发展活力

一是要由注重增量向存量与增量统筹并重转变。经过多年建设，我国广大县域已形成较大交通基础设施存量规模，如何发挥存量基础设施效益和效率，加强建设年代较早设施的升级改造，是县域交通现代化发展需要考虑的重点之一。二是要由注重传统交通基础设施建设向注重传统与新型交通基础设施建设统筹并重转变。近年来，随着5G网络、大数据、物联网、人工智能、云计算、区块链等技术手段的快速发展，交通基础设施也

将迎来新的发展机遇。县域交通在加强传统交通运输领域补短板的同时，需要把握新一轮科技进步浪潮，依托新技术发展加快布局新型交通基础设施，逐步推动实现县域交通基础设施数字化、网络化、智慧化。三是要由单纯注重设施建设向注重设施与服务统筹并重转变。县域交通发展需要坚持以人为本，既要加强交通基础设施建设，更要提升交通运输服务水平，着力增强县域交通运输公共服务能力，扩大交通运输多样化有效供给，引导交通运输新业态新模式健康发展，不断增强人民群众的获得感、满足感、幸福感。

二、精准发展空间，推进县域交通分域差异发展

我国县域空间广阔，东中西县域发展阶段不同，南北方县域发展特征迥异，既有城市群、都市圈等相对发达地区的县域，又有革命老区、民族地区、边疆地区等发展水平相对滞后的县域，不同地域的县域经济发展水平差异显著，对交通运输的需求也就明显不同。东中部发达地区和主要城市群、重点都市圈等地区的县域交通发展要以率先实现现代化为目标，加快适应新形势下县域新的生产方式、新的业态模式和新的战略需求。相对欠发达地区的县域交通运输发展，要有效解决对外交通不便、农村路网通达通畅水平不够、交通安全和运输服务质量水平落后等短板问题，以及在乡村振兴过程中面临的交通有效供给不足、资金保障和管养机制乏力等攻坚难题。同时，从空间形态来看，县域存在县城、乡镇、乡村等不同类型空间形态，既要加快推进县城交通城市化发展，又要加快补齐乡村交通发展短板，加强乡镇交通的“上承下接”功能，加快推进城乡交通一体化发展。

三、创新发展模式，激发县域交通内生发展动力

从既往县域交通的实施路径来看，单纯改善交通条件和提供便捷高效

的客货运输服务并非一定能够促进县域经济发展。为了发展县域经济，推动农村一二三产业融合发展，丰富乡村经济业态，拓展农民增收空间，应更好地发挥交通在以县城为重要载体的城镇化建设和乡村振兴过程中的支撑引领作用，积极创新交通发展模式，激发交通驱动县域经济发展的内生动力，增强县域交通“衍生”功能。加快推动“交通+生态旅游”“交通+特色产业”“交通+电商快递”等县域交通发展模式，使交通支撑引领县域产业发展的功能更加突出。对于资源路、产业路、旅游路等建设的支持，应不再强调必须是县道或乡道，关注的重点应放在是否具有支撑特色产业发展的功能上。

四、加强发展治理，完善县域交通体制机制保障

更好发挥交通在县域经济发展和乡村振兴中支撑引领作用，推动县域交通可持续发展，要把解决现实问题与建立长效机制结合起来，着力构建和完善充满活力、富有效率、更加开放、有利于县域健康可持续发展的体制机制。针对县域交通发展过程中存在资金保障难、农村公路管养效能低、工作机制不健全等问题，应从规范制度和加强监管入手，努力破解体制机制难题，最大限度整合资源，为县域交通现代化发展提供坚强的体制机制保障。同时，针对不同县域特点和需求，制定差异化的交通发展政策。考虑到不同类型县域自然资源禀赋、地理历史文化、经济社会发展进程以及交通发展水平的差异性，因县因村施策，有效满足不同类型县、镇（乡）、村的交通需求。

参考文献

马建堂，2021.在新发展阶段接续推进县域现代化[J].中国发展观察(8)：5-6.

吴文化，宿凤鸣，等，2017.中国交通2050：愿景与战略[M].北京：人民交通出版社.

第六章
我国县域交通现代化发展的主要任务

我国县域发展既具有相同特点又具备多元特色，由此带来县域层级交通运输供需关系丰富多样，也形成县域交通现代化发展中具有普适性的关键领域和重点任务。对标县域现代化发展目标，以构建县域现代化交通服务供给体系为牵引，引领县域交通现代化建设，统筹基础设施、运输服务、技术装备等领域各自发力，以需求牵引供给、以供给创造需求，探索创新发展模式和路径，共同推进实现县域交通现代化发展目标。

第一节　构建县域交通高标准设施网络体系

我国县域地域广袤，尽管已取得长远发展，但部分地区基础设施建设短板仍然突出。围绕县域交通现代化服务供给体系建设，着重强化对外联通、内部循环、主要节点和配套设施等方面，在推进设施建设的同时，优化设施功能结构，提升设施供给品质，有序推进县域单元有机融入区域综合交通运输体系建设，构建高标准县域交通设施网络体系。

一、建设县域对外交通骨干网络

县域对外交通网络主要承担综合交通网络联系和服务经济要素流通的作用，可根据其范围尺度分为与区域综合交通运输体系衔接和广义上的对外连接。以基础设施建设强化交通运输发展网络衔接，提升综合交通网络对整体建设发展的服务和保障，支撑服务县域更好融入区域发展体系。

（一）加强与区域综合交通运输体系通道连接

县域交通对外通达首先要建立县域自身与区域范围内交通运输网络有效联系，推进县域交通参与、衔接国家和区域综合交通网络布局建设。从交通网络通道布局来看，推进县域节点与国家综合立体交通网、国家综合运输大通道等衔接，有效延伸县域交通辐射联通范围，实现更大范围、更加便捷的对外通达，提升县域节点在综合交通网络中发挥的作用。结合县域交通情况，加强县域与综合运输大通道、干线交通联系，加快推进县域范围内路网与高速公路、国省干线公路以及铁路、水路、航空等的连接，优化高速公路在县域范围出入口布局等。除了作为独立节点构建区域网络连接外，县域也可依托周边城市对外通道融入区域综合交通网络，形成“县域–城市–区域”综合交通网络的联通模式，加强与邻近城市路网连接，利用城市综合交通运输体系中转，形成与区域大通道联系。

（二）提升县域生产生活主要节点对外交通建设

县域交通对外联系也包括了与县域周边范围区域交通活动。一方面，是与周边城市往来，加强城市道路向县域范围延伸，在具备条件的县域加快推进中心城区轨道交通衔接延伸、县域内市域（郊）铁路站点建设等。另一方面，是与周边城市生产生活往来，通常通过增加线路或者枢纽中转的方式实现连接，并由此组织基础设施规划布局，根据县的实际情况，织密区域路网，推进县域与周边主要交通枢纽、重要园区等关键场所直接联通，并合理优化路网布局、提升路网等级，提升区域往来便捷程度。在县域范围人口聚居乡镇、主要旅游景区景点等区域，强化与周边邻近综合客运枢纽、交通场站衔接通达；在主要产业园区、主要商业区域等，加强与周边货运物流枢纽、货运场站等联通；对于资源开发地等区域，强化与邻近货运站场、加工园区等联通，确保县域内主要生产生活场所全面覆盖。

二、完善县域内部交通循环网络

在过去的发展中，县域交通多遵循传统县城内部“树状”空间结构布局和“一乡一路、一村一路”的单向建设模式，但此路网体系下的交通组织普遍是局部的、分散的，难以形成有效网络化的交通组织。由此形成的交通运输服务供给实际效果大打折扣，对人民日益增长的美好生活需要支撑能力较为有限，亟待通过基础设施建设改善县域内部流通组织，提高循环网络效率。

（一）提升网络布局与县域发展耦合度

因地制宜构建县域交通网络，从县域自身发展需要出发，以公路为主体，依托交通网络有效串联县域主要节点，为县域范围通信、物流、金融、教育，医疗和文化娱乐等基本生产生活提供兜底保障支持，顺应县域新型城镇化建设、城市产业转移承接和产业结构升级等需要，强化县城、人口聚居乡镇、主要村镇等与县域内主要商业区域、交通枢纽、产业园区等路网联通，打造县域内农产品等主要产品与加工园区、物流园区等直连通道，推进部分瓶颈路段扩能改造，将原本分散的交通线路串联为通村畅乡、连田达园的交通路网。除公路外，发挥其他运输方式设施建设的辐射带动作用，结合县域发展条件，推进普速铁路、通用航空、内河水运等相关设施新改建，优化沿线站点布设，有效盘活县域内要素资源，丰富流通组织方式，提升县域内部出行流通便捷程度，丰富经济生产和人民出行方式的可选择性，切实提升交通发展带来的获得感和幸福感。同时，统筹考虑县域路网建设对城镇整体布局的影响，以县城为重点，按照“窄马路、密路网”方式，完善机动车道、非机动车道和人行道“三行系统”，完善县城发展空间尺度。

（二）有序推进交通基础设施更新改造

县域交通网络建设是体系化概念，其发展完善不仅仅局限于路网新建，也包括既有路段的改造提升，相关路段受制于建设年限久远、养护维修不及时、设计标准较低等因素，成为路网运行中的瓶颈卡口，对于满足当前交通运输发展需要保障能力有限，与现代化要求也存在距离。从路网整体运行出发，科学确定改造目标，既尽力而为又量力而行，推进交通基础设施改造提升。考虑到公路在县域交通中的主体地位，以公路为主，结合县域实际完善域内公路网络布局，对于县城及县级市城区（市政府驻地实际建设连接到的居委会所辖区域及其他区域）、镇区常住人口十万以上的非县级政府驻地特大镇等，对标周边城市交通设计标准，推进县城、县级市城区、特大镇中心等主要公路通道扩能改造，对于具备条件的区域，探索一级路或城市快速路标准。同时，结合县城内部道路密度、出行强度等情况，合理优化县域范围内普通公路建设标准，并结合农村地区发展需要，科学改善县道、乡道、村道等各类农村公路质量标准。

【专栏6–1】

住房城乡建设部等15部门关于加强县城绿色低碳建设的意见

建设绿色低碳交通系统。打造适宜步行的县城交通体系，建设连续通畅的步行道网络。打通步行道断头道路，连接中断节点，优化过街设施，清理违法占道行为，提高道路通达性。完善安全措施，加强管理养护，确保步行道通行安全。鼓励县城建设连续安全的自行车道。优先发展公共交通，引导绿色低碳出行方式。

营造人性化公共环境。严格控制县城广场规模，县城广场的集中硬地面积不应超过2公顷。鼓励在行政中心、商业区、文化设施、居住区等建设便于居民就近使用的公共空间。推行“窄马路、密路网、小街区”，打造县城宜人的空间尺度。控制县城道路宽度，县城内部道路红线宽度应不超过40米。合理确定建筑物与交通干线的防噪声距离，因地制宜采取防噪声措施。

推行以街区为单元的统筹建设方式。要合理确定县城居住区规模，加强市政基础设施和基本公共服务设施配套，因地制宜配置生活污水和垃圾处理等设施。探索以街区为单元统筹建设公共服务、商业服务、文化体育等设施，加强社区绿化、体育公园、健身步道、公共活动空间场所建设，打造尺度适宜、配套完善、邻里和谐的生活街区。

资料来源：住房城乡建设部网站

三、完善县域配套交通设施建设

除通道、路网建设外，随着县域经济社会发展水平不断提升，县域交通其他设施现代化建设发展需求进一步凸显，各地建设发展诉求突出，而交通设施也是现代化建设水平最为直观的体现之一。未来，应以综合交通枢纽、静态交通、安全应急等设施为重点，从现代化交通服务供给和整体运行需要出发，加快完善县域交通设施体系，提升交通设施对县域经济社会发展的支撑度和协同性。

（一）加快交通枢纽建设

交通枢纽是区域内交通运输线路汇合的重要场所，也是运输服务组织和资源配置的重要节点，是现代化县域交通设施体系的重要支点。除布设在县域范围内的区域综合交通枢纽外，县域范围枢纽主要以公路枢纽为主，尽管部分东部地区在县域交通枢纽建设方面进行了积极探索，但普遍来看，县域内部枢纽场站建设整体较为缓慢，服务较为单一，距离现代化枢纽站点要求相距甚远，难以在县域范围内实现有效交通组织。在现代化枢纽建设中，应同步推进提效与融合双管齐下。一方面，着重枢纽组织功能完善，提升设施布局建设水平，推进各类运输方式在枢纽内组织衔接，完善枢纽周边集疏运体系，系统提高枢纽组织效率。另一方面，着重枢纽融合作用实现，丰富枢纽承载功能，推进县域旅游集散、商贸经销等布局与枢纽结合，通过枢纽扩大空间服务范围，提升流通服务能力，结合集疏运体系建设，加强产业园区、物流园区、重点农业生产基地和优势农产品产区产地市场、农资配送中心、邮政和快件处理中心等对接，实现区域要素在枢纽中转流通。

【专栏6-2】

《全国供销合作社“十四五”公共型农产品冷链物流发展专项规划》相关内容

“十四五”期间，全国供销合作社系统将建成600个县域产地农产品冷链物流中心、100个农产品冷链物流枢纽基地、200个城市销地农产品冷链物流中心。

规划提出，“十四五”期间，全国供销合作社系统将构建以骨干网、省域网、区域网与信息平台为主架构的供销合作社公共型农产品冷链物流服务网络。到2025年，全系统冷链物流基础设施更加完善、服务能力显著增强、行业影响力明显提升，在国家冷链物流发展中发挥积极作用。

规划明确，到2035年，实现供销合作社公共型农产品冷链物流服务网络更加完善，基础设施、服务能力、科技水平达到国内领先水平，在我国农产品流通中发挥主力军作用，有效满足人民日益增长的美好生活需要，为农业农村现代化建设贡献更大力量。

资料来源：新华社

（二）建设静态交通设施

静态设施是指为非行驶条件下静态交通使用及服务的基础设施。以停车设施为代表，近年来，县域机动车保有量特别是私人小汽车的数量水平不断提升，导致城镇停车需求与设施供给矛盾越来越突出，解决停车问题已经成为我国县域交通管理的重点工作之一。整体看，我国普遍存在着县域停车设施规划较为滞后、投资不足、停车用地保障不到位等问题，部分地区也存在停车设施选址与建设不当而造成交通拥挤、投资亏损、资源浪费的现象。因县域情况各有差异，停车设施的具体形式也不尽相同，应重点规范县城停车场、路侧停车设施等相关配套设施建设，对于部分城市建设用地较为短缺的部分县域，推进立体停车场建设。县域旅游开发、生态环境保护等要求逐步凸显，对静态设施也提出新的要求，在加强设施建设的同时，结合路网路段具体需要，完善交通驿站、停车休息观景点、慢行步道、自行车道、绿化风景道等公路沿线服务设施建设。

（三）强化安全应急设施

县域特别是农村地区交通韧性发展是提升交通运输运行稳定性、构建综合交通运输体系整体韧性的重要组成。受地形地貌、地质环境等因素影响，农村公路作为道路交通事故高发地带，县域范围应急保障基础设施发展水平落后于城市。推进安全应急设施建设可与新改建农村公路、窄路加宽工程、美丽乡村建设、乡村环境综合整治等专项工作相结合，推进安全应急设施与县域交通发展有机融合。一方面，推进安防设施建设，以农村地区为重点，加强农村公路重点隐患路段治理，加快补齐配套设施短板，特别是在地形地貌特殊、事故多发地段等，统筹考虑农村公路交通安全隐患治理，建设农村公路安全生命防护工程，及时改造四、五类危桥，配套建设必要桥梁，完善农村公路交通标志、标线和指路标识，夯实农村公路交通安全基础。另一方面，依托设施建设提升应急响应能力，结合县域范围内各类突发事件，加快根据县域特点构建应急响应配套设施体系，针对重大公共突发事件，针对性提升路障、指示标志等配套设施建设，预留交通枢纽等场所应急保障功能，确保应急响应期间县域交通有序组织和开展。

第二节 提升县域交通品质化运输服务水平

运输服务水平是人民群众享受交通建设成果的关键领域，现代化县域交通服务供给创造运输服务新场景，以品质化运输服务构建现代化县域交通运输服务体系。顺应县域产业升级发展和人民美好生活需要，衔接城市群都市圈发展、城乡交通一体化发展需求，有效将建设成果转化为人民群众切身感受，将品质化的运输服务供给作为提升县域吸引力的重要抓手。

一、丰富县域交通运输服务供给

随着县域经济社会发展，县域交通在承担保障基本生产生活需要的兜底保障作用外，也进一步顺应美好生活新趋势新需求，承担满足更加多元丰富的运输服务需求特征的新使命。从差异化需求出发，进一步细化县域运输服务供给，统筹体现因地制宜、分类推进县城客货运输发展，切实丰富运输服务供给体系。

（一）打造多元化旅客出行服务保障

在新型城镇化建设推进下，一方面，县域范围内各区域分工协作趋势进一步凸显，通勤、公务类出行不断增长；另一方面，城镇化进程使居民的生活水平和可支配收入增加，促使县域居民出行频率尤其是休闲类出行呈现明显增长的趋势。同时，不同出行群体间的需求差异也进一步凸显，将传统以一般性普遍服务为主的运输服务供给转化为以差异性为主的多元化运输保障。

具体可着重细化为三类需要。一是持续强化县域基本生产生活出行需求，推进公平普惠客运交通服务普遍覆盖，加强铁路、公路、航空、水运等多种类型交通运输服务保障，如推进具备条件的建制村通客车等相关运输服务。二是积极响应出行新需要新趋势，针对性回应县域交通出现的新特点新趋势，充分运用交通运输服务平台，利用信息化技术化等手段，持续发展“互联网+”等多种灵活运输模式，灵活设置旅游班线、定制公交等服务，服务县域范围上学、进城、通勤、旅游、公务等具体需求，满足县域居民快速出行、慢速出行、边旅边游等多种需求，提供多元化多种类服务。三是全面保障各类人群出行需要，重点保障特殊需要人群出行，如农村地区“993861”（即老人、妇女和小孩），主动回应县域范围老年人、残疾人、孕妇、家庭群体等各类人群出行需要，细分各类人群具体需求特征，增加专门服务，让特殊人群能够出行、便捷出行，提升县域交通舒适性。

（二）构建便捷化货运服务供给

县域货运物流是连接城乡生产和消费的重要纽带。近年来，县域范围货运物流发展新需求不断涌现，农村电商不断涌现出直播带货、社区团购等新业态新模式。2020年，全国农村网络零售额1.79万亿元，同比增长8.9%（见图6-1）；全国农产品网络零售额4158.9亿元，同比增长26.2%。“十四五”时期，我国深入推进“县域商业建设行动”等工作，立足县域范围内整体流通体系建设，构建县域范围货物运输服务供给体系，强化农村物流等建设发展，完善配套商贸流通体系以及配套消费体系建设，推动工业品下乡和农产品进城，促进城乡生产与消费有效对接。

具体可着重细化为三类需要。一是持续保障兜底性货运服务，落实“十四五”末期“实现抵边自然村邮政普遍覆盖”的要求，在农产品运输、建制村通邮等基本生产生活服务方面强化保障，推进货运服务频次稳定、安全便捷、进村入户。二是强化县域范围快递物流保障，以农村地区为重点，当前布局分散、快递业务量少、物流成本高的问题较为突出，应重点缩小县域货运服务与城市服务障碍和差距，适应当前线上线下消费同步推进趋势，以快递物流为重点，提高县域范围快速便捷货物物流服务。三是创新应用各类运输服务组织模式，主动顺应各类货运物流新需要，在具备条件的县域推广快送、社区团购等物流组织新模式，提供多样化、精准化运输服务，推进城市货运配送等服务向县域延伸，结合县域实际推进定制化物流服务产品，满足各类企业、各类人群货运物流需求。

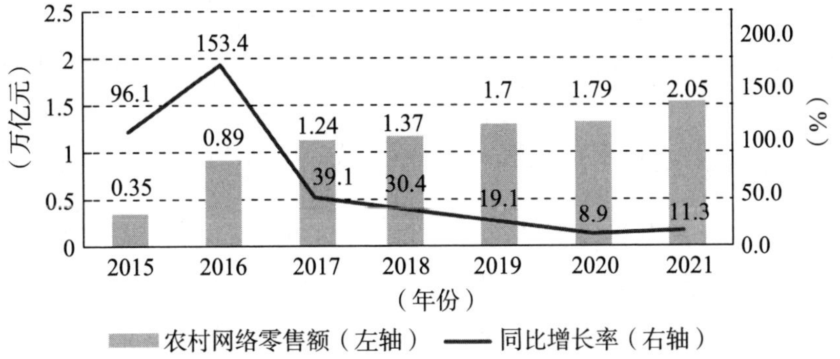

图6-1 2015—2021年我国农村网络零售额及同比增长率

资料来源：商务部《中国电子商务报告2021》。

数据来源：商务部大数据。

二、探索创新交通运输组织模式

结合客货运输需求呈现的新特点，充分依托大数据、物联网等各类新技术应用，顺应各类新业态新模式在县域范围发展应用趋势，探索客货运输组织模式创新，切实提升品质化运输供给的覆盖度和保障度。但运输服务新模式并非从零开始培育，其关键在于依托新的组织形式实现服务供给与客货运输需求的精准匹配。

（一）探索客运服务组织新模式

从客运来看，一方面，传统组织模式进步创新，如在有条件的农村地区，借助校车、旅游大巴等其他客运工具，通过政府购买服务等形式，更加灵活提供兜底性客运服务保障。根据调研所得相关情况，在客运服务组织中，充分利用既有发展资源拓展运输组织模式，如利用既有铁路富余运力开通市域（郊）铁路服务，充分发挥邮政普遍服务和供销体系的覆盖深度优势，探索利用邮政投递车辆、供销物流车辆提供部分客运服务。另一方面，推进各类运输组织新模式在县域交通广泛开展，根据县域范围生产生活主要需求，如推进赶集班车、学生班车、周末班车、隔日班车等各类定制化服务应用。其中应重点关注共享交通在县域范围内的应用，以共享电单车为例，县域成为共享电单车使用的重点场景，市场渗透率、覆盖用户规模快速提升。针对部分县域公共交通相对薄弱的情况，共享电单车能够切实补充县城公共交通，优化出行结构，提升出行便捷性，且对女性、老年人等出行群体较为友好（县城老年人骑行目的地分析见图6-2）。相关趋势反映出共享交通在县域出行中的巨大潜力空间，可加快推进共享交通在县域客运服务推广应用。

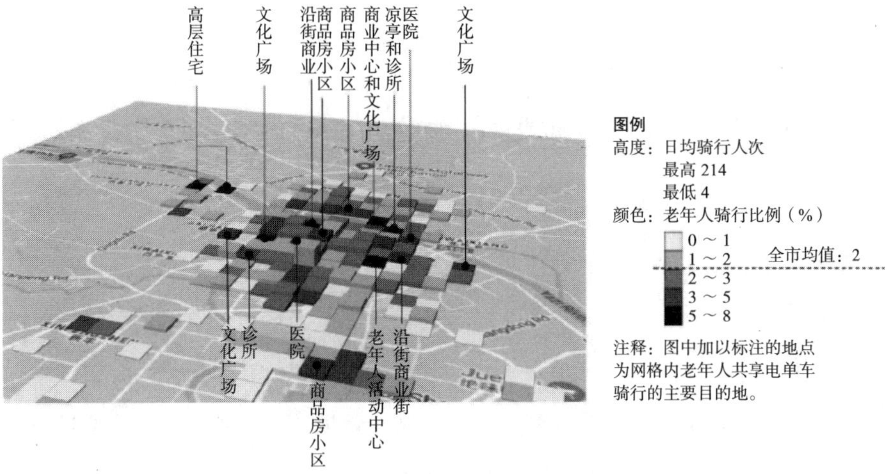

图6-2　县城老年人骑行目的地热点

图片来源：中山大学中国区域协调发展与乡村建设研究院《新型城镇化背景下的县城出行——县城共享电单车出行报告》

（二）推广货运物流组织新模式

随着农村地区物流服务体系不断建设，部分县已在物流组织中推广应用共同配送、无接触配送等物流组织模式，取得良好发展经验。统筹货运物流组织发展需求，在推进各类货运服务形式在县域范围推广应用的同时，应着重推进供应链组织在县域范围的深度应用，将县域有机纳入供应链组织体系中，将现代运输组织管理理念深入应用到县域交通物流发展中，真正将县域作为运输服务开展的节点，实现“门到门”服务。以围绕农产品的供应链组织为例，依托“互联网+”营造的良好环境，打造农副产品物流信息服务平台，充分发挥农村地区农副产品的“名、优、特”优势，建立农副产品的网上销售、流通追溯、运输配送体系，大力发展以仓储、加工、包装、运输、装卸、配送为主要服务的面向农村、牧区和消费市场的第三方物流，打造“生产基地+中介组织+加工/批发市场+公司（物流配送中心）”的现代农副产品物流供应链体系，切实保障县域地区各类商贸产品流通，整体优化县域货物运输组织。

【专栏6–3】

《国务院办公厅关于积极推进供应链创新与应用的指导意见》相关要求

1.创新农业产业组织体系。鼓励家庭农场、农民合作社、农业产业化龙头企业、农业社会化服务组织等合作建立集农产品生产、加工、流通和服务等于一体的农业供应链体系，发展种养加、产供销、内外贸一体化的现代农业。鼓励承包农户采用土地流转、股份合作、农业生产托管等方式融入农业供应链体系，完善利益联结机制，促进多种形式的农业适度规模经营，把农业生产引入现代农业发展轨道。

2.提高农业生产科学化水平。推动建设农业供应链信息平台，集成农业生产经营各环节的大数据，共享政策、市场、科技、金融、保险等信息服务，提高农业生产科技化和精准化水平。加强产销衔接，优化种养结构，促进农业生产向消费导向型转变，增加绿色优质农产品供给。鼓励发展农业生产性服务业，开拓农业供应链金融服务，支持订单农户参加农业保险。

3.提高质量安全追溯能力。加强农产品和食品冷链设施及标准化建设，降低流通成本和损耗。建立基于供应链的重要产品质量安全追溯机制，针对肉类、蔬菜、水产品、中药材等食用农产品，婴幼儿配方食品、肉制品、乳制品、食用植物油、白酒等食品，农药、兽药、饲料、肥料、种子等农业生产资料，将供应链上下游企业全部纳入追溯体系，构建来源可查、去向可追、责任可究的全链条可追溯体系，提高消费安全水平。

三、提升县域交通运输服务品质

顺应当前更加丰富多元的交通物流发展需求，依托有效的运输组织模式，将运输服务的品质提升作为最终落脚点，构建体验化发展理念，以全链条全流程为统筹推进县域运输服务整体品质提升，切实缩小与城市交通发展差距，全面提升人民群众的获得感和满足感。

（一）推进全链条全流程供给优化服务体验

积极回应现代化交通发展服务品质诉求，把需求侧体验作为运输服务品质的主要衡量标准，在县域交通发展中树立品质观念，提供标准清晰、供给稳定、便捷高效、舒适舒心的客货运输服务。从运输服务供给实际获得的体验出发，将县域运输服务扩展至“门到门”范围，持续推进各类客货运输服务细分发展，通过精细精准发展保障运输服务品质。切实将县域交通有机融入出行链条，保障旅游交通、短途出行、自驾出行等各种客运服务保障，推进“出门即旅游”“出行即服务”等相关服务在县域内实施应用；依托全程货运服务有效串接县域范围货运需要，强化供应链组织开展，提升货运物流专业运输服务，推进即时运输、冷链物流、医药物流、生鲜物流等各类专业化物流发展。

【专栏6-4】

《冷链物流分类与基本要求》对冷链物流对象的分类

食品冷链物流：主要为果蔬类、水产类、肉制品类、禽蛋类、乳制品、粮食类等易腐食品及其加工制品提供温度控制技术，以保证食品安全和品质的物流服务活动。

花卉植物冷链物流：主要为花卉植物及其鲜切产品提供温度控制和气调储藏技术，以保证物品质量安全的物流服务活动。

医药冷链物流：主要为药品、医疗器械等提供温度控制技术，以保证物品质量安全的物流服务活动。

化学品冷链物流：主要为常规化学品以及危险化学品提供温度控制技术，以保证物品质量安全的物流服务活动。

其他冷链物流：主要为精密仪器、电子产品、艺术品、活体运输、生物样本等物品提供温度控制技术，以保证物品质量和安全的物流服务活动。

（二）持续推进城乡交通服务一体化

县域交通服务是城乡交通一体化发展的重要组成，也是推进城乡一体化发展的重要衔接过渡地带。交通运输部2022年印发的《城乡交通运输一体化示范县创建管理办法》为推进城乡交通一体化发展提供了指引，同时提出了相关发展指标，在城乡运输服务衔接中强调“客货运输场站一体化水平”“城乡道路客运车辆公交化率”“建制村农村物流服务覆盖率”“乡镇农村物流节点覆盖率”等指标。在实际建设中，对标城市交通服务标准构建县域交通服务品质，一是推进城市交通服务覆盖县域范围，推进城乡交通服务“无缝衔接”，以城市轨道、市域（郊）铁路为主体，推进相关线路向县域范围延伸，灵活采用“城乡公交+乡村班线客运公交化运营”“城乡班线客运公交化运营+镇村公交”“城乡公交全覆盖”等多种模式推动全域公交发展，推进各类城市货运物流服务向县域范围延伸，在具备条件的县域地区强化各类城市配送物流服务保障。二是缩小县域范围交通物流服务质量差距，推进具备条件的县域与中心城区享受同样运输时效、运输价格等，持续推进城乡交通一体化服务衔接，重点加强周边城区对脱贫县等交通发展基础薄弱县域的带动辐射。

【专栏6-5】

河南省推进县域城乡交通运输一体化发展目标

2022年，为推动城乡交通运输一体化服务体系建设和农村物流发展，河南省邮政管理局联合省交通运输厅、省邮政分公司印发《河南省推进县域城乡交通运输一体化实施方案》（简称《实施方案》）。《实施方案》明确，到2025年基本形成城乡交通运输一体化服务体系，城乡交通运输融合发展更加深入，在全省培育10个客货邮融合发展样板县、30个城乡交通运输一体化示范县，10个国家级农村物流服务品牌，实现农村物流共同配送率达到50%以上；城乡交通基础设施持续完善，基本实现乡镇通二级公路、建制村通路面宽4.5米以上公路、20户以上自然村通硬化路；城乡客运公共服务质量明显提升，建制村通客车比例保持100%，新增5000个以上建制村实现城市公交线路延伸和城乡客运公交化运营线路连接；城乡农村物流服务能力显著增强，农村物流服务覆盖乡镇、建制村比例、建制村直接通邮率、“快递进村”覆盖率均达到100%；城乡交通运输科技含量持续提升，支持县级农村物流中心或农村物流龙头骨干企业建设的农村交通运输综合信息服务平台接入省综合交通运输管理服务平台；城乡交通运输安全保障体系更加完善，双重预防体系实现全覆盖，安全生产责任事故明显减少。

资料来源：河南省邮政管理局网站

第三节　加强县域交通智能化技术装备应用

先进技术装备是现代化交通体系的重要组成，县域是未来智能化交通装备应用的重要区域，建设发展需求广泛，但目前应用相对较少，亟待挖掘发展潜力空间。结合智能交通发展需求，从构建县域交通现代化发展场景出发，推进县域范围智能交通发展，加快智能技术装备推广，提升智能化整体水平。

一、推进县域交通智能化设施建设

以智能化设施建设为带动推动移动通信网络演进升级与交通运输应用优化融合，加强既有交通物流数字化升级，切实应用信息化智能化技术，以信息化智能化配套设施和设施改造为主要方向，实现对全域交通透彻全面、实时准确的感知。

（一）推进新型设施装备建设加快推进

推动移动通信网络演进升级与交通运输应用优化融合，推进传统设施改造和新型基础设施建设双管齐下，加强既有交通物流设施数字化升级，推进新型基础设施建设，实现对全域交通透彻全面、实时准确的感知。在既有基础设施改造提升方面，推进传统基础设施更新换代，以既有设施提质升级为契机，重点推进县域范围智慧公路、智能铁路、智慧航运、智慧民航、智慧停车等各类传统交通基础设施智慧化升级，提升交通基础设施智慧互联水平，实现数字化基础设施直接升级。同时，加快推进信息化配套设施建设，结合县域实际情况，顺应新技术、新材料和新能源发展趋势，重点加强智能监控、智能停车配套设施等建设，实现交通设施要素整体数字化升级建设。在新型技术装备应用方面，统筹考虑县域发展阶段和主要诉求，通过技术装备发展联动县域新型基础设施建设，推进物联网、5G、人工智能、遥感、地理信息等技术在交通领域覆盖应用，在具备条件的县域加快自动驾驶、车路协同等新型交通设施发展建设，应用无人机、机器人等多种货运物流配送装备，强化新型基础设施在县域范围的应用深度和水平。

【专栏6–6】

交通运输部《关于推动交通运输领域新型基础设施建设的指导意见》对“打造融合高效的智慧交通基础设施”的相关要求

1.智慧公路。推动先进信息技术应用，逐步提升公路基础设施规划、设计、建造、养护、运行管理等全要素、全周期数字化水平。深化高速公路电子不停车收费系统（ETC）门架应用，推进车路协同等设施建设，丰富车路协同应用场景。推动公路感知网络与基础设施同步规划、同步建设，在重点路段实现全天候、多要素的状态感知。应用智能视频分析等技术，建设监测、调度、管控、应急、服务一体的智慧路网云控平台。依托重要运输通道，推进智慧公路示范区建设。鼓励应用公路智能养护设施设备，提升在役交通基础设施检查、检测、监测、评估、风险预警以及养护决策、作业的快速化、自动化、智能化水平，提升重点基础设施自然灾害风险防控能力。建设智慧服务区，促进融智能停车、能源补给、救援维护于一体的现代综合服务设施建设。推动农村公路建设、管理、养护、运行一体的综合性管理服务平台建设。

2.智能铁路。运用信息化现代控制技术提升铁路全路网列车调度指挥和运输管理智能化水平。建设铁路智能检测监测设施，实现动车组、机车、车辆等载运装备和轨道、桥隧、大型客运站等关键设施服役状态在线监测、远程诊断和智能维护。建设智能供电设施，实现智能故障诊断、自愈恢复等。发展智能高速动车组，开展时速600公里级高速磁悬浮、时速400公里级高速轮轨客运列车研制和试验。提升智能建造能力，提高铁路工程建设机械化、信息化、智能化、绿色化水平，开展建筑机器人、装配式建造、智能化建造等研发应用。

3.智慧航道。建设航道地理信息测绘和航行水域气象、水文监测等基础设施，完善高等级航道电子航道图，支撑全天候复杂环境下的船舶智能辅助航行。建设高等级航道感知网络，推动通航建筑物数字化监管，实现三级以上重点航段、四级以上航段重点通航建筑物运行状况实时监控。建设适应智能船舶的岸基设施，推进航道、船闸等设施与智能船舶自主航行、靠离码头、自动化装卸的配套衔接。打造“陆海空天”一体化的水上交通安全保障体系。

4.智慧港口。引导自动化集装箱码头、堆场库场改造，推动港口建设养护运行全过程、全周期数字化，加快港站智能调度、设备远程操控、智能安防预警和港区自动驾驶等综合应用。鼓励港口建设数字化、模块化发展，实现建造过程智能管控。建设港口智慧物流服务平台，开展智能航运应用。建设船舶能耗与排放智能监测设施。应用区块链技术，推进电子单证、业务在线办理、危险品全链条监管、全程物流可视化等。

5.智慧民航。加快机场信息基础设施建设，推进各项设施全面物联，打造数据共享、协同高效、智能运行的智慧机场。鼓励应用智能化作业装备，在智能运行监控、少人机坪、机坪自主驾驶、自助智能服务设备、智能化行李系统、智能仓储、自动化物流、智慧能源管理、智能视频分析等领域取得突破。推进内外联通的机场智能综合交通体系建设。发展新一代空管系统，推进空中交通服务、流量管理和空域管理智慧化。推动机场和航空公司、空管、运行保障及监管等单位间核心数据互联共享，完善对接机制，搭建大数据信息平台，实现航空器全球追踪、大数据流量管理、智能进离港排队、区域管制中心联网等，提升空地一体化协同运行能力。

6.智慧邮政。推广邮政快递转运中心自动化分拣设施、机械化装卸设备。鼓励建设智能收投终端和末端服务平台。推动无人仓储建设，打造无人配送快递网络。建设智能冷库、智能运输和快递配送等冷链基础设施。推进库存前置、智能分仓、科学配载、线路优化，实现信息协同化、服务智能化。推广智能安检、智能视频监控和智能语音申诉系统。建设邮政大数据中心。开展新型寄递地址编码试点应用。

7.智慧枢纽。推进综合客运枢纽智能化升级，推广应用道路客运电子客票，鼓励发展综合客运一体衔接的全程电子化服务模式，推动售取票、检票、安检、乘降、换乘、停车等客运服务“一码通行”。推动旅客联程运输服务设施建设，鼓励建设智能联程导航、自助行李直挂、票务服务、安检互认、标识引导、换乘通道等服务设施，实现不同运输方式的有效衔接。引导建设绿色智慧货运枢纽（物流园区）多式联运等设施，提供跨方式、跨区域的全程物流信息服务，推进枢纽间资源共享共用。推进货运枢纽（物流园区）智能化升级，鼓励开展仓储库存数字化管理、安全生产智能预警、车辆货物自动匹配、园区装备智能调度等应用。鼓励发展综合性智能物流服务平台，引导农村智慧物流网络建设。

8.新能源新材料行业应用。引导在城市群等重点高速公路服务区建设超快充、大功率电动汽车充电设施。鼓励在服务区、边坡等公路沿线合理布局光伏发电设施，与市电等并网供电。鼓励高速公路服务区、港口码头和枢纽场站推进智能照明、供能和节能改造技术应用。推动船舶靠港使用岸电，推进码头岸电设施和船舶受电设施改造，着力提高岸电使用率。鼓励船舶应用液化天然气、电能等清洁能源。推动新能源、新材料在港口和导助航设施等领域应用。推动长寿命、可循环利用材料在基础设施建造、生态修复和运行维护领域应用。

（二）完善智慧平台设施功能

在“互联网+”模式带动下，各类交通物流信息平台是生产生活活动的重要载体，实现交通运输活动对各类延伸服务的集合整合，进一步拓展资源配置的内涵范围，实现区域资源更高水平的优化配置。普遍来看，县域范围内多为各种实体枢纽统筹交通物流、邮政、商贸、供销、金融服务等功能，随着各类智慧平台设施加快建设，县域范围内“虚拟枢纽”加快建设，利用信息化发展服务和各类先进技术装备，实现对县域城市功能建设发展的有效保障。同时，可将县域交通物流信息平台延伸至多种购物消费、金融服务等功能，并进一步拓展至特殊出行保障等服务，实现县域范围内城市配送平台、出行平台建设。

二、拓展先进技术装备智慧服务功能

在加强智能化技术装备应用的同时，拓展县域智慧交通服务应用的深度和广度，拓宽县域现代化交通运输发展路径和思路，重点从全周期全链条角度将县域交通智慧服务与品质化县域交通服务有机结合，助力现代化县域交通供给。

（一）强化关键保障作用

充分利用新技术新业态全面提升交通运输支撑保障能力，实现全域全数字化建设、全网络连通、全时空联动、零延时交互、无感化支付，利用相关技术设备克服各类极端环境条件约束，提升高海拔、人口稀少、地理位置偏远等县份运输服务保障，推进县域交通零阻碍发展，实现高质量交通运输服务“穿江过海、穿山入岭”。依托平台设施等建设，发挥信息化智能化交通统筹管理、创新服务的特点，强化县域交通发展韧性，及时应对和消纳各类突发事件，提高应急保障和风险应对能力。

（二）拓展县域交通发展场景

通过数字化智能化手段，推进不同县域交通有机连接，以县域为有机单元，推进区域、全国范围内交通运输活动网联化。结合现代化构建公路领域新型基础设施，面向现代化发展要求，前瞻性推动下一代县域交通发展。以公路领域为例，推进各类交通服务快速发展，推进基于车路协同的高水平无人驾驶公路，预留高等级自动驾驶车道。研究建设专用货运公路建设，按重载要求提升公路承载等级，避免公路客货交叉混行造成的安全隐患，提升货运车辆运行速度，有效应对重载车辆对公路路面的常态化损毁。在具备条件的县域构建物流枢纽全流程自动化集疏运体系，构建“泊位（装卸点）–堆场（货场）–仓库–配送点”全链条无人化集疏运体系探索建设港口、铁路货运站等重点物流枢纽、场站间高效集疏运的专用自动驾驶货运公路，支持集装箱卡车、自动引导车等货运车辆钟摆式运行。探索利用机器人进行公路建设施工和保养维护，实现公路建设危险工作、重复工作、简单工作等的机器人替代，降低公路建设成本、减少施工人员伤亡。

第四节　推进县域交通与经济社会融合发展

“要想富，先修路”是通过改善交通物流条件促进经济社会发展的时代箴言。随着交通物流对经济社会发展的制约作用有效扭转，在县域参与现代化经济体系建设中，通过县域现代化交通建设构建交通运输与经济社会发展的新型互动关系，统筹县域范围经济社会、产业布局、空间发展等各类需求，加强交通运输对经济社会发展需要的及时响应和灵敏反馈，实现对县域经济社会发展的扎实支撑。

一、推进县域交通与特色农业融合发展

围绕乡村振兴战略、加快中国特色农业农村现代化发展要求，以县域范围农村地区发展为重点，因地制宜推进现代化农业发展，构建符合农产品流通的县域流通体系建设，强化对于本地特色农业建设发展支撑保障。

（一）打造具有本地特色专业交通物流

因地制宜提升现代化农业产业发展组织保障，结合粮食生产功能区、重要农产品生产保护区、特色农产品优势区等相关县份发展情况，围绕“一村一品”“一镇一业”产业发展需求，充分发挥县域本地资源优势，通过大力推进规模化、标准化、品牌化和市场化农产品建设，加快推进冷链物流、电商物流、跨境电商物流等专业物流组织保障，建设一批特色农产品标准化生产、加工和仓储物流基地，形成满足国内外市场需求的有效农产品运输组织模式，支撑市场潜力大、区域特色明显、附加值高的特色农产品发展，推进现代化农业产业发展提升。

【专栏6–7】

《全国乡村产业发展规划（2020—2025年）》对农产品流通的要求

以加工流通延伸产业链。做强产品加工，鼓励大型龙头企业建设标准化、清洁化、智能化加工厂，引导农户、家庭农场建设一批家庭工场、手工作坊、乡村车间，用标准化技术改造提升豆制品、民族特色奶制品、腊肉腊肠、火腿、剪纸、刺绣、蜡染、编织、制陶等乡土产品。做活商贸物流，鼓励地方在特色农产品优势区布局产地批发市场、物流配送中心、商品采购中心、大型特产超市，支持新型经营主体、农产品批发市场等建设产地仓储保鲜设施，发展网上商店、连锁门店。

（二）强化县域范围农产品流通体系建设

依托农村公路条件的改善，加强本地农业发展配套产业保障，通过加密“毛细血管”，着力解决农产品流通“最后一公里”问题，提升公路等级水平，消除制约瓶颈，实现县道覆盖重点产业、乡道覆盖单一产业，构建覆盖广、通达深的微循环网络。进一步加大服务农村产业集聚发展的公路快速流通网络建设，将分散在不同地块的产业资源串联起来，为农产品集聚统一面对市场提供支撑，重点加强乡村田间地头至销售网点，销售网点至集贸市场或产业园区的公路建设，使分散的鲜活产品及时集聚至集贸市场或产业园区，确保农产品由田间至饭桌的全流程畅通。

【专栏6–8】

国务院办公厅《关于加快农村寄递物流体系建设的意见》相关要求

健全末端共同配送体系。统筹农村地区寄递物流资源，鼓励邮政、快递、交通、供销、商贸流通等物流平台采取多种方式合作共用末端配送网络，加快推广农村寄递物流共同配送模式，有效降低农村末端寄递成本。推进不同主体之间标准互认和服务互补，在设施建设、运营维护、安全责任等方面实现有效衔接，探索相应的投资方式、服务规范和收益分配机制。鼓励企业通过数据共享、信息互联互通，提升农村寄递物流体系信息化服务能力。（商务部、交通运输部、国家邮政局牵头，国家发展改革委、农业农村部、国家乡村振兴局、供销合作总社、中国邮政集团有限公司等相关单位及各地区按职责分工负责）

优化协同发展体系。强化农村寄递物流与农村电商、交通运输等融合发展。继续发挥邮政快递服务农村电商的主渠道作用，推动运输集约化、设备标准化和流程信息化，2022年6月底前在全国建设100个农村电商快递协同发展示范区，带动提升寄递物流对农村电商的定制化服务能力。鼓励各地区深入推进“四好农村路”和城乡交通运输一体化建设，合理配置城乡交通资源，完善农村客运班车代运邮件快件合作机制，宣传推广农村物流服务品牌。（交通运输部、商务部、国家邮政局、中国邮政集团有限公司等相关单位及各地区按职责分工负责）

二、加强县域交通与旅游发展融合

乡村旅游、交旅融合是当前县域产业建设发展的重点方向，全域旅游理念在许多县份广泛推广。推进具备条件的县域交通与旅游资源开发有机融合，将县域打造成“边旅边游”模式实现的重要区域，利用好存量资源，及时响应各类新业态新需求。

（一）加强“出行即旅游”基础设施建设

重点提升旅游交通设施水平，推进“快旅”交通网络与“慢游”交通网络、跨区域“大交通”与地方性“小交通”等无缝衔接，着力构建“快旅慢游”旅游公路网络，加快建设保障乡村旅游发展的乡村旅游公路体系，加强旅游停车场、客运枢纽与游客集散功能发展等系统融合，围绕重点旅游区，加快建设旅游集散中心或游客服务中心，积极推动旅游景观道路、停车场、旅游标识系统、游客服务区、自驾车营地、旅游公共服务体系等配套设施建设，在重要的旅游交通集散地建立旅游交通突发事件处理和急救中心，不断提升旅游交通的信息化服务水平和安全保障能力。同时，灵活利用各类资源，强化针对节假日等各类旅游高峰出行需求的有效满足，如推进在节假日高峰时段政府、事业单位、学校公共停车场向公众开放等。

【专栏6–9】

以郑州市为例看推进县域范围交旅融合设施建设

2021年，郑州市人民政府印发《郑州市乡村旅游发展三年行动计划（2021—2023年）》，围绕乡村旅游设施建设，重点提出两方面任务。

第一，构建畅达乡村旅游交通体系。重点打造沿黄快速通道、环嵩山旅游公路2条乡村旅游风景道，在风景道沿线建设旅游步道、驿站、骑行绿道等慢行系统，建设马渡村和狼城岗镇大社区2个沿黄旅游驿站和嵩山驿站。开通郑州市通往六县（市）的乡村旅游直通车，各区县（市）推出至少2条乡村旅游专线公交，构建郑州“全域公交”系统。有效利用陇海西路西延线、中原路西延线、科学大道东延线等城际快速通道，完善沿线旅游交通标识布置，引导沿线重点乡镇、乡村的发展。协调解决新密市牛店镇、登封市石道乡的交通不便问题，着力解决以徐庄镇、唐庄镇为代表的乡村路道窄、路况差等问题，至2023年底，实现郑州市各乡镇旅游交通全部畅通。

第二，完善乡村旅游基础服务设施建设。在重点旅游乡村推进“五个一”工程建设，即建设一个旅游厕所、一个垃圾收集站、一个生态停车场、一个游客服务中心、一批旅游标识标牌。至2022年底，实现乡村旅游区（点）A级旅游厕所全覆盖。鼓励在旅游交通道路沿线建设自驾车（旅居车）服务驿站、户外露营基地、乡村驿站等，至2023年底，全市共建设自驾车（旅居车）服务驿站（乡村驿站）不少于8座。

资料来源：课题组根据《郑州市乡村旅游发展三年行动计划（2021—2023）年》整理

（二）推进交旅融合新业态新模式发展

在具备条件的县域推进旅游公路、观光铁路、水上旅游、邮轮游艇、通航旅游等相关旅游交通新业态新模式。加快航旅融合发展，在有条件的县域重点旅游区规划建设通用航空机场或旅游直升机场，积极探索发展低空旅游，开发直升机观光旅游、低空跳伞、低空摄影、滑翔伞观光旅游、热气球观光旅游等低空旅游新业态。加快完善县域水运旅游基础设施，推进“水上黄金旅游线”县域节点开发，积极发展内河航运游轮经济。统筹推进交旅融合产业整体开发，打造旅游房车、旅游越野车、旅游自行车等特种旅游车辆，鼓励引进或合作开发低空旅游飞行器、观光缆车、观光小火车、索道等先进交通旅游装备，利用体育交通相关竞赛活动，提升县域影响力和发展形象。

三、加强县域交通与新型城镇化建设协同联动

县域处于我国城镇体系的中心和结合点，上接大城市、下连广大农村，具有与农村经济和农民联系紧密、人口转移半径短、农民进入门槛低、发展潜力大、带动农村中间环节比较少等优势，是推进城乡一体化的主要动力。充分发挥县域在推进新型城镇化发展中的重要作用，以交通为先行领域，统筹县域现代化建设发展与新型城镇化有机协同，推进城乡一体化发展，促进县域发展融入城市群都市圈发展，实现对县域地区的辐射联动。

（一）以县域交通支撑引领以县城为重要载体的城镇化建设

按照《关于推进以县城为重要载体的城镇化建设的意见》要求，因地制宜补齐县城短板弱项，促进县城产业配套设施提质增效、市政公用设施提档升级、公共服务设施提标扩面、环境基础设施提级扩能，增强县城综合承载能力，提升县城发展质量。切实发挥县城对于县域发展的引领带动，织密乡镇、农村地区与县城沟通交流的物流网络，提升县级行政单元的整体竞争力。以城乡融合为重点，推进县域交通与中心城区往来，围绕以人为核心的新型城镇化发展要求，全面提升县域交通品质，实现交通设施、运输服务等深度融合，以县域交通现代化推进城市、区域整体交通现代化发展。

（二）以县城交通为纽带推进县域主动融入城市群都市圈建设

县域是城市群都市圈发展中的重要组成，城市群都市圈发展是我国城镇化进程的显著趋势，以大城市周边县域交通发展为重点，发挥县级行政单元在城市群都市圈建设中的支点作用，通过县域交通的内通外联强化与城市群都市圈直接联通，提升县域交通整体的联通力、灵活性和活跃度。在区域综合交通网络规划中同步考虑县域交通发展需要，提升城际铁路、市域（郊）铁路对于县城、县级市以及人口密集的特大镇规划考虑，转变县域交通参与区域规划的被动位势，提高规划发展的精细化程度，切实盘活县域广阔空间发展活力。

第五节　强化县域交通可持续发展能力

普遍来看，许多县域拥有较好的生态环境发展基础，在县域交通现代化发展过程中，全面贯彻绿色发展理念，将良好的生态环境有效转化为发展优势，探索完善可持续的“弯道超车”的现代化建设发展机制。

一、构建县域交通可持续发展模式

随着县域交通建设持续推进和人民生活消费水平不断提升，机动车覆盖水平对县域层面交通领域绿色低碳发展的影响持续扩大，需要以绿色低碳发展、节约集约资源开发为重点，切实构建县域交通可持续发展模式。

（一）切实推动县域交通绿色低碳发展

贯彻落实绿色发展、低碳转型理念，推动县域交通路域环境洁化、绿化、美化，推进客运无纸票化、绿色物流配送等应用，降低各类型交通污染排放，推进绿色技术装备应用，重点强化农村地区绿色发展水平。对标未来碳中和目标，在县域单位精准拆分减碳目标，以机动车需求引导为重点，构建低碳交通运输方式，推动县域文明出行、绿色出行，合理规划管理发展需求，倡导公交优先发展，提供多种灵活替代的发展方式，推进新能源车在货物运输、物流配送中的应用，推进清洁能源、信息化等技术的应用。

（二）推进资源集约节约利用模式

围绕国土空间开发保护相关要求，在县域发展中统筹考虑各种资源综合开发，提升通道资源、土地资源、岸线资源等国土资源集约节约利用水平，优化各类交通设施布局选线，强化县域综合交通内部、交通与其他基础设施发展等统筹谋划，在做好路网功能定位的同时提升通道利用效率。协同多种类型基础设施建设，如在县域内各类桥隧通道建设时，优先推进复合型通道建设，提高资源利用效率。

二、助力构建美丽特色县域环境

在县域交通建设中充分体现本地特色，切实将交通绿色低碳发展环境转化为美丽宜居生活工作基础，以交通物流发展体验性、景观性价值为重点，打造良好县域发展环境，提升县域发展吸引力。

（一）规划布局充分反映县域发展特点的交通设施建设

加强交通文化建设、文化传播，因地制宜，避免千篇一律，加强交通历史遗迹保护，打造县域交通文化品牌项目，营造美丽宜人并具有文化氛围的出行环境和居住环境。以重点路段重要设施为关键，促进县域铁路、公路布局选线与地区地形地貌有机结合，最大限度保留生态环境、民族风貌、历史文化特点，在具备条件的地区适当通过增加沿线绿化水平或在交通配套设施建设中充分体现区域特色。

（二）挖掘县域交通体验性、景观性潜在价值

结合生态旅游资源、文化民俗资源等，创造县域交通发展中的生态环境价值以及其衍生创造的体验价值，形成县域交通体验“附加值”。立足全程出行链供应链要求，吸收国际发达国家发展经验，以良好生态环境形成的经济社会竞争优势补偿交通运输建设发展中的约束限制，推进县域交通供给整体提升。结合县域发展实际，提升县域交通对旅游休闲、生态产品、有机产品等相关产业建设发展的匹配衔接，提高人们对县域交通的幸福感和获得感。

【专栏6–10】

体验式经济及体验式服务发展

体验（experience）通常被看成服务的一部分，但实际上体验是一种经济物品。像服务、货物一样是实实在在的产品，不是虚无缥缈的感觉。体验是企业以服务为舞台、以商品为道具，围绕着消费者，创造出值得消费者回忆的活动。其中的商品是有形的，服务是无形的，而创造出的体验是令人难忘的。与过去不同的是，商品、服务对消费者来说是外在的，但是体验是内在的，存在于个人心中，是个人在形体、情绪、知识上参与的所得。没有两个人的体验是完全一样的，因为体验是来自个人的心境与事件的互动。

资料来源：B.约瑟夫·派恩、唐姆斯·H.吉尔摩，《体验经济》，机械工业出版社，2021年

第六节　增强县域交通运输系统发展韧性

在推进县域交通建设发展的同时，提升交通运输系统发展的稳定性和针对突发事件的应对能力，系统提升县域交通发展的整体韧性，确保县域交通建设成果得到长久、有效应用。

一、提升县域交通基础设施网络韧性

立足交通基础设施整体网络，从安全发展出发，重点强化县域交通基础设施本质安全；从全周期全链条出发，系统提升安全防护能力，加强县域交通基础设施发展的韧性基础。

（一）增强县域交通基础设施本质安全

推广有助于从根本上预防事故发生的施工设备、材料和工艺，推进精品建造和精细管理，提高县域交通运输基础设施使用寿命和耐久性，推动“平安百年品质工程”建设。全面落实工程参建各方主体质量责任，强化建设单位首要责任和勘察、设计、施工单位主体责任。健全工程质量责任体系，建立质量行为可追溯制和质量责任终身制。

（二）加强县域交通基础设施全生命周期安全防护能力

加强生命安全防护工程建设，完善交通安全设施，增强基础设施安全防护能力。建立基础设施安全风险管理制度，加强风险评估，提升桥梁、隧道等基础设施安全性。将气象灾害高风险区气象观测系统建设纳入新建、续建道路验收范围，全面推广新改建交通设施安全性评价，加强道路、桥梁、隧道等安全运行监测与预警系统建设。提升对于各类型极端天气发展情况应对能力，建设浓雾（团雾）、横风、道路结冰、强降雨、降雪等气象监测站网，完善交通气象灾害风险区划，构建交通气象综合服务体系。构建综合防灾减灾立体交通网络和紧急疏散交通网络，提高关键通道和枢纽节点能力冗余和运力弹性。

二、加强县域交通运输应急能力建设

在基础设施建设统筹的同时，加快县域交通应急能力建设发展，加强对于各类突发事件的有效应对和保障，从应急体系和机制建设出发，提升快速消化和复原能力。

（一）构建全方位县域交通运输应急救援体系

加强应急会商与联动处置能力，完善县域突发事件应急救援指挥系统，加快县域应急队伍建设，优化组织机构、人员组成、教育培训，打造素质优良、适应交通发展需要的应急救援队伍。充分发挥专业性网络化物流企业主体作用，提高社区、小区、企业单位等多元化主体参与深度和协同程度，提升应急响应科学化、系统化、专业化水平。

（二）健全县域交通运输应急风险防控机制

优化政府应急调控与组织协调方式，完善跨部门、跨区域、跨行业的交通运输针对性、预案性应急保障和风险防控机制，建立完善公开、透明、及时的信息发布和共享机制。从机制建设出发，充分利用既有发展资源，有效推进建设资源的平急转换。做好县域突发应急事件前瞻性政策储备，完善应急资源征用补偿机制，有效保障县域突发事件应急状态下交通物流畅通和供应链、产业链稳定。

第七节　构建交通牵引的县域现代化基础设施体系

2022年4月26日，习近平总书记主持召开了中央财经委员会第十一次会议，研究全面加强基础设施建设问题，进一步明确了构建现代化基础设施体系的要求。除交通领域外，现代化的县域建设也广泛包含各种类型的基础设施，从系统化、体系化发展思路推进，利用县域建设“后发优势”，发挥交通基础设施牵引作用，将交通基础设施与其他类型基础设施有机融合，强化县域交通与现代流通体系联动发展，统筹布局现代化基础设施体系。

一、构建县域现代化基础设施体系

围绕现代化基础设施体系发展要求，加强县域层面现代化基础设施建设，立足县域交通基础设施建设发展基础，推进县域交通与其他基础设施融合发展，以交通基础设施为主要线索串接推进县域基础设施体系化发展。

（一）推进县域交通与其他基础设施体系化发展

随着交通与物流、能源、水利等传统基础设施网络的不断完善，以及新型基础设施的快速发展，传统基础设施之间、传统基础设施与新型基础设施之间广泛而深度融合发展的趋势日趋明显。立足现代化基础设施体系发展规律与趋势，系统谋划、整体协同，统筹存量和增量、传统和新型基础设施发展，加强县域交通与物流、水利、能源、通信等其他传统基础设施，以及与5G、人工智能等新型基础设施融合发展，统一谋划功能设计、网络布局、管理养护等，以体系化发展理念推进基础设施建设发展，打造集约高效、经济适用、智能绿色、安全可靠的县域现代化基础设施体系。

【专栏6-11】

《关于全面推进乡村振兴 加快农业农村现代化的意见》

对于乡村基础设施发展的整体要求

继续把公共基础设施建设的重点放在农村，着力推进往村覆盖、往户延伸。实施农村道路畅通工程。有序实施较大人口规模自然村（组）通硬化路。加强农村资源路、产业路、旅游路和村内主干道建设。推进农村公路建设项目更多向进村入户倾斜。继续通过中央车购税补助地方资金、成品油税费改革转移支付、地方政府债券等渠道，按规定支持农村道路发展。继续开展“四好农村路”示范创建。全面实施路长制。开展城乡交通一体化示范创建工作。加强农村道路桥梁安全隐患排查，落实管养主体责任。强化农村道路交通安全监管。实施农村供水保障工程。加强中小型水库等稳定水源工程建设和水源保护，实施规模化供水工程建设和小型工程标准化改造，有条件的地区推进城乡供水一体化，到2025年农村自来水普及率达到88%。完善农村水价水费形成机制和工程长效运营机制。实施乡村清洁能源建设工程。加大农村电网建设力度，全面巩固提升农村电力保障水平。推进燃气下乡，支持建设安全可靠的乡村储气罐站和微管网供气系统。发展农村生物质能源。加强煤炭清洁化利用。实施数字乡村建设发展工程。推动农村千兆光网、第五代移动通信（5G）、移动物联网与城市同步规划建设。完善电信普遍服务补偿机制，支持农村及偏远地区信息通信基础设施建设。加快建设农业农村遥感卫星等天基设施。发展智慧农业，建立农业农村大数据体系，推动新一代信息技术与农业生产经营深度融合。完善农业气象综合监测网络，提升农业气象灾害防范能力。加强乡村公共服务、社会治理等数字化智能化建设。实施村级综合服务设施提升工程。加强村级客运站点、文化体育、公共照明等服务设施建设。

（二）探索县域基础设施高质量发展路径

结合现代化基础设施体系发展要求，统筹发展和安全，以县域现代化基础设施体系集约高效、智能绿色、安全可靠等重点领域发展为抓手，按照立足长远、适度超前、科学规划、多轮驱动、注重效益的原则，优化县域交通及各类基础设施布局、结构、功能和发展模式，持续推进基础设施建设精准补齐短板、强弱项，改善部分区域、部分类型县域基础设施存在的问题和不足，发挥基础设施建设在稳大盘、稳投资中的拉动作用和基础设施在经济循环发展中的基础性保障作用，推进基础设施互联互通、共建共享、协调联动，描摹符合现代化基础设施发展要求的基础设施发展路径，推进县域基础设施高质量发展。

二、以交通为重点强化县域基础设施支撑作用

系统优化县域基础设施布局、结构、功能和发展模式，提高基础设施体系网络覆盖水平和服务品质，以现代流通体系建设和军民融合发展为代表，更好推进县域交通基础设施支撑作用。

（一）推进县域交通与现代化流通体系建设协同

立足县域在现代化流通体系中的衔接节点作用，强化县域流通承载能力，系统提升县域交通流通功能，统筹城乡交通网络整体布局和一体建设，为农产品进城和工业品下乡双向流通提供基础支撑。推进县域交通与高速公路、国省干线公路等衔接联通，加强中西部与东北地区特别是边疆地区偏远县城及特色农产品主产区县域范围通用机场建设和功能完善，加强农村公路与田头市场、家庭农场以及供销、邮政快递等网点连接协同。提升县域专业化货运服务可及性，推进县域末端配送与城市配送有机衔接，发展差异化、个性化运输服务，在具备条件的县域探索满足高价值、小批量、时效强的货

运组织模式。加强县域范围供销社流通服务网络建设提升的配套交通支撑，完善县域集采集配中心等重要物流节点周边集疏运体系建设（见表6–1）。

表6-1 近年来中央一号文件对供销社发展的相关论述

年份	文件名	具体内容
2022	《关于做好2022年全面推进乡村振兴重点工作的意见》	聚焦关键薄弱环节和小农户，加快发展农业社会化服务，支持农业服务公司、农民合作社、农村集体经济组织、基层供销合作社等各类主体大力发展单环节、多环节、全程生产托管服务，开展订单农业、加工物流、产品营销等，提高种粮综合效益。 支持供销合作社开展县域流通服务网络建设提升行动，建设县域集采集配中心
2021	《关于全面推进乡村振兴加快农业农村现代化的意见》	深化供销合作社综合改革，开展生产、供销、信用“三位一体”综合合作试点，健全服务农民生产生活综合平台
2020	《关于抓好“三农”领域重点工作确保如期实现全面小康的意见》	国家支持家庭农场、农民合作社、供销合作社、邮政快递企业、产业化龙头企业建设产地分拣包装、冷藏保鲜、仓储运输、初加工等设施，对其在农村建设的保鲜仓储设施用电实行农业生产用电价格。 继续深化供销合作社综合改革，提高为农服务能力
2019	《关于坚持农业农村优先发展做好“三农”工作的若干意见》	支持供销、邮政、农业服务公司、农民合作社等开展农技推广、土地托管、代耕代种、统防统治、烘干收储等农业生产性服务。 继续深化供销合作社综合改革，制定供销合作社条例
2018	《关于实施乡村振兴战略的意见》	重点解决农产品销售中的突出问题，加强农产品产后分级、包装、营销，建设现代化农产品冷链仓储物流体系，打造农产品销售公共服务平台，支持供销、邮政及各类企业把服务网点延伸到乡村，健全农产品产销稳定衔接机制，大力建设具有广泛性的促进农村电子商务发展的基础设施，鼓励支持各类市场主体创新发展基于互联网的新型农业产业模式，深入实施电子商务进农村综合示范，加快推进农村流通现代化。 全面深化供销合作社综合改革，深入推进集体林权、水利设施产权等领域改革，做好农村综合改革、农村改革试验区等工作

（二）依托交通基础设施串接推进县域基础设施融合化发展

把握县域现代化交通发展机遇，利用县域交通已有发展基础，在具备条件的县域探索推进全域基础设施“一盘棋”发展。在部分交通基础设施开发强度较低、具备条件的县域，重点推进基础设施综合廊道等复合型基础设施建设，以线性交通基础设施为主体，统筹市政、能源、电力、信息、物流等相关基础设施，优化现代基础设施开发完善模式体系。同时推进县域范围大基础设施建设模式，立足现代化基础设施发展要求，推进各类基础设施跨部门、跨领域合作，在具备条件的县域探索基础设施综合管理部门机制创新，更好保障现代化基础设施建设发展。

第八节　提高县域交通现代化综合治理能力

对标现代化发展要求，结合县域发展实际情况，强化县域交通发展的精细、精准水平，从全生命周期发展出发，持续推进重点领域改革创新，推进以人为本的治理发展理念在县域范围应用。

一、精准提升县域交通治理水平

从县域自身情况特点出发，提升县域交通治理发展精细化水平，强化对于县域交通发展的宏观统筹引导，拓展县域交通管理手段，系统提升交通发展现代化治理水平。

（一）因地制宜推进交通项目建设

在县域交通发展中，要综合考虑资金保障、财务平衡及收益状况，分阶段、有步骤地推动不同性质的项目建设，成熟一批、实施一批。着眼保障县域经济社会正常运行，推进县城具有基本功能、满足公共需要的公益性项目与有一定收益但难以完全商业化的准公益性项目共同推进。着眼发挥政府投资乘数效应，科学谋划一批具备一定市场化运作条件的准公益性项目；探索通过盘活存量资产、挖掘土地潜在价值等方式，推动公益性、准公益性与其他有经济效益的建设项目合理搭配，提升项目建设发展可持续性。

（二）加强县域交通发展统筹引导

强化交通物流宏观规划对于县级行政单元的统筹布局，加强省、市级规划对于县域交通发展的指导，在城市群都市圈交通发展规划中强化县域交通功能。提升县域交通物流发展的统筹性，鼓励具备条件的县域制定县域交通物流发展专项规划，向上衔接相关规划。有效利用行政手段推进重点领域发展，对于诉求较为急切的领域，适当简化行政审批手续，体现县域交通发展的灵活性。

（三）丰富县域交通管理方式方法

在县域交通发展中推广应用现代化管理方式，依托信息化智能化管理技术，积极推广“互联网+”便捷交通、现代物流融合发展，以县域为单位加强统筹，有效解决传统管理“老大难”问题，提升县域交通政务管理信息化水平。强化重点领域管理，以农村客运安全等为重点，加强客货运输营运车辆技术维护与安全监管，监督协调道路安全管理和各类经营性道路运输活动。完善县域交通物流发展机制，加强应急物流与配送保障体系建设，推进县域交通平急转换机制，构建物流应急保障与防护长效机制。

二、加强县域交通全生命周期管理

统筹推进县域交通建设、管理、养护、运营各环节发展协同。其中，以公路养护为重点，通过管理养护体制优化完善，推进公路长效发展，提升县域交通整体发展水平。

（一）建立县域范围建管养运协同机制

树立全周期发展概念，明确各种运输方式建设发展的责任归属。鼓励县级政府充分利用当地资源，推进建设、管理、养护、运营各环节协同的机制创新，进一步完善权责一致的建管养运一体化协调机制。深化全生命周期养护成本理念，全面开展预防性养护，提升县域交通基础设施全生命周期管理能力，形成县域交通基础设施全生命周期的整体发展机制，提升县域交通基础设施资产运营和管理能力，实现交通基础设施养护由被动防治向主动预防转变。

【专栏6–12】

《“十四五”现代综合交通运输体系发展规划》
对“加强基础设施养护”的相关要求

推动落实全生命周期养护，强化常态化预防性养护，科学实施养护作业，加强养护工程质量检验评定，强化养护管理监管考核，提高基础设施使用寿命。加强桥梁隧道、通航建筑物、港口锚地、跑道停机坪等公共设施养护管理。加大养护新技术推广力度，建设交通基础设施长期性能科学观测网，鼓励自动化、信息化巡查，提高管理养护科学决策水平，推进养护机械化和标准化。加强铁路综合维修养护一体化管理。发展和规范公路养护市场，逐步增加向社会购买养护服务。深化农村公路管理养护体制改革，全面实施农村公路路长制。健全桥梁养护管理责任体系和工作机制。完善航道常态化养护机制，推动航道养护基地及配套设施设备建设。

（二）优化完善农村交通基础设施管理养护体制

以农村公路管理养护为重点，强化省级统筹和政策引导，完善市级人民政府支持政策和养护资金补助机制，按照“县道县管、乡村道乡村管”的原则，建立健全农村公路管理养护责任制，大力推广县、乡、村三级路长制，建立“精干高效、专兼结合、以专为主”的管理体系。按照“有路必养、养必到位”的要求，加大建设和管理养护投入力度。发挥乡村两级作用和农民群众积极性，按照“农民自愿、民主决策”的原则，采取一事一议、以工代赈等办法组织村道的管理养护工作。鼓励采用以奖代补等方式，推广将日常养护与应急抢通捆绑实施并交由农民承包。鼓励农村集体经济组织和社会力量自主筹资筹劳参与农村公路管理养护工作，通过将农村公路管理养护纳入公益岗位等方式，为贫困户提供就业机会。

三、加快县域交通重点领域改革创新

立足县域县情多元、体量较小的特点，将县域作为交通治理创新的有效平台，开展各类型县域交通发展创新。结合县域交通整体建设需求，以投融资领域为重点，持续推进县域交通改革创新发展。

（一）以县域为单位探索交通运输重点领域改革

结合各种类型县域特点，对当前交通运输部分适宜的改革领域，如综合交通管理机制、基础设施体系机制改革等，在县级单位进行探索尝试，作为建设发展的“试验田”。推进各类交通物流发展示范县建设，结合县域交通现代化发展重点，统筹推进各类改革任务有序推进，研究推动县域交通现代化发展试点示范工作。

（二）推进县域交通投融资领域改革创新

完善以县域交通为主要对象的资金支持政策，加强对基本公共服务兜底保障支持。结合县域交通融合联动发展趋势，以交通运输与相关产业融合发展为重点，有序引导社会资本进入县域交通领域，不断扩大市场主体参与度，充分发挥市场主体在建设管理、成本控制、养护技术等方面的专业化能力优势，持续推进县域交通投融资创新，鼓励各地结合发展实际、发展需要等完善优化县域交通投资机制，进行相关探索创新，做好储备。

四、加强县域交通运输人文建设

推进以人为本发展理念在县域交通发展中应用，对标现代化发展蓝图构想，在满足兜底保障需求发展的同时，统筹考虑老年人、残疾人、孕妇等各类特殊人群在兜底保障外的特殊性必要需要，包容尊重各类人群交通需求，满足县域交通“无障碍、全保障”，提升县域运输服务人性化、精细化水平。

（一）强化县域交通适老化建设

据第七次全国人口普查数据显示，2021年，我国60岁及以上人口有2.6亿人，其中，65岁及以上人口1.9亿人，我国已经步入深度老龄化社会。县域作为连接城乡两端的枢纽，老龄化速度快，老年人聚集普遍，加快完善适老化出行服务体系十分必要。应加快完善县域交通基础设施、运输装备功能配置，加强无障碍设施建设和无障碍装备设备应用，提高特殊人群出行便利程度和服务水平。健全县域老年人交通运输服务体系，满足老龄化社会交通需求。针对老年人出行需要，在交通工具、运输服务以及相关技术保障上同时发力，以日常出行保障为重点，在各类交通服务组织中避免“遗忘”老年人需要。

【专栏6–13】

《关于切实解决老年人运用智能技术困难的实施方案》

对老年人日常交通出行的相关要求

优化老年人打车出行服务。保持巡游出租车扬召服务，对电召服务要提高电话接线率。引导网约车平台公司优化约车软件，增设“一键叫车”功能，鼓励提供电召服务，对老年人订单优先派车。鼓励有条件的地区在医院、居民集中居住区、重要商业区等场所设置出租车候客点、临时停靠点，依托信息化技术提供便捷叫车服务。

便利老年人乘坐公共交通。铁路、公路、水运、民航客运等公共交通在推行移动支付、电子客票、扫码乘车的同时，保留使用现金、纸质票据、凭证、证件等乘车的方式。推进交通一卡通全国互通与便捷应用，支持具备条件的社保卡增加交通出行功能，鼓励有条件的地区推行老年人凭身份证、社保卡、老年卡等证件乘坐城市公共交通。

提高客运场站人工服务质量。进一步优化铁路、公路、水运、民航客运场站及轨道交通站点等窗口服务，方便老年人现场购票、打印票证等。高速公路服务区、收费站等服务窗口要为老年人提供咨询、指引等便利化服务和帮助。

（二）保障各类特殊人群交通需要

强化残疾人出行保障。当前我国残疾人总数超8500万，但服务其出行保障的相关交通设施建设整体较为落后，县域尤其突出。作为“衣食住行”中的重要内容，应加快推进交通运输场所无障碍设施建设，推进县域范围各类残疾人出行辅助设施建设，建设无障碍停车位、无障碍窗口等相关设施。同时，在交通枢纽等设计中，突出残疾人出行需求，如关注出入口处的台阶和走廊的通行距离等细节，便捷残疾人全程出行需要。

保障女性出行需要。女性在交通出行中也有较为明显的差异化需求特征，如出行链构成较男性更为复杂、对低等级生活性道路的使用更积极、空间感知力弱但风险知觉力高、个体属性特征更为突出等特点。应正视女性对交通运输供给上独特认知与差异化需求，如以县域道路建设为例，在优化建设中，统筹考虑女性驾驶员驾驶舒适性、心理安全性、停留便利性、标识引导性和景观观赏性等多个维度，增加精细化设计。

服务家庭整体出行需要。以孕妇、儿童等需要为重点，提升主要枢纽站场规划设计、运输服务组织等对于各类需求的友好性，加强母婴室、家庭卫生间等相关设施保障。同时，统筹考虑儿童出行特点，通过互联网运输服务等方式，保障县域特别是农村地区广大儿童上学、游玩、就医、探亲等需要，有效规避引导各类交通行为风险，营造安全、快乐的出行环境。

【专栏6-14】

《重庆市无障碍环境建设与管理规定》对于交通设施无障碍的相关要求

第九条　城镇新建、改建、扩建道路、公共建筑、公共交通设施、居住建筑、居住区的无障碍设施工程建设，应当符合国家和本市无障碍设施工程建设标准。

乡村应当按照有关规定进行无障碍设施建设。

无障碍设施工程应当和主体工程同步设计、同步施工、同步验收投入使用。新建的无障碍设施应当与周边的无障碍设施相衔接。

第十六条　城市的主要道路、主要商业区和大型居住区的人行天桥和人行地下通道，应当按照无障碍设施工程建设标准配备无障碍设施，人行道交通信号设施应当逐步完善无障碍服务功能，适应残疾人、老年人等社会成员通行的需要。

第十七条　公共停车场、建筑物配建停车场、路内停车点应当按照国家和本市无障碍设施工程建设标准，在方便通行的位置设置无障碍停车位，并设立显著标识。

无障碍停车位为肢体残疾人驾驶或者乘坐的机动车专用。

第十八条　新投入运营的民用航空器、客运列车、客运船舶、公共汽车、城市轨道交通车辆等公共交通工具应当按照国家和本市有关规定达到无障碍设施的要求。既有公共交通工具应当逐步达到无障碍设施的要求。

城市轨道交通车辆、公共汽车应当装置、使用语音和字幕报站系统，有条件的应当装置应急闪光警报系统。

第十九条　视力残疾人携带导盲犬出入公共场所和乘坐公共交通工具，应当随身携带相关证件，并遵守国家有关规定。公共场所和公共交通工具的工作人员应当按照国家有关规定提供无障碍服务。

参考文献

B.约瑟夫·派恩，唐姆斯·H.吉尔摩，2021. 体验经济（珍藏版）[M]. 北京：机械工业出版社.

重庆市人民政府，2021. 重庆市无障碍环境建设与管理规定[EB/OL].（2021-12-01）[2022-10-26]. http://www.cq.gov.cn/zwgk/zfxxgkml/szfwj/zfgz/zfgz/202112/t20211201_10091907.html

樊一江，2018.交通运输与经济社会深度融合发展：思路和建议［J］. 宏观经济研究，237（8）: 150-158.

贵州省发展改革委，2020.“通村村”平台促进形成乡村共同服务体系——贵州省“通村村”农村交通运输综合信息服务平台建设运行情况［J］. 中国经贸导刊，956（1）: 24-26.

郭莉，靳文舟，谭英嘉，2007. 中小城市中心区停车问题研究［J］. 交通标准化，168（8）: 73-76，93.

郭卫东，钟业喜，冯兴华，等，2019. 长江中游城市群县域公路交通网络中心性及其影响因素［J］. 经济地理，39（4）: 34-42.

蒋中铭，2018. 交通运输治理体系和治理能力现代化研究［J］. 综合运输，40（12）: 29-33，101.

李灯华，许世卫，2022. 农业农村新型基础设施建设现状研究及展望［J］. 中国科技论坛，310（2）: 170-177.

李玲玲，赵光辉，2021. 城乡交通一体化高质量发展的困局及其治理［J］. 中国软科学，367（7）: 97-105.

李郇，秦雅雯，李秋蒙，等，2022. 新型城镇化背景下的县城出行——县城共享电单车出行报告［R］. 中山：中山大学中国区域协调发展与乡村建设研究院.

刘洁，张丽佳，石振武，等，2020. 交通运输系统韧性研究综述［J］. 科技和产业，20（2）: 47-52.

刘楝子，2017. 乡村振兴战略的全域旅游：一个分析框架［J］. 改革，286（12）: 80-92.

刘毅. 2022. 河南局联合多部门印发《河南省推进县域城乡交通运输一体化实施方案》［EB/OL］.（2022-03-08）［2022-10-26］. http://ha.spb.gov.cn/hnsyzglj/c100057/c100060/202203/310d9526f5a2489a89575d6d95b47b3d.shtml

孟德友，沈惊宏，陆玉麒，2012. 中原经济区县域交通优势度与区域经济空间耦合[J]. 经济地理, 32(6): 7-14.

孟德友, 沈惊宏, 陆玉麒, 2014. 河南省县域交通优势度综合评价及空间格局演变[J]. 地理科学, 34(3): 280-287.

南楠, 2009. 中小城市绿色交通规划理论研究与实践反思[D]. 保定: 河北农业大学.

王馨雅, 2020. 高速铁路对县域经济增长影响研究[D]. 甘肃: 兰州大学.

谢天成, 施祖麟, 2016. 农村电子商务发展现状、存在问题与对策[J]. 现代经济探讨, 419(11): 40-44.

赵广华, 2018. 基于共享物流的农村电子商务共同配送运作模式[J]. 中国流通经济, 32(7): 36-44.

郑州市人民政府, 2022. 郑州市乡村旅游发展三年行动计划[EB/OL]. (2022-01-04)[2022-10-26]. https://public.zhengzhou.gov.cn/D0104X/6194181.jhtml

第七章
分域分类分区推进县域交通现代化发展

我国县域空间广阔，县域面积占全国陆地面积超过90%，县域人口占全国总人口超过70%，是全国国土和人口最重要的承载载体。受地理区位、人文历史、资源禀赋等因素影响，我国广大县域具有明显的地域特色，既有空间上的地域差异，又有类型上的发展不同，还有城乡间的客观差距。立足新发展阶段，推进县域交通现代化发展，需要贯彻新发展理念，坚持因地制宜、分类施策、城乡有别，系统推进，充分彰显县域交通现代化发展任务的针对性、举措的有效性、政策的精准性，着力构建人民满意、保障有力、供需适配的现代化县域交通运输体系。

第一节 因地制宜推进不同区域县域交通发展

长期以来，我国区域发展相对不均衡，东部地区发展相对较快，西部地区和东北地区发展相对滞后。20世纪90年代以来，为了协调区域发展、缩小地区差距，国家先后制定了西部开发、东北振兴、中部崛起、东部率先“四大板块”的区域发展战略。党的十八大以来，国家高度重视区域协调发展，明确指出要深入推进西部大开发、东北全面振兴、中部地区崛起、东部率先发展，在发展中促进相对平衡。各区域板块交通运输的发展要按照区域协调发展总体战略要求，东部地区着力优化运输结构，率先建成现代综合交通运输体系；中部地区着重提高贯通南北、连接东西的通道能力，提升综合交通枢纽功能；西部地区着力补足交通短板，强化内外联通通道建设，改善落后偏远地区通行条件；东北地区重点提高进出关通道运输能力，提升综合交通网质量。四大区域板块县域交通的发展要以各板块交通运输总体方向为指引，加强与长江经济带、粤港澳大湾区等区域重大战略以及西部陆海新通道等联动，因地制宜明确各自发展方向和重点。

一、优化东部地区县域交通发展

东部地区作为我国经济社会最发达的地区，汇集了京津冀、长三角、粤港澳大湾区等主要城市群，GDP总量超过全国的50%，经济社会发展水平较高，城乡差距相对较小，县域内城乡一体的空间布局、产业支撑、基础设施和公共服务等发展程度较高，县域经济发展水平和发展质量明显优于中西部地区。未来，东部地区县域的发展将立足经济社会发展水平高、城乡差距相对较小的特点，在推进农民农村共同富裕上取得实质性进展，率先实现城乡功能互促互补、空间有机交融、设施互联互通、服务普惠均等。

东部地区县域交通的发展以"连绵式"发展模式为主，要持续优化结构功能，使具备条件的县域率先实现现代化。推进各种运输方式共同发展，结合县域和城市发展实际，通过设施建设和组织模式优化，提升县域范围多种运输方式可达性，重点强化对高速铁路、城际铁路、民用航空等快速交通网通达能力，提升县域交通的畅捷性，对于经济发展水平高、交通基础较好的县域，加强其与交通物流枢纽的联系，进一步提升其联通能力。同时，加强路网结构整体优化，加快推进能力不足路段扩能改造，以京津冀、长三角、粤港澳大湾区为重点，推进县域繁忙路段改造提升，充分发挥县域交通运输在促进城镇要素跨域流动、支撑县域经济协调发展、引导城镇产业合理布局、锚固县域城镇空间格局形态等方面的"先行官"作用，全面顺应并引领新型城镇化的发展。

二、织密中部地区县域交通网络

中部地区承东启西、连南接北，资源丰富、交通发达，是我国重要的商品粮基地、能源原材料基地和制造业基地，发展潜力较大。但与东部地区相比，中部地区县域城镇化发展水平和质量不高，产业支撑不足，农村发展不充分的问题相对突出。近年来，中部地区相关县（市）大力发展壮大县域经济，推进农业转移人口就近市民化，积极推动社会事业向农村覆盖，稳步提升城乡融合发展水平。未来，中部地区仍需积极发展县域经济，着力解决农村发展不充分问题，大力发展乡村产业、搞好乡村建设，完善农村基础设施与公共服务，缩小县域城乡发展差距。

中部地区县域交通的发展以“走廊式”发展模式为主，进一步织密交通网络，加强交通对县域经济发展的支撑引领作用。从中部地区发展情况来看，目前县域交通对经济社会发展的制约基本缓解，当前发展的主要方向应聚焦于更好满足地区经济社会发展和交通运输需要，不断完善现代化发展背景下县域交通的新功能新角色。结合县域发展实际条件，应重点优化拓展铁路、航空、水运等相关运输方式布局，强化与周边综合交通枢纽的连通性，提升县域客货对外运输效率，丰富运输方式选择。同时加强县域内部交通网络建设，便捷县域乡村与县城、乡镇间联通，畅通县域内部循环，实现县域交通内通外联。

三、加强西部地区县域交通联通

西部地区国土面积占全国的71.4%，但人口总数仅占全国的27.1%，农业人口众多，城镇化水平低，人口聚集效应弱，县域城镇化水平和农村发展水平整体较为滞后，县城缺乏规模经济和集聚效应，乡镇发展普遍滞后，乡村产业、乡村建设水平不高，乡村多元价值未能有效开发。近年来，西部一些县域立足资源区位等优势，坚持城镇化建设和乡村建设两手抓，在推进县域城乡融合发展方面取得明显成效。未来，西部地区需重点破解城镇化水平低、农村发展滞后的双重难题，促进产城融合、产镇融合，提高县城和中心镇的经济发展水平与辐射带动能力，加快乡村特色产业发展，加强农村基础设施建设，提高农村公共服务水平，同步推进县域城镇化和农业农村现代化。

西部地区县域交通的发展以“据点式”发展模式为主，要着力增强与国家立体综合交通网的融合衔接，发挥县域交通发展对新时代推进西部大开发形成新格局的支撑引领作用。整体来看，西部地区县域交通发展具有一定的差异性，部分西部县域交通发展迅速，如贵州已基本实现“县县通高速”，但同时有些条件较差的县域尚未通一级路。立足西部地区县域发展实际需求，应重点强化县域单元的支点作用，以加强县城与综合交通网衔接为主导方向，推进县域与中心城区、都市圈、城市群连接，加强县域与综合交通网联通。重点推进具备条件的县域通高速公路，推进具备条件的县域人口密集区域与县城通等级路，强化具备条件的偏远、地质条件较弱的村镇与县城通硬化路。

四、提升东北地区县域交通功能

东北地区是我国重要的工业和农业基地，维护国家国防安全、粮食安全、生态安全、能源安全、产业安全的战略地位十分重要，关乎国家发展大局。作为我国重要的工业和农业基地，东北地区拥有一批关系到国民经济命脉和国家安全的战略性产业，资源、产业、科教、人才、基础设施等支撑能力较强，发展空间和潜力巨大。县域经济的发展对于东北振兴具有重要作用，东北地区县域面积辽阔，人口众多，承载着发展现代农业和农村经济、推进乡村振兴的艰巨任务，具有联结城乡、集聚产业、增强活力、促进老工业基地振兴的特殊功能。东北县域经济的发展应从“五大安全”战略高度出发，着力破除体制机制障碍，激发市场主体活力，推动产业结构调整优化，形成具有鲜明地方特色的县域经济体系。

东北地区县域交通的发展应结合东北地区经济社会发展特点，统筹考虑东北地区工业、农业以及林区、矿产资源分布等各类情况，在兼顾其他县域发展需要的同时，着重提升县域交通功能，以系统升级、先行引领为导向，以精准补齐短板为重点，加快完善交通基础设施网络布局和功能结构，着力构建外联内畅、经济高效、智慧绿色、安全可靠的现代化县域综合交通运输体系，强化交通运输与特色农业、优势工业、商贸流通业、生态旅游业以及金融现代服务业等深度融合发展，以交通运输率先现代化更好满足人们日益提升的高质量出行需求，更好支撑引领乡村振兴和经济高质量发展。同时，要持续推进农机道、林业路、资源路等专用道路建设，支撑县域产业发展，保障生产生活各类需要。有序做好各类产业转型县域专用道路向普通公路转换，结合资源枯竭的独立工矿区、老工业城市相关县域产业转型方向进行针对性改造提升，加强县域专用道路与县城衔接，强化路网整体统筹，有效提升整体发展效益。

第二节　因类施策加强不同类型县域交通发展

我国县域广阔、类型多样，结合当前我国县域发展实际和交通运输需求情况，可将县域交通划分为中心城市近郊县、工业强县、农产品主产县、自然资源丰富县、旅游强县、电子商务强县、生态环保县、自然条件恶劣县、沿边县、枢纽强县等多种交通类型。需要根据不同类型县域发展情况和特点，立足各县域经济社会发展的现实基础、突出优势和主要诉求，差异化精准推进县域交通发展，针对性提升县域交通运输的支撑引领作用，更好满足不同类型县域经济社会发展需要和交通运输需求。

一、推进中心城市近郊县交通市政化发展

中心城市近郊县通常处于城市辐射范围内，受益于城市发展带动，可以与城市共享大型公共设施和公共服务，其发展规划也多被纳入中心城市的总体规划中，具有“近水楼台先得月”的先天优势。近郊县是城镇化进程最先辐射的区域，随着城镇化进程的深入推进，近郊县与城市中心区之间的分工协作不断加深，通勤、公务类出行不断增长，而且，城镇化进程使近郊县居民的生活水平和可支配收入显著增加，促使县域居民出行频率尤其是休闲类出行呈现明显增长趋势。

随着以县城为重要载体的城镇化建设有序推进，县域交通将逐渐发展成为城市综合交通运输体系的重要组成部分。位于城市中心城区周边的近郊县城镇化发展水平普遍较高，与城市交通衔接的基础条件较为完善，应作为新型城镇化背景下推动城市交通服务网络向下延伸的优先着力区域。要重点推进中心城市近郊县县城公路、农村公路市政化建设，全面融入城市交通整体路网体系，加强县域交通发展与城市轨道交通、市域（郊）铁路布局建设的统筹协同，推动城市公共交通线路向县域延伸，加快城乡客运班线公交化改造。优化物流设施布局，强化对中心城区及重点产业园区的有效支撑。

二、强化工业强县转型升级的交通支撑

工业强县，即第二产业占据主导地位的县域，通常是全国或区域范围内某几类工业制品的生产基地。中国信息通信研究院发布的《中国工业百强县（市）、百强区发展报告（2021年）》指出，“十四五”时期，推动我国制造业高质量发展，加快建设制造强国，基础在县域，薄弱在县域，希望也在县域。“十四五”时期，县（市）工业发展将面临乡村全面振兴、融入都市圈城市群发展、创新驱动、数字转型、绿色低碳发展等新契机，需要县域工业在加快新旧动能转换、促进产业基础高级化和产业链现代

化、推动绿色低碳发展等方面展现更大作为。

工业强县交通运输发展应更好满足县域核心产业优势的充分发挥，强化交通运输与工业联动发展，畅通产业园区与县域周边主要运输通道的连接，并围绕不同产业类型县域工业产品特点，差异化提升专业化运输能力。依托工业化后期第三产业快速成长的机遇期，加快推进交通运输业向生产服务型转变，加强与电子商务及金融等领域协同发展，提高与现代制造核心竞争力的匹配水平。推动工业制造企业优化供应链组织，依托交通运输推动网络化协同制造，鼓励制造企业发展包括设备制造与采购、施工安装、维护管理、交通物流等在内的一体化服务集成。同时，要提升工业强县县域客运服务能力和品质，强化跨运输方式组织衔接，营造快速便捷的出行体验，满足更高频次、更高质量的人员流动需要。2021年中国工业百强县（市）名单见表7–1。

表7-1　2021年中国工业百强县（市）名单

排名	省（区、市）	地级市	县（市）	排名	省（区、市）	地级市	县（市）
1	江苏省	无锡市	江阴市	13	福建省	泉州市	惠安县
2	江苏省	苏州市	昆山市	14	湖南省	长沙市	浏阳市
3	福建省	泉州市	晋江市	15	江苏省	苏州市	太仓市
4	江苏省	苏州市	张家港市	16	浙江省	绍兴市	诸暨市
5	浙江省	宁波市	慈溪市	17	湖南省	长沙市	宁乡市
6	江苏省	苏州市	常熟市	18	浙江省	温州市	乐清市
7	湖南省	长沙市	长沙县	19	山东省	烟台市	龙口市
8	陕西省	榆林市	神木市	20	江苏省	南通市	海安市
9	浙江省	宁波市	余姚市	21	新疆	巴音郭楞	库尔勒市
10	江苏省	无锡市	宜兴市	22	福建省	福州市	福清市
11	福建省	泉州市	南安市	23	山东省	青岛市	胶州市
12	贵州省	遵义市	仁怀市	24	内蒙古	鄂尔多斯市	准格尔旗

续表

排名	省（区、市）	地级市	县（市）	排名	省（区、市）	地级市	县（市）
25	江苏省	泰州市	泰兴市	52	浙江省	嘉兴市	海盐县
26	河北省	唐山市	迁安市	53	宁夏	银川市	灵武市
27	江苏省	南通市	如东县	54	安徽省	合肥市	肥西县
28	江苏省	常州市	溧阳市	55	内蒙古	鄂尔多斯市	乌审旗
29	江苏省	徐州市	邳州市	56	江苏省	扬州市	高邮市
30	浙江省	嘉兴市	平湖市	57	安徽省	滁州市	天长市
31	江苏省	南通市	启东市	58	浙江省	宁波市	宁海县
32	浙江省	台州市	温岭市	59	浙江省	金华市	永康市
33	浙江省	嘉兴市	桐乡市	60	浙江省	台州市	玉环市
34	福建省	泉州市	石狮市	61	浙江省	湖州市	安吉县
35	内蒙古	鄂尔多斯市	伊金霍洛旗	62	河南省	郑州市	新郑市
36	江西省	南昌市	南昌县	63	山东省	济宁市	邹城市
37	浙江省	嘉兴市	海宁市	64	辽宁省	大连市	瓦房店市
38	浙江省	湖州市	长兴县	65	江苏省	扬州市	仪征市
39	江苏省	南通市	如皋市	66	山东省	烟台市	莱州市
40	浙江省	金华市	义乌市	67	江苏省	宿迁市	沭阳县
41	江苏省	泰州市	靖江市	68	河南省	省直管	济源市
42	河南省	郑州市	巩义市	69	安徽省	马鞍山市	当涂县
43	浙江省	嘉兴市	嘉善县	70	福建省	福州市	闽侯县
44	江苏省	镇江市	丹阳市	71	江西省	鹰潭市	贵溪市
45	山东省	威海市	荣成市	72	湖北省	宜昌市	宜都市
46	陕西省	榆林市	府谷县	73	湖南省	株洲市	醴陵市
47	内蒙古	鄂尔多斯市	鄂托克旗	74	湖北省	省直管	仙桃市
48	河南省	许昌市	长葛市	75	福建省	泉州市	安溪县
49	浙江省	湖州市	德清县	76	山东省	青岛市	平度市
50	浙江省	温州市	瑞安市	77	浙江省	金华市	东阳市
51	河南省	许昌市	禹州市	78	浙江省	绍兴市	新昌县

续表

排名	省（区、市）	地级市	县（市）	排名	省（区、市）	地级市	县（市）
79	湖北省	宜昌市	枝江市	90	浙江省	宁波市	象山县
80	河南省	焦作市	孟州市	91	江苏省	泰州市	兴化市
81	湖北省	黄石市	大冶市	92	安徽省	宣城市	宁国市
82	江苏省	盐城市	东台市	93	河南省	郑州市	新密市
83	广东省	肇庆市	四会市	94	福建省	泉州市	永春县
84	云南省	昆明市	安宁市	95	江西省	宜春市	丰城市
85	江苏省	镇江市	扬中市	96	浙江省	台州市	临海市
86	江苏省	徐州市	新沂市	97	湖南省	邵阳市	邵东市
87	浙江省	绍兴市	嵊州市	98	福建省	宁德市	福安市
88	江苏省	扬州市	宝应县	99	河北省	邯郸市	武安市
89	浙江省	杭州市	建德市	100	江苏省	连云港市	东海县

资料来源：中国信息通信研究院，《中国工业百强县（市）、百强区发展报告（2021年）》。

三、加强农产品主产县现代物流体系建设

农产品主产县是发挥资源比较优势、形成优质特色农产品产区、推进农业综合开发、促进农民增收的重要区域，对促进农业农村经济发展和农民持续增收具有重要作用。随着工业化、城镇化和农业现代化的快速推进，现代农业产业强县农产品生产的专业化、规模化、标准化、市场化水平越来越高。当前及今后一段时期，农产品主产县的发展将深度挖掘区域特色资源潜力，加快培育一批特色明显、类型多样、竞争力强的知名品牌和专业村、专业乡镇，加快培育特色农产品知名品牌和优势产区，打造现代特色农业产业链，逐步形成合理的区域分工和专业化生产格局，拓展国内外市场，做精做强特色农产品产业，实现农民的农业经营收入稳步增长，为乡村振兴和共同富裕奠定产业基础。

农产品主产县交通的发展应结合实际需要，加强直达粮食主产区的专用道路建设，提高农产品运输及分拨效率。立足县域特色农业优势，着力完善城乡配送网络，积极构建县、乡、村消费品和农资配送网络体系。同时要畅通农业生产资料下乡和农产品出村进城渠道，促进城乡双向流通，解决特色农产品进城和农资下乡问题。完善农产品冷链物流设施网络，实施特色农产品产区预冷工程，加强专业化储运设施和服务能力建设，发展农产品从产地到销地的直销和配送。对于走在农业现代化前列的部分“农业强县”，要充分发挥交通运输在农产品价值链升级中的支撑引领作用，发展现代物流服务，加强对农产品生产、加工、销售等全链条运输安全和时效保障。

四、推进自然资源丰富县专业交通发展

资源型地区指的是依托本地矿产、森林等自然资源开采、加工发展起来的特殊类型区域。一般而言，自然资源丰富县的生产和发展与资源开发有密切关系，推进自然资源丰富县高质量发展，是维护国家资源能源安全的重要保障，是健全区域协调发展体制机制的重要环节，是加快补齐转型发展短板的重要举措。“十四五”时期，自然资源丰富县要充分考虑各资源型地区发展水平、资源条件和要素禀赋差异，发挥各地比较优势，明确转型方向和发展重点，因地制宜、精准制定政策措施，蹚出各具特色的转型发展新路子，充分发挥县域经济发展潜力，加快构建创新引领、加快转型、多元支撑的现代产业体系和普遍覆盖的公共服务体系。

2021年11月，国家发展改革委、财政部、自然资源部联合印发的《推进资源型地区高质量发展“十四五”实施方案》明确指出，强化资源能源开发地干线通道规划建设，加强资源型地区相关连接通道建设；有序推进煤炭、矿石、石油等输送专线建设，多种方式统筹布局货运枢纽站场；加快矿区与所属地市城区交通设施互联互通；支持有条件的地区加快建设机场、铁路，推进客运站改扩建或迁建新建，切实改善群众出行条件。为

此，要持续推进矿产、林木、渔业等自然资源丰富的县域内专用交通建设，推进县域交通与专用交通有机衔接。结合县域自身情况，重点推进林区路、资源路等专用道路、开发性铁路、航道码头等相关设施建设和提质升级，顺应现代化产业发展要求，推进交通绿色低碳升级。加强专用交通与县域一般性交通发展统筹，提升资源产区与县城直连，提升人员物资运送效率，加强县域交通对资源开发配套生活区的联通，便捷人员生产生活需要，保障资源有序开发和高效流通。

五、培育旅游县交旅融合发展新动能

县域旅游业社会效益明显，经济效益突出，生态效益显著，是绿水青山转变为金山银山的重要通道，是壮大县域经济、助力乡村振兴的重要引擎，对于实现共同富裕和全面建设社会主义现代化国家具有重要意义。针对旅游资源丰富、推进全域旅游发展的县（市），要促进交通与旅游产业深度融合，强化景区景点交通配套设施建设，结合实际需要推进通用航空、邮轮游艇、观光铁路、旅游公路等业态发展，全面加强运输服务供给创新。针对历史文化、建筑遗迹、民俗文化、红色文化等文化艺术资源丰富的县（市），要着力加强交通运输发展与历史保护、古城开发等相关领域工作的统筹协同，鼓励将人文特色融入交通基础设施规划设计，挖掘体验交通的衍生价值。

为此，旅游强县要统筹推进交通与旅游基础设施统一规划、设计、建设，打造景观铁路、绿色步道、美丽公路等交通风景带、风景点，规范完善公路沿线和枢纽站场内的旅游标识。畅通县域景区和乡村旅游区与交通干线的连接，围绕全域旅游，在机场、车站、客运码头等交通枢纽配建游客集散中心等设施，构建覆盖景区的交通网络，在交通线路选址选线中，统筹考虑与重点景区、旅游特色小镇、红色旅游目的地等的衔接。依托县域景观较好的交通线路，发展慢行火车、旅馆列车、房车旅游、自驾游等服务，在高速公路服务区、普通公路沿线等地建设观景台，做好安全保障与公共服务配套。推动县域旅游公路、旅游航道、自驾车房车营地、邮轮游艇等发展，完善客运枢纽、服务区等交通设施旅游服务功能。打造县域“出行即出游”旅游消费新模式，结合交通运输新业态，积极开发新型旅游消费产品，支持将具有历史印记的交通线路遗迹开发为旅游产品，发展县域体验式旅游。

六、提升电子商务强县交通运输流通保障能力

电子商务是县域经济发展的新引擎，自2003年以来，我国县域电子商务经历了由无到有、由小到大的发展过程，为县域经济多年来的传统生产方式、销售方式、消费方式等带来重大变革。一方面，电子商务有效促进县域农业、制造业的优化升级和现代服务业的创新发展，推进县域产业结构优化调整；另一方面，电子商务推动农民就地实现城镇化，拉动消费，形成新的增长点。近年来，电子商务强县立足县情，正加快利用电子商务促进县域农业发展方式转变和产业转型升级，不断开拓县域消费市场新增长点。

电子商务强县应立足强时效、高品质的现代流通业发展特点，全面加强物流基础设施建设和配套，优化运输组织模式，针对性加强园区公路、园区铁路，以及仓储、保鲜、冷链等专业化物流设施短板建设。鼓励电子商务与实体贸易协同发展，互相搭建平台和拓展渠道，加强服务融合，推进线上商流和线下物流一体化。引导传统专业化市场、批零企业自建平台或主动对接电商企业，发展线上业务，充分利用线下完善的流通渠道和销售网点，提供直接对接消费者的物流配送服务。加快完善县乡村三级农村物流体系，改造提升农村寄递物流基础设施，深入推进电子商务进农村和农产品出村进城，推动城乡生产与消费有效对接。鼓励围绕本地特色农产品、特色手工制品等发展农村电商，积极接入大型电商平台和物流平台，扶持农村特色产品垂直电商的发展。

七、推进生态环保县交通绿色发展

生态环保县是经济社会和生态环境协调发展，各个领域基本符合可持续发展要求的县，要求积极推进绿色发展，用最少的资源投入、最小的能源消耗，实现经济、社会和生态效益的最大化。生态环保县各个领域都要坚持生态优先、绿色发展，县域经济提倡培育壮大绿色产业，大力发展现代高效农业，积极发展循环经济、低碳经济，加快建设生态园区。

针对生态资源丰富、环境保护诉求突出的县域，需要高度重视绿色交通发展，围绕特色经济、林下经济以及特色农牧区经济发展，加强交通设施、流通设施和运输服务体系建设。一是要统筹考虑交通发展面临的生态约束条件，合理谋划发展规模和节奏，将绿色低碳理念贯穿交通运输建设和发展的全过程，构建与生态承载力相适应的县域综合交通运输体系。二是要持续推动运输结构调整和组织模式创新，大力推动公共交通发展和绿色出行。三是要强化运输资源集约利用和交通污染防治，不断健全绿色交通发展制度保障体系。四是要践行“绿水青山就是金山银山”的发展理念，探索县域交通价值拓展，提升交通基础设施景观功能，培育能够满足生态资源价值开发需要的运输服务。

八、满足自然条件恶劣县基本交通出行需要

我国部分县域位于条件恶劣、生态环境脆弱、灾害频发等自然条件极度复杂的地区，所处经济区位条件不佳，多处在全省经济发展的边缘位置，有些更地处偏僻，与外部联系较为困难，不利于经济发展要素流动，受经济发达区域的溢出效应较弱，经济发展很难形成一定的规模效应，经济社会发展水平总体落后。自然条件恶劣县由于地形条件复杂，加上远离消费市场，产业发展较为受限，农业生产基础薄弱，二三产业发展空间狭小，县域产业总体发展规模小、收益少、增长速度慢，很难形成有区域支

撑力和带动力的产业。

自然条件恶劣县类型多样，建设资金有限，要具体问题具体分析，因类施策。针对空间连通不足、覆盖有限等问题，应重点推进通自然村（组）公路建设，逐步消除农村公路“断头路”“瓶颈路”“回头路”，着力解决“最后一公里”和“毛细血管”问题，加快实现农村公路进村入户，全面强化交通运输兜底保障功能。针对建设标准普遍较低问题，要全面提升县域公路技术等级，形成以二级公路为主，一级和三级公路为辅的县域干线公路等级体系，重点打通县域国道“瓶颈”路段，加强危桥（涵）改造。针对运输服务不高问题，要积极拓展延伸农村邮路，实现户户通邮，深入实施“快递下乡”工程，与邮政、供销社等网点协同联动，加密快递收发站点，发展快递代寄代收点等末端收发投递新模式。

九、强化沿边县交通战略安全保障能力

我国陆地边境线长2.2万公里，陆地边境地区包括内蒙古、辽宁、吉林、黑龙江、广西、云南、西藏、甘肃、新疆等9个省区的140个陆地边境县（市、区、旗），是我国少数民族集聚地多、安全形势复杂严峻、自然地理条件恶劣、经济发展相对落后的主要区域之一。受地理条件、自然环境等因素制约，我国沿边县普遍存在发展基础差和资金投入低等问题，但是因为我国边境线长，各沿边县发展差异也较大。例如，云南和广西作为“一带一路”建设中面向南亚、东南亚的辐射中心，随着东盟成为我国第一大贸易伙伴和RCEP的正式生效，边境地区的人员、贸易往来增加明显，部分沿边县呈现快速发展态势；新疆作为丝绸之路经济带核心区，近年来口岸经济迅速发展，与邻国双边贸易环境不断优化，部分沿边县呈现较快发展态势。总体而言，发展条件较好的沿边县主要有两类地区，一类是由于对外贸易发达，尤其是“一带一路”建设进一步促进对外贸易的发展；另一类是自然条件本底较好，经济发展和人口自然增长较快。

由于我国边境线漫长，沿边县（市）众多，县域交通连通度不足，技术等级普遍偏低，应重点加强沿边县域交通网络通达覆盖，加密与周边主要城市、人口密集区域路网衔接，加强与口岸道路等功能性道路衔接，全面提升县域交通技术等级，推进建设、养护统筹并重，提升运输服务保障，着力改善人民群众出行条件，拓展快递物流等服务覆盖。同时，沿边县一般旅游资源丰富，要充分挖掘旅游资源，推动交通与旅游的融合发展，重点加强县域干线公路与重点旅游景区的连接，强化旅游交通配套设施建设，加快建设一批旅游集散中心或游客服务中心，在旅游公路路侧空间富裕路段设置简易驿站、港湾式停车带、自驾车房车营地、观景台、厕所等设施，积极推动旅游标识系统以及旅游公共服务体系等配套设施建设。

十、发挥枢纽强县循环支点功能

枢纽强县普遍地理区位优越，枢纽位势明显，具有较高的要素组织配置水平和较强的市场辐射能力，既是参与区域性经济合作的“桥梁”和“纽带”，也是对内对外双向开放的“桥头堡”和“新高地”。当前，交通条件较好的枢纽强县纷纷提出要积极推进综合交通枢纽场站建设，全面提升以枢纽为支点的要素聚集和经济辐射效能，根据枢纽场站类型、功能定位，因地制宜差异化发展枢纽经济和建设枢纽经济区，形成分工合理、功能清晰、互为支撑的枢纽经济新业态。围绕枢纽经济发展，塑造新的区位比较优势，优化县域发展和全面开放格局，更好支撑引领县域经济高质量发展和现代化经济体系建设。

枢纽强县的交通运输发展要立足县域综合交通运输体系整体建设和发展情况，围绕服务构建和融入新发展格局，推进县域交通运输系统与既有综合交通运输大通道充分对接，强化综合交通枢纽功能，完善枢纽集疏运体系，打造多种运输方式高效衔接的现代化交通枢纽，提升枢纽集散能力，增强枢纽强县畅通国民经济循环作用，发挥循环支点功能。依托高铁站，大力发展高铁经济和站区经济，构建集交通、商业、经贸等为一体的现代城市综合体，打造城市发展新引擎，拓展城市发展新空间。强化县域铁路货运站场、物流基地与公路站等衔接整合，整体向现代物流中心和多式联运中心转型，加强货运枢纽与工业园区、产业园区、制造业集聚区等联动。对于承载国家物流枢纽布局的县域，要强化枢纽集疏运体系及周边区域配套交通物流体系建设，增强区域物流供应链组织能力。

不同类型县域交通发展重点见表7–2。

表7-2 不同类型县域交通发展重点

县域类型	交通发展重点
中心城市近郊县	推进县城公路、农村公路市政化建设，推动城市公共交通线路向周边延伸，加快城乡客运班线公交化改造
工业强县	畅通产业园区与县域周边主要运输通道连接，差异化增强不同产业类型县域专业化运输能力
农产品主产县	加强直达粮食主产区的专用道路建设，发展现代物流服务，优化冷链物流设施网络，加强农产品全链条运输安全和时效保障
自然资源丰富县	推进县域内专用交通建设，提升林区路、资源路等专用道路、开发性铁路、航道码头等相关设施建设和提质升级
旅游强县	强化景区景点交通配套设施建设，推进通用航空、邮轮游艇、观光铁路、旅游公路等业态发展，挖掘体验交通衍生价值
电子商务强县	加强物流基础设施建设和配套，优化运输组织模式，完善县乡村三级农村物流体系，改造提升农村寄递物流基础设施
生态环保县	构建与生态承载力相适应的绿色低碳综合交通运输体系，提升交通基础设施景观功能，培育能够满足生态资源价值开发需要的运输服务
自然条件恶劣县	推进通自然村（组）公路建设，逐步消除农村公路“断头路”“瓶颈路”“回头路”，加快实现农村公路进村入户，提升交通技术等级
沿边县	加强交通网络通达覆盖与升级改造，加强口岸道路等功能性道路衔接，推动交通与旅游融合发展
枢纽强县	加强县域交通与主要枢纽的衔接，提升枢纽集散能力，强化配套交通物流体系建设，增强区域物流供应链组织能力

第三节　精准推进县域内不同地区交通差异化发展

县域范围包括县级行政区划下辖的所有空间，既包括县城城区，也包括县域内的所有建制镇和乡，还有广大的农村地区。县域经济发展的重点是如何从县城、乡镇和农村各自的功能和特点出发，形成协调、带动和促进乡村振兴的经济模式。党的十九届五中全会审议通过的《中共中央关于制定国民经济和社会发展第十四个五年规划和二〇三五年远景目标的建议》明确指出，“发展县域经济，推动农村一二三产业融合发展，丰富乡村经济业态，拓展农民增收空间”。“强化县城综合服务能力，把乡镇建成服务农民的区域中心。”“健全城乡融合发展机制，推动城乡要素平等交换、双向流动，增强农业农村发展活力。”2021年中央一号文件和《中华人民共和国国民经济和社会发展第十四个五年规划和2035年远景目标纲要》均提出，以县域为基本单元推动城乡融合发展，统筹县域城镇和村庄规划建设。因此，县域交通的发展要明确县城与农村交通的发展方向，推进城乡交通运输一体化发展。

一、加快推进县城交通补短板强弱项

县城是我国推进工业化城镇化的重要空间、城镇体系的重要一环、城乡融合发展的关键纽带。当前，我国县城交通发展仍存在不少短板弱项，尤其在市政道路、停车场、客运枢纽等环节短板明显、弱项突出，对县域经济发展和农业转移人口就近城镇化的支撑引领作用有待提升。立足新发展阶段，县城交通发展要围绕现代化发展要求，精准补齐县城交通发展短板，提升县城交通发展水平。

（一）推进县城内外交通有机衔接

加强县城周边区域公路与城市道路高效对接，系统优化进出城道路网络，加快升级改造重要拥堵节点，促进形成干线公路与城市道路能力匹配的路网体系，尽快消除“进出城难”问题。完善人口规模较大县城主城区外围高等级公路布局，疏解穿越主城区的车流；提升人口规模较小县城现有进出城公路技术等级，有序建设绕城公路。具备条件的县城结合高速公路和普通国省干线建设，有序推进铁路枢纽货运外绕线建设和中小运量城市轨道交通建设。

（二）建设与县城空间形态高度契合的县城道路网络

以加强对县城人口布局和城市空间形态形成支撑引领，有效拓展城市发展空间为目的，织密县城道路网络，消除交通瓶颈，优化完善路网功能层级，构建快速路、主干路、次干路、支路等搭配合理、布局均衡、一体衔接的城市道路网络，形成对县城发展的强力支撑和空间布局的有序引导。加快推动老城区交通基础设施升级改造，提高路网密度，打通微循环，构建广覆盖、深通达的道路网络，践行“窄马路、密路网”开发模式，逐步形成小尺度街区格局。

（三）推进县城交通绿色低碳集约高效发展

坚持以公共交通为主导、倡导绿色出行的城市交通发展理念，加快完善并大力发展县城公共交通系统，积极构建广泛覆盖、环境友好的非机动车道和人行道等县城慢行交通网络。加快补齐县城停车场发展短板，以停车产业化为导向，以交通枢纽、居住区、商业区、医院、旅游景区等为重点，建设停车楼、地下停车场、机械立体停车库等集约化停车设施。积极推进客运站改扩建或迁建新建，拓展客运站“运游”“运邮”功能，优化公交站点布设。积极发展县城配送投递设施，健全冷链物流设施，适应城市配送“多品种、小批量、多批次、短周期”特点，大力发展县城公用型配送网点和末端配送点，加快完善布局合理、运行高效的县城物流配送网络，畅通县城物流配送“神经末梢”。

【专栏7–1】

国家发展改革委对“县城交通物流领域补短板强弱项”项目范畴的划定

优化市政交通设施。推进县城与邻近地级市城区交通设施互联互通，鼓励对公路等设施进行升级改造，增强对外交通保障能力。布局建设公共停车场和配建停车场，鼓励建设立体停车库，缓解医院、学校、大中型商场和办公区等人流密集区“停车难”问题。推进客运站改扩建或迁建新建，拓展客运站“运游”“运邮”功能。按照“窄马路、密路网”方式，完善机动车道、非机动车道和人行道“三行系统”，优化公交站点布设，改善群众出行条件。

发展配送投递设施。建设统一分拨中转的公共配送中心，鼓励发展共同配送等新模式，满足小微企业和群众日常物流分拨配送需要。支持社会力量面向家庭用户和单位职工等受众群体，布设不同类型的智能快件箱，提供便捷安全的“最后一百米”服务。

健全冷链物流设施。结合实际在县城及周边建设冷库，配建理货和分拣等冷链配送设施，保障农副产品全程冷鲜冷冻保存和运输。在有条件县城建设面向城市消费的生鲜食品低温加工处理中心，推广“生鲜电商+冷链宅配”“中央厨房+食材冷链配送”等新模式。引导社会力量在大中型商场超市建设冷链物流前置仓，解决冷链物流“最后一公里”问题。

资料来源：《国家发展改革委关于加快开展县城城镇化补短板强弱项工作的通知》（发改规划〔2020〕831号）

二、推动农村交通发展“弯道超车”

乡村是具有自然、社会、经济特征的地域综合体，兼具生产、生活、生态、文化等多重功能，与城镇互促互进、共生共存，共同构成人类活动的主要空间。改革开放以来尤其是党的十八大以来，我国农村交通建设取得巨大成就，为决战决胜脱贫攻坚、全面建成小康社会发挥了重要作用，作出了积极贡献。截至2020年底，我国农村公路总里程已达到438.23万公里，具备条件的建制村已实现100%通硬化路、100%通客车，惠及5亿多农民群众，既为已经打赢的脱贫攻坚战和全面建成小康社会提供了有力保障，又为扎实推进共同富裕创造了良好条件。立足新发展阶段，需要科学把握农村交通发展阶段与趋势，正视农村交通发展短板与问题，着力提升农村交通发展质量与效益。

（一）要因地制宜正确处理好农村交通“通”与“畅”的关系

“十四五”时期，我国同时面临着建制村通畅工程和自然村连通工程双重压力，要切实发挥有限资金的使用效益，在“通”与“畅”之间寻求平衡。一方面，推动规模较大中心村和城市近郊村农村公路提档升级，因地制宜推进窄路基路面公路拓宽改造或错车道建设，逐步推进通双车道公路改造。另一方面，应逐步消除自然村（屯）“断头路”“瓶颈路”“回头路”，着力解决“最后一公里”和“毛细血管”问题，实现农村公路进村入户，重点推进东部地区20户以上、中部和东北地区25户以上、西部地区30户以上自然村（屯）通硬化路建设。

（二）要统筹并重推进农村交通“建”与“养”协同发展

推进农村公路建设与养护统筹并重，整合建设、养护资金使用，因地制宜明确建设与养护资金比例。提高农村公路建设质量，加强施工监管和质量追溯，严守质量底线。加强农村公路管理养护，有序开展常规性和预防性养护，创新“以工代赈”“分段承包”等多元化养护模式，有效利用信息化技术提升农村公路养护水平。深化农村公路养护管理体制改革，探索政府与农村各类组织共同养护农村公路机制，创新农村公路建养投融资模式，研究建立农村公路养护基金。

（三）要高度重视农村交通“行”与“停”协调均衡

随着我国农村公路网络不断完善，广大农民群众的最基本的出行问题已得到根本性缓解，并逐步从“走得了”向“走得好”转变。相比出行问题，广大农村地区的停车问题愈发突出，尤其是节假日和旅游旺季，农村地区停车设施不能满足停车需求，引发随意停车造成安全隐患、占用道路资源造成拥堵、挤占公共空间影响村容村貌等系列问题，“走得好，停不了”正逐步成为农村地区新的突出问题。为此，在不断提高农村交通出行服务品质，满足农民群众多元化出行需求的同时，要高度关注消费升级带来的农村地区停车问题，适度超前布局停车设施。

（四）要推进农村交通“网”与“融”双向拓展

完善村落相对密集地区农村公路网络布局，优化路网结构，加强毗邻村庄连接道路建设，因地制宜推进迂回路建设，提高网络可达性、替代性和灵活性，打造“大环小圈、内联外通”的区域农村公路网络体系。推进农村公路与旅游、产业等融合发展，充分挖掘农村公路旅游价值，加快乡村旅游路建设，推进特色农业、农产品集散、工贸等专业化村庄产业路和园区路建设，构建支撑村镇特色产业发展广覆盖、深通达的农村公路微循环网络。积极推进边境地区农村公路军民融合发展。

（五）要有序推进农村交通“老”与“新”迭代升级

加强数字化智能化赋能农村公路发展，逐步推广大数据等信息技术在农村公路中的应用，提高农村公路的信息化和现代化水平。加强传统农村公路智慧化升级和新型基础设施建设，在具备条件的农村公路沿线因需布设卫星遥感、无人机、地理信息系统、自动检测等信息基础设施，加强交通信息数据采集，丰富科技治超、智慧导航、监测预警、应急救援、抗灾减灾等场景应用。鼓励建立各省级农村公路信息化管理平台，搭建各省农村公路管理“一张网”，实现农村公路建设、管理、养护、运营、监测等主要业务领域管理信息平台化，推进农村路网、停车场和旅游景点等信息互联互通。

【专栏7–2】

乡村振兴战略规划关于改善农村交通物流设施条件的相关要求

以示范县为载体全面推进“四好农村路”建设，深化农村公路管理养护体制改革，健全管理养护长效机制，完善安全防护设施，保障农村地区基本出行条件。推动城市公共交通线路向城市周边延伸，鼓励发展镇村公交，实现具备条件的建制村全部通客车。加大对革命老区、民族地区、边疆地区、贫困地区铁路公益性运输的支持力度，继续开好“慢火车”。加快构建农村物流基础设施骨干网络，鼓励商贸、邮政、快递、供销、运输等企业加大在农村地区的设施网络布局。加快完善农村物流基础设施末端网络，鼓励有条件的地区建设面向农村地区的共同配送中心。

——农村公路建设。对具备条件的乡镇、建制村全部实现通硬化路，加强窄路基或窄路面路段加宽改建。对存在安全隐患的路段增设安全防护设施，改造农村公路危桥。有序推进较大人口规模的撤并建制村通硬化路。开展国有农场林场林区道路建设。

——农村交通物流基础设施网络建设。支持农贸市场、农村“夫妻店”等传统流通网点改进提升现有设施设备，拓展配送等物流服务功能。行政村和具备条件的自然村基本实现物流配送网点全覆盖。完善农村客货运服务网络，支持县级客运站和乡镇客运综合服务站建设和改造。鼓励创新农村客运和物流配送组织模式，推进城乡客运、城乡配送协调发展。

资料来源：《乡村振兴战略规划（2018—2022年）》

三、强化城乡交通一体化发展

县域是推进城乡融合发展的基本单元，2021年中央一号文件明确指出，要加快县域内城乡融合发展，把县域作为城乡融合发展的重要切入点。交通运输是国民经济中具有基础性、先导性、战略性的产业，是联系城乡的重要纽带，城乡交通运输一体化发展是城乡融合发展的基础支撑和先行领域。在县域范围内，围绕城乡融合发展要求，推进县城和农村交通有效衔接、一体发展，有助于打通城乡要素流通壁垒，推进要素双向流动，以城乡交通一体化发展提升县域城乡融合发展质量，增强县域发展整体凝聚力。

（一）加强城乡交通网络一体衔接

推进农村地区和城镇地区交通网络规划、建设统筹衔接，合理加密县城与乡镇、农村间的交通基础设施网络，以公路为主体提升联通性，着重推进农村公路与高速公路、国省干线公路的衔接联通，加快消除断头路，构建城乡一体衔接的县域交通网络体系。适时推进具备条件的农村公路市政化改造，逐步将其吸纳为城区路网的重要组成部分。鼓励利用公益性“慢火车”等方式，加强偏远村庄与县城、乡镇商业密集区、农贸市场等联通，形成多种方式的人员物资流通渠道。

（二）实现城乡客运基本公共服务均等化

加强连接县城与周边城镇的公共交通网络建设，推进农村地区客运班线公交化改造，加密招呼点、候车亭网络，打造层次合理、协调互补的城区、城乡、镇村三级公交服务体系。优化城乡道路客运线路结构，加强对多样化、个性化出行需求的关注，灵活开展预约式、定制式公交客运服务，深入挖掘社区巴士、机场快线、商务快客等特色客运业务市场潜力，稳步扩大镇村短途驳载运输市场规模。优化城乡道路客运经营结构，推动公交、客运班线经营主体整合，培育打造骨干型运输企业和城乡客运一体化服务品牌，消除地域壁垒，积极引进优质企业投资经营城乡道路客运，提升资源配置效率。完善公交化改造配套政策，构建多层次、差别化、科学合理的城乡道路客运票务价格体系，增强公交服务吸引力。

（三）推动城乡物流网络一体化建设

完善县域城乡物流配送基础设施建设，增强城乡物流设施连通度。加快构建县、乡、村三级物流节点体系，鼓励发展城乡物流共同配送、统一配送、集中配送、分时配送等集约化配送模式，提升服务县域特色农产品上行和工业品下乡的物流组织能力，打通双向物流渠道，推动县域产品进入全国消费市场，加强优质商品的城乡供应均等化。畅通城乡商贸流通运行，加强城乡物流和商流、资金流、信息流深度融合，推动物流通道和销售、资金、信息与流通渠道协同发展。

【专栏7–3】

对于促进县域内城乡融合发展的相关要求

加快县域内城乡融合发展。推进以人为核心的新型城镇化，促进大中小城市和小城镇协调发展。把县域作为城乡融合发展的重要切入点，强化统筹谋划和顶层设计，破除城乡分割的体制弊端，加快打通城乡要素平等交换、双向流动的制度性通道。统筹县域产业、基础设施、公共服务、基本农田、生态保护、城镇开发、村落分布等空间布局，强化县城综合服务能力，把乡镇建设成为服务农民的区域中心，实现县乡村功能衔接互补。壮大县域经济，承接适宜产业转移，培育支柱产业。加快小城镇发展，完善基础设施和公共服务，发挥小城镇连接城市、服务乡村作用。推进以县城为重要载体的城镇化建设，有条件的地区按照小城市标准建设县城。积极推进扩权强镇，规划建设一批重点镇。开展乡村全域土地综合整治试点。推动在县域就业的农民工就地市民化，增加适应进城农民刚性需求的住房供给。鼓励地方建设返乡入乡创业园和孵化实训基地。

资料来源：《关于全面推进乡村振兴加快农业农村现代化的意见》（2021年1月4日）

参考文献

高启杰，赵竹村，申建为，2007.促进东北县域经济发展的政策措施研究[J].小城镇建设(11):101–104.

沈建波，2021.以新举措引领东北地区新发展[N].经济日报，2021-12-22(10).

中国信息通信研究院，2021.中国工业百强县(市)、百强区发展报告(2021年)[R].北京:中国信息通信研究院.

第八章
我国县域交通现代化发展的政策建议

按照县域交通发展的蓝图目标和重点任务，从县域交通发展本身发力，完善县域交通发展政策体系，加强资金支持，形成配套发展机制，强化要素保障支持，确保相关工作及时落实。

第一节　完善县域交通发展政策体系

围绕乡村振兴战略要求，立足县域发展整体需要，系统谋划县域交通发展政策，切实发挥支撑保障作用。

一、强化乡村振兴战略县域交通政策支撑

根据县域交通物流在经济社会发展中的作用，明确县域层级交通物流发展定位，以县为单位，增强县域交通物流发展在乡村振兴战略发展中的推动作用。充分体现乡村振兴战略中对于改善农村交通物流条件的相关要求，重点强化县域交通发展对于带动农村交通物流发展、推进城乡交通一体化发展、促进乡村振兴和巩固脱贫攻坚成果有效衔接的重要作用。

二、加强县域交通发展规划引领

推进国家宏观层面县域交通发展统筹谋划，完善县域交通建设发展指导文件，明确县域交通的发展任务，推动综合交通网络布局对于县域发展整体支撑。以省为单位，研究制定县域交通规划政策，针对全省范围内县域经济社会及交通发展情况，开展县域专项交通规划编制工作，提升发展布局的指导性和前瞻性。结合县域交通发展阶段差异，重点研究编制公共交通、物流等专项规划。

三、构建县域交通现代化发展政策体系

加强县域交通运输发展政策研究，充分认识县级行政单位在交通运输发展中的重要性，构建以县域为主要对象的交通发展政策体系。围绕县城交通、农村公路等当前县域交通发展热门领域，研究制定对《农村公路中长期发展纲要》《关于加快开展县城城镇化补短板强弱项工作的通知》等交通物流相关政策的实施方案，完善政策体系，明确县城交通发展重点。

【专栏8–1】

《农村公路中长期发展纲要》对农村公路治理体系的要求

健全管理养护制度，进一步夯实县级人民政府农村公路管理养护主体责任。建立以各级公共财政投入为主、多渠道筹措为辅的农村公路养护资金保障机制，建立健全以路况、养护工程里程、养护资金、机构能力建设等为主的农村公路养护绩效考核评价体系。完善县、乡两级农村公路管理机构，大力推广“路长制”，充分调动乡、村两级作用和农民群众积极性，形成权责清晰、齐抓共管、高效运转的农村公路管理养护体制。创新农村公路管理模式，加快应用现代化信息技术，建立农村公路管养智能

化、信息化管理平台。加强农村公路路政管理，强化农村公路安全保护能力建设，建立健全路产路权保护队伍，抓好抓实治超工作，规范限高限宽等物防设施设置，鼓励有条件的地区探索非现场执法工作。

第二节 强化县域交通发展资金支持

加强对县域交通发展的配套资金保障，强化中央资金支持，结合县域发展具体情况拓展多元融资渠道，发挥地方政府作用，积极调动社会资本参与积极性，鼓励具备条件的社会资本参与县域交通建设。

一、强化中央层面县域交通发展资金支持

充分发挥中央资金投资导向作用，加大县域交通发展资金支持力度。对于县域范围公益性和准公益性交通项目，增加中央资金支持，加大车购税资金、中央预算内投资、成品油税费改革转移支付等支持县域交通发展力度，对于交通条件较为落后、地方财力薄弱的县域，在中央均衡性转移支付中加强对县域交通发展的支持。强化地方财政配套，加大省、市、县三级公共财政资金支持力度，加强对城乡交通一体化发展、农村客运等支持力度，推动建立政府购买服务或运营补贴制度。研究探索中央资金用于农村公路等县域交通基础设施养护，推进中央资金支持向交通建设全生命周期延伸。

二、拓展县域交通发展资金渠道

充分利用既有政策方向，结合县城补短板强弱项相关工作安排，对于

公共停车场、公路客运站等具备一定盈利能力的准公益性项目，将其纳入地方政府一般债券重点支持范围，有序引导地方根据需要进行申报，对于部分诉求明确、条件成熟、依据充分的县域交通项目予以倾斜支持。明确县域交通发展方向和目标任务，及时出台本地县域发展建设方案，按年度明确建设任务、责任分工、资金筹措方案以及其他配套保障措施，鼓励具备条件的企业等参与县域交通项目建设。强化农村交通发展支持，对于农村公路养护等财政压力较大项目，鼓励地方人民政府将农村公路建设和一定时期的养护统筹推进。鼓励采取投资补助、以奖代补、先建后补、先养后补等灵活方式支持农村公路发展。

三、提升县域交通建设发展社会资本参与深度

立足县域交通功能性质细分农村公路等潜在收益，坚持兜底保障农村地区生产生活发展需要的交通物流项目始终具备公益性性质，明确县城停车场、旅游景区、干线公路服务区、农产品加工园区配套交通等县域交通的潜在收益空间，强化社会资本参与相关领域建设。统筹考虑支撑保障经营性交通物流活动等县域交通设施的整体成本和利润空间，适时推进部分具有收益能力的县域交通与所在旅游景区、县城市政项目等建设配套打包，探索其统筹作为配套设施参与整体融资，推进社会资本参与县域交通建设发展。

第三节　创新保障县域交通发展的配套机制

围绕现代化县域交通发展要求，优化完善县域交通跨部门跨领域协商、试点示范、全生命周期一体化发展等相关机制，更好服务县域交通整

体发展需要。

一、完善县域交通发展领导协调机制

县级交通发展具有较为明显的地方性特征，根据县域交通各部门责任分工，因地制宜构建灵活有效的多层级县域交通发展领导机制和配套保障机制。在省、市级层面，对于经过县域的国省干线公路、地方铁路等，统筹沿线相关县份整体情况，加强与沿线县级政府的衔接统筹，重点加强与上层交通发展规划的衔接。加强组织领导和部门协调，围绕县域交通发展重点任务，加快形成密切配合、多方支持的交通建设和服务支撑。

二、形成县域交通跨部门跨领域工作机制

随着交通运输与经济社会发展融合走向深度，现代化县域交通发展离不开多部门多领域统筹共同推进，亟待针对性强化相关领域工作机制。加强县域层级交通运输、发展改革、财政、农业农村、自然资源、生态环境、住建等部门协同联动，对于部分发展中的重点和难点问题，推进省级和市级相关单位发展联动。统筹县域交通网络布局和建设规划。建立健全县域交通协同发展机制，以项目建设发展为重点，协调解决项目审批、资金筹措、土地利用、环评批复等方面的问题，对于县级事权、地方需求突出的项目，适当调整和简化审批流程与环节。

三、建立县域交通现代化建设试点示范机制

根据发展需要研究设立县域交通现代化发展示范县，分域分类分区选择试点县域，发挥试点效应，推动县域交通发展。探索不同县域交通现代化发展路径，根据不同发展类型、不同区域版块、不同发展阶段选择试点

示范县域分类试点，在项目建设、资金安排、用地统筹等方面给予试点示范县具体支持。强化县域范围各类试点统筹，加强县域交通试点与“四好农村路”、城乡交通一体化、电子商务等相关示范县有效衔接，充分利用县域多元化特点，推进现代化交通建设相关政策创新探索。

四、推进县域交通建管养运全链条一体化发展机制

鼓励结合县域自身情况特点自主探索建管养运模式，在建设、管理、养护、运营等多环节全链条切实构建具有地方发展特点的县域交通发展模式。加快推进农村公路管理养护体制改革等领域深化探索，以县域为单位，解决农村公路建设与养护、管理和运营不协调问题，形成本地适用的基础设施全生命周期发展方案。推进基础设施建管养运一体化发展模式创新，深入探索规范化标准、专业化市场化养护等相关工作。广泛调动县域交通全链条发展资源，探索县域交通由专业养护机构事业化集中统一养护或政府购买服务市场化集中统一养护，提升交通运输组织和治理水平。

第四节　加强县域交通发展要素保障

立足县域现代化发展整体要求，持续加强县域交通要素支持，科学合理保障土地、人才、信息等发展支撑，远近结合做好要素保障。

一、适当推进土地资源倾斜支持

切实保障县域交通现代化发展的土地要素需要，统筹做大增量、盘

活存量，提高土地利用率，全力保障重点项目。根据各县域交通发展需求，统筹国土空间开发保护和生态环境保护，加强县域交通与国土空间等相关规划及土地政策的衔接，对具备条件的区域加大县域交通土地资源利用倾斜。

根据县域交通用地实际情况，在确保前期工作科学性的情况下，简化用地、环境评价手续流程，对重点项目用地做好预留。考虑到县域范围农田区域较大，在涉及耕地占补平衡等相关问题中，健全耕地保护补偿机制等，在严格落实耕地质量提升和保护的同时科学保障项目建设。

二、强化人才储备建设

加强现代化县域交通发展人员队伍建设，统筹不同地区、不同阶段县域交通发展对专业人才的需要。强化现代化发展培训，推进重点领域人才建设培养，加强交通物流技术、运输组织、服务管理、产业发展、供应链组织、生态环境保护等相关专业人才培养，推进多领域复合型人才培养，在交通运输学科建设和职业教育中强化县域交通运输规划发展理论和方法论教育，提升交通运输专业人才对县域交通现代化发展的整体认识，推进县域交通发展专业理论有效普及。完善激励机制，改善人才保障的基础条件和软硬件环境，加强县域基层行业管理部门人才培养。

三、提升县域交通发展数字化信息化水平

着眼未来县域交通现代化发展整体场景，顺应大数据、物联网、区块链等信息技术发展，结合智慧交通发展建设要求，提高县域交通信息化水平，提高数字信息要素在县域范围应用水平，构建县域交通及相关领域信息要素共享模式，为构建下一代县域智慧交通体系提供坚实保障。便捷信

息要素流通效率，构建县域层面交通发展的信息数据库，通过有效的智慧交通发展平台，破除信息要素壁垒，加强省、市级相关信息与县级部门及企业共享，推进数据信息跨部门流动，推进县域经济社会、交通运输、产业发展等相关数据互通共享。

【专栏8–2】

《中共中央 国务院关于全面推进乡村振兴加快农业农村现代化的意见》对深入推进农村改革的要求

完善农村产权制度和要素市场化配置机制，充分激发农村发展内生动力。坚持农村土地农民集体所有制不动摇，坚持家庭承包经营基础性地位不动摇，有序开展第二轮土地承包到期后再延长30年试点，保持农村土地承包关系稳定并长久不变，健全土地经营权流转服务体系。积极探索实施农村集体经营性建设用地入市制度。完善盘活农村存量建设用地政策，实行负面清单管理，优先保障乡村产业发展、乡村建设用地。根据乡村休闲观光等产业分散布局的实际需要，探索灵活多样的供地新方式。加强宅基地管理，稳慎推进农村宅基地制度改革试点，探索宅基地所有权、资格权、使用权分置有效实现形式。规范开展房地一体宅基地日常登记颁证工作。规范开展城乡建设用地增减挂钩，完善审批实施程序、节余指标调剂及收益分配机制。2021年基本完成农村集体产权制度改革阶段性任务，发展壮大新型农村集体经济。保障进城落户农民土地承包权、宅基地使用权、集体收益分配权，研究制定依法自愿有偿转让的具体办法。加强农村产权流转交易和管理信息网络平台建设，提供综合性交易服务。加快农业综合行政执法信息化建设。深入推进农业水价综合改革。继续深化农村集体林权制度改革。

参考文献

冷茂林，2022. 乡村治理智能化的风险挑战与应对之策[J]. 领导科学，817(8): 115-118.

李小鹏，2019. 推动农村交通治理现代化[J]. 中国公路，555(23): 22-25.

穆娟，2015. 我国农村公路养护管理体制优化研究[D]. 西安：长安大学.

国际案例篇

第九章
美国县域交通现代化发展案例

美国采取联邦–州–地方政府的行政体制。郡县（county）是地方政府层级重要的行政单元，既承担州政府部分职能延伸，又是地方治理的主要机构，结合地方需求制定各项政策。美国共有超过3000个郡县，平均每个州有超过60个郡县。部分州未设立郡县政府，由下级自治市（city）、乡镇（town）等来承担政府功能。本章着重描述美国郡县交通发展理念及政策。作为地方自治的重要体现，美国郡县交通发展聚焦其本地实际情况，充分体现具体需求，因地制宜开展规划管理，可为我国县域交通发展提供参考。

第一节　基本情况

郡县是美国交通规划中的重要组成单元，数量众多、特点各异，除郡县规划外，也包括都市区交通规划、区域交通规划等。

一、发挥承上启下衔接作用

郡县不仅是美国地方交通发展的重要层级，还是统筹区域交通发展的重要衔接。一方面，衔接都市区、区域交通发展。随着美国城市化过程加快，一些都市逐步突破既有郡县、州行政边界，在城市化连片的大都市区域内跨郡县范围谋划整体发展布局，以交通为先行，都市区中的郡县在推进自身交通建设的同时，也融入都市区范围交通整体规划。另一方面，衔接社区交通发展。在郡县范围内以社区为单位细化交通发展需求，区分郡县内社区发展阶段、群体特征等，将郡县交通发展单元进一步缩小，明确社区交通具体发展诉求。

二、县情特点多元差异明显

美国郡县数量超过3000个。郡县经济社会发展情况各异，区域内产业布局、人口特征、收入水平等各有不同，形成了郡县交通发展的独特基础和多元特征。郡县交通发展水平各异，毗邻郡县的交运输方式通达性、运输服务组织模式等也存在明显区别。由此，美国郡县交通发展强调区域实际特点，聚焦本地具体诉求，由郡县自主推进交通运输布局和建设发展。

三、交通发展思路逐步调整

除各地自身特点外，美国郡县发展也面临普遍性问题，倒逼郡县交通发展思路整体调整。一是技术进步推动。以大数据、物联网、自动驾驶等为代表，先进技术装备逐步在郡县交通发展中推广应用，形成全新郡县交通发展场景，塑造郡县交通发展新型供需关系。二是运输组织思路改变。客运方面，旅客出行效率诉求进一步突出。随着灵活办公等方式深入应用，传统通勤交通组织思路开始调整，部分居民迁入郡县乡村地区居住，形成新的郡县交通需求模式。货运方面，根据《美国国家货运战略规划》，货运配送体系向多层级组织体系转变，郡县消费端货运节点布设增加，区域货运组织与郡县交通进一步联动。三是发展模式转变。私家车出行作为美国郡县交通出行的首要方式，道路安全重要性进一步凸显，郡县绿色化、电动化发展成为长远发展必然趋势。

第二节 案例分析

结合美国郡县发展情况，分别选取郡县交通整体发展案例和专项发展案例进行分析，立足郡县发展情况、趋势特征、主要诉求，梳理其发展思路和具体措施。

一、郡县交通整体发展案例

（一）基本情况

1.规划情况

特拉华县位于宾夕法尼亚州东南部，毗邻费城西侧。特拉华县以“提升、拓展、整合”为重点出台了2035年交通发展规划，在其整体发展规划统筹下，引导郡县本地的交通网络长期发展。通过土地利用规划（Land Use Policy Framework Plan），同步推进公共空间、娱乐和绿岛规划，经济发展规划，交通规划，历史保护规划，以及住房规划等，将交通发展有机融入区域整体布局。特拉华县规划框架如图9–1所示。

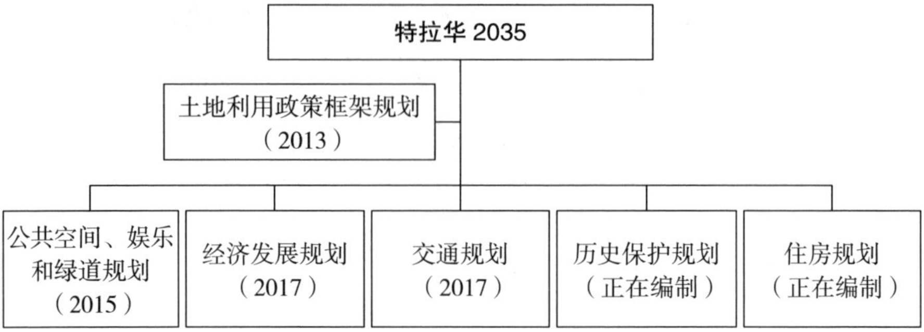

图9-1　特拉华县规划框架

资料来源：*Delaware County 2035 Transportation Plan*。

对标2035年发展需求，特拉华县主要提出三大规划目标。一是提升，通过可适用的创新方式方法全面提升各种运输方式的安全水平和承载力。二是拓展，扩大交通网络规模范围，便捷居民通达多种运输方式。三是整合，将各类运输方式有效整合为一个完整系统。基于此，提出了围绕完整街道、安全、可替代交通、公共交通通达性、公共交通服务、货运基础设施等重点领域的六大具体目标（见表9-1）。

表9-1　特拉华县2035年交通规划具体目标

序号	内　容
1	支持特拉华县建设完整街道
2	提升特拉华县交通网络安全性
3	提升交通网络中可替代的运输方式占比
4	通过提升公共交通通达性和整合多式联运设施增加可通达性
5	强化公共交通服务
6	提升货运基础设施以保障特拉华县工业经济和社区发展

2. 郡县交通发展趋势

特拉华县可通达运输方式涵盖水路、民航、公路、铁路、城市轨道等，私家车出行是本地居民通勤出行的主要方式。近年来，郡县范围展现出七类发展趋势。一是城市中心集聚趋势，居民更加倾向于步行友好、靠近主要交通通道、周边功能齐全的社区，通勤模式和交通需求预计将随之调整。二是电动化趋势，电动汽车保有量将影响土地使用和交通基础设施建设，改善交通运输领域空气污染状况，但也带来设施建设资金、能源使用等问题。三是响应式交通趋势，在便捷道路交通出行的同时，响应式运输服务模式也将进一步应用在郡县公共交通出行中。四是自动化趋势，预计未来郡县范围无人驾驶汽车应用将全面推广，提升路网运行效率的同时也带来潜在交通安全问题。五是公私合营模式趋势，受郡县范围内老化的基础设施以及先进技术装备加快应用等因素推动，私人资本对交通运输的支撑保障作用将进一步凸显，如改善各类枢纽站点设施、道路基础设施建设维护等。六是产业发展带动趋势，以能源产业为重点，特拉华县产业发展将对交通发展提出新需求，如强化内河运输服务、提升城区出行便捷度等。七是灵活办公空间利用趋势，郡县内部分既有重工业厂房将重新作各类轻工业用途，并引致相应运输、物流、存储等需求。

（二）具体做法

1.优化交通网络功能结构

围绕“路网+枢纽”设施建设，夯实郡县交通发展支撑。一是推进郡县完整街道建设，即以客运为重点，保障各类出行需求，建设对各种出行方式友好的路网设施，提升出行方式的可替代性，加强交通枢纽站点、交叉道口、步行道、自行车友好设施等相关设施建设。二是推进设施建设，提升路网密度和联通性，加强步行道、交通枢纽新改建，强化公共交通站点周边步行道、自行车道等各类衔接路段建设，推进专用车道建设，结合需求推进公交、货车、共乘车道等建设。三是改善路网拓扑结构，加强郡县内交通枢纽站点布设，合理优化通道线路走向，完善交道口设计。

2.提升运输服务体验

立足居民对郡县交通实际体验，提升运输服务供给质量。一是保障各类人群出行需求，重点加强交通枢纽、公共交通线路等残疾人出行辅助设施建设，全面保障各类人群使用郡县运输服务的可达性和便利性。二是优化出行体验，结合居民出行实际场景，加强交通枢纽实时信息提供能力，提升交通标志覆盖范围和醒目程度，提升交叉路口行人视野范围。三是拓展交通服务功能，加强路网周边景观建设，为居民提供愉悦出行体验。

3. 提高网络整体运行效率效益

结合郡县交通实际运行情况，针对性提升系统效率和综合效益。一是提升交通网络运行水平，严格交通运行约束，强化交通安全、限速等措施，提高公共交通优先级，升级交通信号系统，改善路网拥堵情况，有效减少因网络运行不畅产生的额外成本。二是优化静态交通运行，规范停车管理，减少路侧停车情况，统筹各类资源强化停车需求保障能力，加强主要停车设施周边步行友好改造。三是减少交通领域环境污染，提升环境友好水平。

4. 强化配套政策保障支撑

由特拉华县政府统筹，推动交通作为郡县2035年整体发展规划的组成部分并组织实施。同时，郡县相关交通规划编制、交通项目资金申请应遵循2035年交通规划相关安排，系统强化交通规划理念推广，推进相关行动实施开展。与我国规划实施保障类似，特拉华县在交通规划实施中，重点加强与州和地方相关机构、非政府组织等合作，对多方共同推进特拉华县2035年发展目标和行动落实进行整体统筹，并定期对长期发展目标进行相关评估调整。

二、郡县交通专项发展案例

（一）基本情况

1. 郡县情况

马里波沙县为加利福尼亚州下辖郡县，部分地区位于优胜美地、赛拉、斯坦尼斯劳斯国家森林公园区域内。当前郡县范围可达的公共交通服务主要包括两类，第一类是郡县内部交通服务，主要包括Mari-Go和Medi-Trans两种服务，其中Mari-Go为面向郡县所有公民的拨招公车（dial-a-ride）服务，通达郡县范围以及周边毗邻郡县，Medi-Trans则是以郡县内部老年人、残疾人等人群为主的医疗交通拨招公车服务。第二类是区域交通服务，主要为区域交通体系和毗邻郡县交通服务在马里波沙县的衔接覆盖，其中包括优胜美地区域交通系统YARTS、美国国铁Amtrak以及周边郡县的公共交通服务等。

根据马里波沙县县情，郡县内部以乡村地区为主，人口分布较为分散，本地居民具有较为突出的典型特征。一是老年人口占比突出，郡县优美的生态环境成为退休疗养的胜地，65岁及以上老年人口占比达到27%（全州平均水平为14%），18岁以下青年人口占比仅16%（全州平均水平为23%）。二是特殊人群需求凸显，郡县残疾人口占比达到20%（全州平均水平为11%），贫困人口（美国统计局规定的贫困线以下人口）占比达15%（全州平均水平为12%）。三是人口相对集聚，主要位于郡县中心区域，部分居民有跨郡县通勤需求。总体来看，马里波沙县郡县公共交通依赖度最高的三类人群分别为老年人、贫困人群以及残疾人，预计公共交通需求在2027年左右达到顶峰。

2. 主要诉求

当前马里波沙县公共交通主要由郡县内部组织运行，覆盖范围相对较小，计划对郡县内部路网线路进行重新规划，其诉求可总结为以下三类。一是体现郡县发展变化趋势，预计未来马里波沙县人口下降，但老年人口规模仍将上升（见图9-2），在居家办公模式推动下，部分高收入人群将会迁入，居民将更加倾向在乡村地区居住。二是优化运输服务组织模式，既有线路与区域主要通道衔接有待协同，面向郡县所有居民的公共交通服务供给相对缺乏，出行便捷度、灵活性仍需进一步提升。三是改善公共交通发展方式，统筹推进设施建设与服务提升，加强资金支撑保障，有效降低公共交通运营成本。

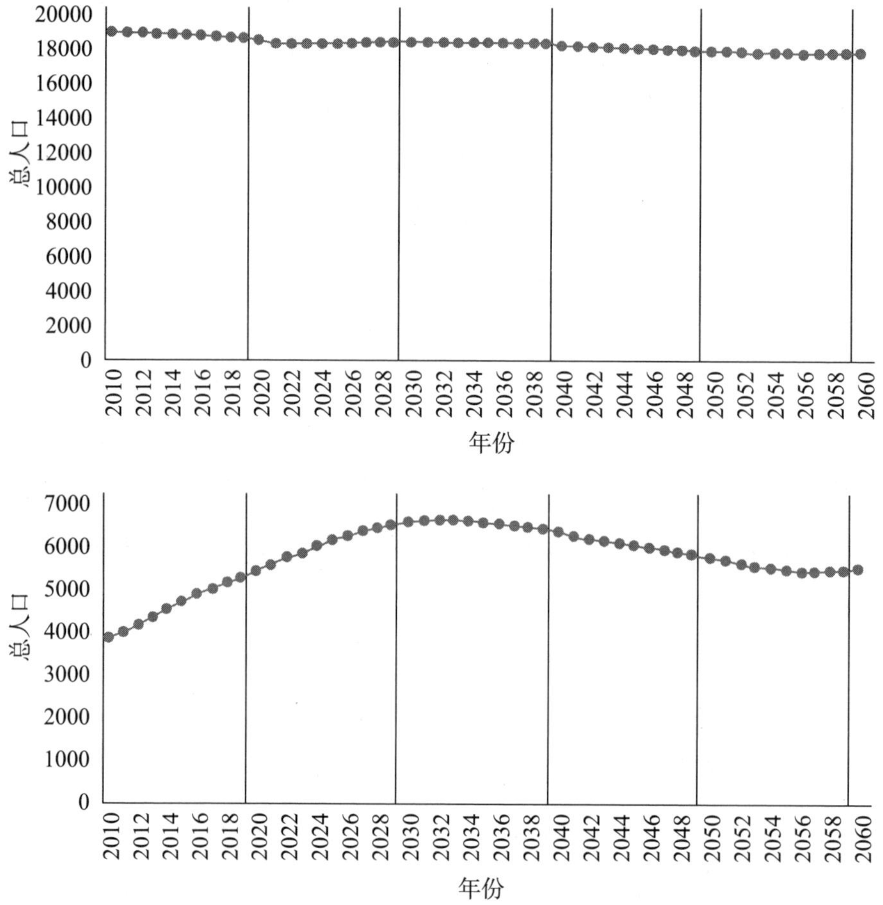

图9-2　马里波沙县人口预测（上）及老年人口预测（下）

数据来源：加利福尼亚州财政部人口预测研究数据。

（二）具体做法

1. 以运输服务组织为主要手段保障公共交通需求

全面梳理全县范围经济社会发展需求，加强运输服务对重点人群倾斜支持，提升公共交通服务可及性。根据郡县人口分散特点，针对性强化老年人出行服务保障，依托拨招公交等方式，及时响应郡县内老年人出行基本需求，着重加强就医等具体出行需求，增加主要医疗站点周边运输服务频次。系统摸排郡县范围内公共交通出行依赖程度，结合家庭单位基本收入、重点企业分布、就业人口分布等情况，明确三类重点保障人群，强化面向所有居民的整体保障服务。尽管当前郡县范围内公交服务时间较短、频率较低，但仍然提供了基本的兜底保障，确保重点人群出行需求能够满足。同时，在未来发展规划中，以运输线路和组织频率固定化为方向提升公共交通供给水平以及公共交通服务保障水平。

【专栏9-1】

马里波沙县公共交通未来五年服务目标

县域范围固定线路服务：提供可预知的运输服务、推进面向公共大众而并非仅老年人的公共交通重新定位、结合基础设施建设重新规划固定线路站点，等等。

公共交通服务在保障重点三类人群的同时应对所有居民开放。

当前周一至周五的服务主要在正常工作时间，为更好吸引年轻人出行需求，未来将延长工作日服务时间并提供周末服务。

加强公共大众对于服务开展的知悉情况，强化网络服务、移动端服务，以及与各种服务有效衔接等。

资料来源：课题组翻译整理

2. 多维度统筹公共交通发展目标

充分认识交通与郡县经济社会发展的互动关系，构建多元化公共交通发展目标。一方面，强化公共交通与本地生态环境有机融合，依托马里波沙县自然环境禀赋，居民呈现分散、多在乡村地区居住的特点，强化公共交通发展对其特点的响应程度，推进清洁交通发展，向郡县范围全电动化公共交通转变。二是提升公共交通可选择性，长远结合，推进长期公共交通发展布局，加强公共交通与区域运输通道衔接，串接郡县内部主要社区节点，实现多通路、多方式运营，丰富居民出行选择，有效促进公共交通循环运行。

3. 广泛征求利益相关方意见建议

聚焦郡县公共交通具体需求，征询社会各方意见建议，有效统筹各类需求，及时响应郡县公共交通发展诉求。在路线调整中，规划咨询单位不仅在出行乘客中开展调研，也征求公共交通驾驶者和调度员具体意见，采访县域规划部门、运输服务依赖度较高的公共组织，并在规划咨询委员会进行整体研讨。其中，以规划咨询委员会研究为例，明确当前公共交通的发展趋势和机遇、本地利益相关方的需求和愿景，结合三类重点人群的发展需求，进一步梳理未来公共交通发展趋势。通过全面摸排方式，能够较好地吸纳郡县范围内各方意见建议，明确未来人口向乡村地区流动、当前公共交通资金支持较少、固定线路的公共交通服务衔接道路普遍缺少人行道等情况以及需要更多具备职业资格的司机培养等具体诉求，能够更好在后续规划中量体裁衣，切实形成具有郡县特色、满足郡县实际需求的公共交通组织模式。

第三节　主要经验

美国郡县交通发展立足郡县实际，突出郡县内重点发展需求，强化居民实际体验，推进各方共同深度参与，提升整体发展效率效益。

一、以人为本体现差异响应郡县交通需求

（一）保障各类人群基本需求

立足郡县实际情况，着重保障各类特殊群体、弱势群体县域交通需求，实现交通服务公平保障。从美国郡县交通情况来看，运输服务面向全部居民实现通达可及，残疾人、老年人等出行不便、公共交通依赖程度较高群体均能得到兜底保障，即使相关运输服务频次较低、路线有限、设施老化，只要保障服务存在且稳定运行，其均能够实现相关群体享受郡县交通发展成果，鼓励特殊人群、弱势群体更多使用郡县公共交通。

【专栏9-2】

美国保障残疾人出行的ADA法案及交通领域实施情况

1990年，美国发布了《美国残疾人法1990》（Americans with Disabilities Act of 1990，简称ADA），2008年又进行了修订，规定了“消除歧视作为明确和全面的国家任务目标”。残疾人与其他所有个人拥有同样的权利和责任，所有的公共机构（包括公共交通系统）禁止歧视残疾人，残疾人设施、车辆等应无障碍。ADA规定美国联邦交通部（DOT）部长应当发布无障碍条例，并规定包括符合ATBCB要求的设施和车辆适用标准。

1991年，美国交通部长根据ADA发布了《交通运输残疾人服务条例》（49 CFR Parts 37）。该条例是城市公共交通无障碍的基础法规，其中无障碍（accessible）是指有关车辆和设施符合本条例和同期制定的《客运交通车辆无障碍设施规范》（49 CFR Parts 38）中的无障碍（accesibility）要求；规定运营实体与运输服务非歧视（nondiscrimination），即提供服务时不得歧视任何残疾人。

1991年，ATBCB（建筑和运输障碍合规委员会，负责确认联邦机构

强制性符合和实施《建筑无障碍设施法》）依据ADA发布了条例——《交通运输车辆无障碍设施指南》（36 CFR Part 1192，2016年修订）。该条例规定了《交通运输残疾人服务条例》中城市交通车辆的无障碍最低要求（minimum guidelines and requirements），如尺寸及其公差等。其中规定了城市轨道交通车辆无障碍的最低要求（包括车门入口、优先标志、内部环境设施设备、地板表面、乘客信息系统），以及针对不同类型轨道车辆的照明、步梯、无障碍辅助设备（mobility aid accessibility）、休息室和车辆间安全隔离等（包括车辆升降机、上车斜面、桥板、车门步梯的尺寸、坡度、载荷等）。

2006年发布《符合美国残疾人法的交通设施标准》，美国交通部和司法部将其采纳为符合ADA的标准（部门规章）。该标准规定了关于城市轨道交通建筑、设施、空间或地块（site）的无障碍要求，且规定了城市轨道交通站台设置应与《交通运输车辆无障碍指南》中车辆的适用要求一致。

资料来源：陈燕申，徐世东《美国城市轨道交通车辆无障碍法规与标准规范研究》

（二）提升运输服务品质体验

在郡县交通发展中，强调居民实际体验感受。客运方面，一是提升交通发展精细程度，如推进完整街道等发展，保障各种出行方式路权，加强非机动车、步行等相关设施建设，提升各种运输方式出行便捷度，保障多元出行需求。二是结合具体出行场景提升服务品质，统筹推进郡县交通配套服务和设施建设，如提升公交站点信息实时性，便捷旅客出行使用，加强站点周边斜坡、残疾人辅助装置建设，增加站点座椅数量等，从居民实际出行出发，加强细微环节调整改善，营造流畅交通体验。三是拓展景观功能价值，加强县域交通与生态环境融合发展，通过道路景观带设置、景观道建设等，提升县域交通审美体验。

货运方面，结合区域产业发展和贸易需求，一是系统提升货物运输效率，推进货车专用道、货车专用设施等建设，有效改善拥堵情况，降低货物运输综合成本，优化货物运输流程。二是提高货物运输便捷性，加强本地货运节点建设，培养货运相关产业人才，加强本地货物流通发展支撑能力。三是加强货运系统与郡县交通的协同水平，减少周边货运设施对郡县交通干扰，减少噪声污染等影响。

（三）推进发展方式转型升级

一是提升县域交通安全水平，结合美国交通运行特点，道路安全是美国郡县发展的普遍诉求，宏观管理上已经形成以“零死亡愿景”为代表的长期战略，在郡县层面积极推动交通安全文化的构建，不仅在道路交通安全管理上形成了先进经验，在针对弱势道路使用者、营运车辆、交通基础设施的专项安全改善项目等方面，通过优化运营服务、完善路权配置和货物运输时间窗口等多种手段确保安全运行。二是提升资金可持续性，强化郡县交通建设发展资金保障能力，有效降低项目运行成本，提升资金利用效率，合理调动社会资本参与郡县交通项目建设运营。三是推进先进技术应用发展，加快谋划物联网、无人驾驶、清洁交通等发展场景，同步推进设施服务规划布局。

二、打造多方共同参与郡县交通发展机制

（一）郡县因地制宜规划交通运输发展

普遍来看，各郡县普遍针对其交通发展进行统筹谋划。其规划内容主要聚焦郡县内部交通，以客货运输组织和交通设施为主体，涵盖郡县发展方方面面，布局重点包括慢行交通、出行服务、交通安全等运输组织以及

基础设施更新改造等。同时，郡县规划并非千篇一律，规划理念、规划内容等各有不同，如上文所列两个案例即为长期综合交通发展和短期具体运输方式发展的不同类型规划。

（二）宏观管理部门提供及时有效指导

联邦公路管理局和联邦交通运输局在进行规划监督的同时，针对具体的交通规划进行能力建设，出台必要的辅导材料指导交通决策中重点问题（见图9-3），供相关人员参考，其中明确了12项具体要求，包括空气质量、拥堵管理、交通公平、财政规划编制、基于实际绩效功能的规划编制、规划数据和工具、公众参与、韧性和支撑性、安全、保障性、交通资产管理、交通系统管理和运营等。需要指出的是，相关部门并未对郡县交通规划提出范式要求，但其中提出的法定要求和相关政策规划考虑，能够为相关郡县交通规划提供明确指引。

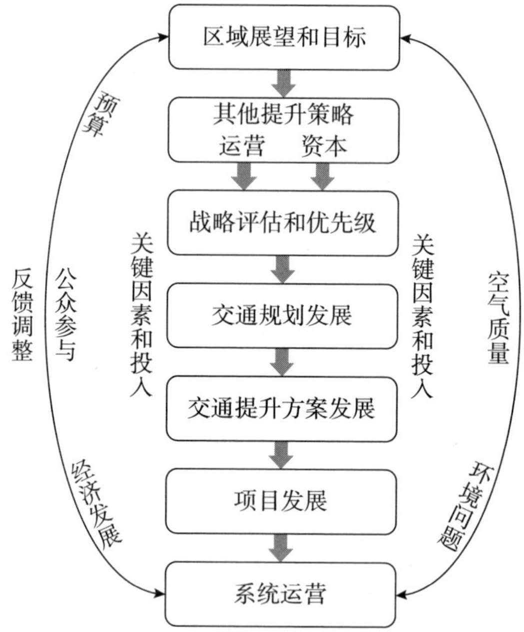

图9-3 联邦公路管理局和联邦交通运输局联合编制辅导材料中规划过程

资料来源：课题组翻译整理。

（三）加强郡县交通与区域发展衔接协同

立足既有规划体系框架，加强交通规划与各运输方式、区域规划等协调统筹。以加州交通规划为例，其区域交通规划（regional transportation plan，涵盖郡县交通规划）中，统筹考虑全州范围交通规划，以及分方式交通规划，指导规划编制和项目对接，并考虑其他类型的规划和资源需求，如气候变化、排放和韧性，自然资源、生活和公共健康质量、住房、货运和轨道、运营安全等，从而进一步提升郡县交通发展的精准性和可落地性。

（四）强化公众参与水平全面反映发展诉求

郡县交通规划范围相对较小，能够实现较高的公众参与程度，较为全面地反映郡县实际发展需要，使社会公众利益诉求和意见建议得到有效传达，并及时获得反馈响应，形成合力推进郡县交通发展。在郡县交通相关工作开展过程中，根据规划项目及不同阶段特征设计公众参与模式，如在小尺度、专业性不强的项目工作中，可以让市民深入参与规划方向制定、方案优选等，体现居民自身意愿；对于空间尺度较大、专业性较强的规划，着重摸排居民实际诉求，了解具体现状、存在的问题，及时响应居民需求。

参考文献

陈燕申，徐世东，2022. 美国城市轨道交通车辆无障碍法规与标准规范研究[J]. 城市轨道交通研究，25(4)：1-5.

蓝志勇，黄衔明，2015. 美国地方政府管理[M]. 北京：科学出版社.

刘玉菲，2016. 美国风景道标识系统设计及中国实证研究[D]. 北京：北京交通大学.

刘昭然，2020. 美国《国家货运战略规划》解读分析[J]. 中国经贸导刊

(20): 3.

叶采阳，叶欣辰，覃定明，等，2022. 美国道路交通安全管理经验与启示[J].交通与运输，38(2): 78-83.

易汉文，2006. 美国州、县/市交通影响分析导则和要求[J]. 城市交通(6): 49-57.

Delaware County Planning Department，2017. Delaware County 2035 Transportation Plan[R/OL].（2017-12-12）[2022-10-26]. https://www.delcopa.gov/planning/pubs/Delco2035TransportationPlan.html.

USDOT，2008. The Transportation Planning Process Briefing Book: Key Issues for Transportation Decisionmakers，Officials，and Staff [R/OL].（2008-02-25）[2022-10-26]. https://www.fhwa.dot.gov/planning/publications/briefing_book/index.cfm.

Walker Consultants，2021. Mariposa County Transit Short Range Transit Plan Final Report[R/OL].（2021-11-18）[2022-10-26]. https://www.mariposacounty.org/DocumentCenter/View/92501/Mariposa-County-SRTP-Final-Report-20211118?bidId=.

第十章
英国县域交通现代化发展案例

英国县域交通发展的一个重要特点就是在小镇交通发展方面取得了成功经验。虽然英国的行政区划界定与我国差异较大，但与我国县域类似，其位于城市周边或偏远地区的小镇（town）也面临吸引人口流入、保持经济社会活力的挑战。英国城镇化发展水平较高，分析小镇层面的经济社会和交通运输发展，对我国具有借鉴意义。

第一节　经验总结

一、英国小镇主要承担的经济社会功能

明确小镇在经济社会中承担的主要功能定位，是理解交通运输发展导向的重要基础。英国小镇与城市、乡村之间的交通联系，具有鲜明的经济社会运行特征。

（一）与上对接，是承载大量潮汐式通勤需求的卫星城

由于城市中心开发空间愈加有限、居住成本不断提高，且城市周边地带往往是独立式别墅（house）集聚区，代表着传统上的家庭置业“刚需”，

因此英国主要城市里的通勤群体很多会选择住在城市近郊的小镇，引起明显的潮汐交通特征。更有特大城市如伦敦，有约18%的中心城区“上班族”甚至住在大伦敦辖区之外。长期以来，轨道交通一直是这类人群的重要通勤选项，以伦敦为例，在早高峰时段从外部地区进入“内伦敦（中心城区）”的人员中有超过80%使用轨道交通，使用小汽车的人数仅占到5%～6%。

（二）立足本身，是生活功能高度完备且特色各异的独立社区

基本上每个英国小镇无论规模大小都拥有一条“高街”（High Street），其扮演着商业中心角色，文娱休闲等各类功能完备，消费品牌数量虽不如大城市丰富，但不存在等级或品质上的差异，同时镇上基本公共服务齐全，能够充分满足居民多层次的日常消费需要。此外，许多小镇由于资源独特，还能对大城市中心城区居民产生常态化的反向出行吸引，除旅游观景外，较为普遍的是大型集体活动（体育场馆、演艺中心）、购物（品牌直销/工厂店、特色集市）等，由此催生比较明显且规律的节假日消费经济。

（三）向下联通，是辐射广袤乡村地区的经济活动中心

英格兰地区乡村面积占到85%，乡村常住人口占到18%。为区别于附着在大城市周边的“后工业化”小镇，处于更加偏远的地区、坐落在乡村包围之中的小镇在英国被冠以“Market Town”的称呼。顾名思义，这种类型的小镇通常是周边乡村居民的经济活动中心，主要承担吸纳就业和提供公共服务的职能，能够满足农牧产品交易、购物、休闲等基本生活需求。小汽车是较常见的交通工具，近几年，英国乡村地区的小汽车平均行驶里程保持在城镇化地区的1.8倍左右，占到全国小汽车行驶总里程的30%。

二、交通运输发展发挥的主要作用

交通运输对于小镇发挥上述功能的影响重点体现在交通枢纽的合理布局、公交服务的支撑保障，以及借助智能交通发展来满足乡村老龄化社会的出行需要等方面。

（一）深入小镇中心的铁路枢纽是保持当地经济社会发展活力的关键依托

英国小镇的铁路枢纽通常布设在镇中心，粗略估计全国绝大多数小镇铁路站场到镇中心点的步行距离在15分钟以内，很多甚至不超过5分钟，交通功能布局与小镇商业功能布局紧密结合，能够为当地居民提供便捷的城际出行条件，同时也是吸引大城市居民节假日前来旅游休闲的重要环境因素（见图10–1）。历来有英国“空心化”最严重小镇之称的Altrincham（位于大曼城地区特拉福德市），在全新的铁路枢纽落成后，镇中心客流量增加了20%。近年来，在保持交通与商业“站城一体”开发传统的基础上，英国政府通过对《国家规划政策机制》（NPPF）这一指南文件的修订，进一步加大了交通与住房“站城一体”的开发力度，提高了铁路枢纽周边住宅用地的开发强度标准。对位于城市近郊、高度重视人口流入的小镇而言，其作为通勤人群常住地选项的吸引力将会得到进一步提升。

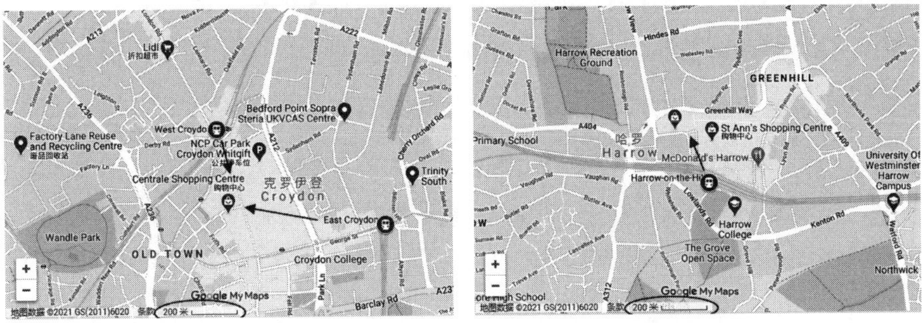

图10–1 伦敦周边两个小镇铁路站场与镇中心的地理位置关系

注：箭头指向镇中心位置。

（二）高品质、多样化的公共交通是小镇实现“上通下达”的重要保障

一方面，英国各城市与周边小镇的公交一体化服务水平普遍较高，基本上在全国范围内已实现“市—镇”之间地面公交运营线网以及服务价格、品质等的统一，市场需求充足，企业经营效益良好。另一方面，考虑到乡村地区人口密度较低，“镇—村”之间的运输服务除保留部分常规公交线路外，近年来，英国更加强调推广定制化、预约式公交服务作为补充，在满足基本出行需求的同时能够有效减轻维持常规线路的巨大财政补贴压力。得益于即时响应式公交服务在英国多地快速发展，自2012年起英国乡村公交补贴支出持续下调，在满足居民基本出行需要的前提下逐步实现了更具市场效率的供需匹配。

【专栏10-1】

英国乡村地区交通出行服务发展原则

“Campaign for Better Transport（CBT）”是英国交通运输领域一个具有较强社会影响力的公益性组织，旨在倡议和推动改善交通出行服务质量。对于乡村地区交通出行服务的发展，CBT提出的六项主要原则如下：

（1）在城际间主要路线上完善骨干运输服务；

（2）在需求分散的地区鼓励提供即时响应式运输服务；

（3）鼓励社区参与交通出行服务的发展规划；

（4）将出租车、汽车租赁等作为乡村运输网络的补充；

（5）依托网络化、一体化的服务提升供给效率；

（6）利用新一代技术改善出行信息、票务和预订服务质量。

英国三个小镇及周边地区在积极性政策干预期间及过后的公交使用水平变化见图10-2。

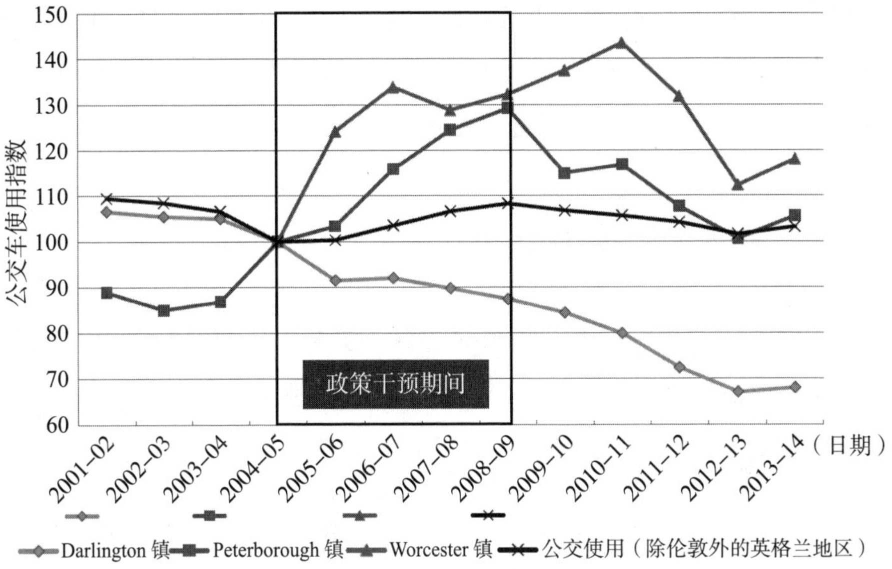

注：实验证明，在失去政策支持后，乡村地区常规公交普遍难以实现自我可持续发展（黑框为政策干预期间）。

图10-2 英国三个小镇及周边地区在积极性政策干预期间及过后的公交使用水平变化

资料来源：*Sustainable travel towns*，英国交通运输部。

（三）大力发展智能交通是破解老龄化乡村地区出行及运输难题的核心思路

据预测，2016—2040年间英国乡村65岁以上常住人口将增长50%，中青年则近乎零增幅，运输服务供给短缺问题会更加突出。英国政府最近发布的《交通运输的未来：乡村战略》意见征询公告中，将解决思路重点放在了新技术及智能交通应用上，并指出乡村在一些智能交通工具的发展方面具有先发优势。一是深度老龄化的乡村社区是自动驾驶运输服务的天然市场，有助于加快应用场景建设，并提到了对日本先进经验的借鉴[1]；二是

[1] 日本自2017年起便以数十个偏远地区的公路服务区为基点，面向周边辐射范围内众多老年居民，展开了固定线路自动驾驶服务的长期试点，为解决深度老龄社会的交通出行难题提供了新模板。

乡村地区能够为客货运输无人机试验发展提供富足的物理空间，如停机区域的布局建设，以及跨区域的无人机运输走廊规划等；三是无人船舶将是未来服务广袤沿海乡村地区的重要运输工具。

三、政府作用及经验启示

英国的经验表明，相比城市中心城区，实现外围小镇交通的可持续发展更加需要借助政府力量，要在规划和管理上加强发展引导，提升帮扶资金精准配置水平，并注重加强运输服务组织变革。

（一）坚持以政府力量为主导推动小镇交通可持续发展

相比中心城区，位于城市周边或偏远地区小镇的公共交通发展产出的市场收益更低，更多依赖政府支持。除常见的财政兜底外，英国还会从规划和管理两个层面加强发展引导，且市场力量趋于弱化。例如在规划上，指南文件NPPF计划提升枢纽周边住宅用地开发强度标准，在征询意见时遭到大多数民众反对，认为应由各地自行决定开发强度，但最终政府仍坚持按不同地域类型设定了指导性的最低标准，引导居民，尤其是小镇居民（传统上习惯住在外围开阔地区），向镇中心枢纽地带集聚。在管理上，虽然英国力推中央事权下放，如康沃尔作为近似镇级别的行政区域[1]，开创性成为下放试点，但其交通领域权力下放的内容实为公交经营许可从高度市场化的“自由准入”变为地方政府拥有更多决定权的“特许经营”。因此，若对比我国现行经营模式，此做法实质不在“放权”而在“收权”，主要为通过加强政府影响推动运输方式间一体化整合，促进公共交通使用水平向大城市看齐。

---

[1] 由于地处偏远、人口稀少，康沃尔多年前已从普通郡级行政区下调为更低级别的单一管理区（unitary authority），实际与小镇级别近似，区别仅在于所辖面积更大。

（二）全面提升帮扶资金精准配置水平

在政府提供强力支持的背景下，常年持续的运营补贴等已让财政不堪重负，但单纯削减支出会直接降低供给水平和质量，社会反响大，因此，近几年英国更加注重提升“花钱效率”。主要改革措施有，一是以康沃尔案例为代表的事权下放伴随中央财权下放，扩大地方资金配置权限的同时要求地方编制长周期的预算安排，以更高的政策确定性调动当地社会资本进行匹配的积极性；二是设立专项资金池，例如新推出的乡村交通基金（rural mobility fund），专门用于推动定制化、预约式的即时响应公交在乡村及城市近郊地区发展，寻求彻底变革供给模式；三是补贴对象更加精准，如将传统的公交燃油使用补贴改为行驶里程补贴，支持新能源公交发展，以及停止补贴起终点前后的空驶里程，通过鼓励完善公交站场布局促进服务效率提升。

（三）以运输服务组织变革引领智能交通健康发展

英国偏远地区智能交通发展前景可观，受到政府高度重视，是应对老龄化社会“出行难”的重要依托；但另一个不容忽视的问题是，偏远小镇和乡村的小汽车使用水平相比大城市仍然偏高。而技术变革的快速演进如果不伴随着交通出行习惯向更加集约化、绿色化的方向转变，则未来诸如自动驾驶技术的发展成熟将仅带来运输装备的变化，自动行驶的小汽车仍会引发拥堵等问题。为此，英国已逐渐从追求运输服务的覆盖和通达转为关注小镇和乡村地区运输组织效率的提升，例如试点公交和铁路“一票制”，甚至“出行即服务（MaaS）”等适合优先在大城市推广的新型组织模式已在英国多个偏远地区与伦敦等城市近乎同步开启了试点（虽然涉及的运输方式数量有限），借此加快调整居民出行习惯，构建更加可持续的交通发展基础以迎接智能化变革到来。

第二节　案例介绍

一、大伦敦地区市郊小镇的铁路建设

铁路作为促进城市间要素流动的关键因素，对人口、产业的空间转移和合理分布影响大，通过规划引导发展，能够促进要素的自由流动和空间格局的调整优化。大伦敦地区位于中心城区外围的众多市郊小镇，既是承载潮汐式通勤需求的卫星城，又能够依托多样化、差异化的功能定位，积蓄内生发展动能，排解中心城区因资源要素高度集聚引发的社会发展压力（见图10-3、表10-1）。例如，Kingston镇具备成为高等教育、文旅休闲中心的条件；Upper Lee Valley镇具备成为文旅休闲、工业制造中心的条件；Hounslow镇具备成为交通物流、传媒服务中心的条件。回顾过去几十年伦敦外围地区规划发展的历程，铁路建设在支撑引领中心城区周边小镇的发展上发挥了极为重要的作用。

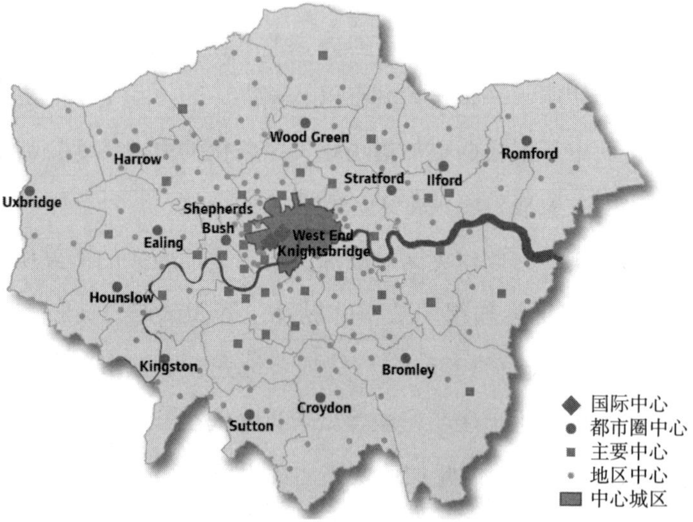

图10-3　大伦敦地区按“中心度”进行区分的小镇分布情况

资料来源：*The London Plan 2016*，伦敦市长办公室。

表10-1 大伦敦地区市郊小镇的主要功能定位

功能定位	市郊小镇
休闲/旅游/艺术/文化/体育中心	Wembley, parts of Greenwich, Richmond/ Kingston, Stratford,Royal Docks, the Lower Lee Valley and the Upper Lee Valley, Hillingdon and the Wandle Valley, Crystal Palace
传媒服务中心	White City, parts of Park Royal, Hounslow
物流服务中心	Parts of Bexley, Barking & Dagenham, Enfield, Havering, Hillingdon, Hounslow, Park Royal
交通组织中心	Parts of Hillingdon, Hounslow, Roya Docks, Biggin Hill
咨询服务中心	Croydon, Stratford, Brent Cross/ Cricklewood
高等教育中心	Uxbridge, Kingston, Greenwich. Possibly Croydon, Stratford,Havering, White City
工业制造中心	Upper Lee Valley, Bexley Riverside, London Riverside, ParkRoyal
零售服务中心	Brent Cross, Stratford, Wembley

资料来源：*The London Plan 2016*，伦敦市长办公室。

（一）铁路发展显著提升交通出行效益

铁路的速度与成本优势使其成为大伦敦地区空间拓展的重要支撑，经过数十年发展建设，已极大改变伦敦中心城区过度拥挤、市郊小镇发育不足的状况，对城市空间向区域空间拓展形成了有力支撑。目前，大伦敦地区的市域铁路网络由11条地铁线、3条机场轨道快线、1条轻轨线和数十条地上城铁线［overground，类似市域（郊）铁路］组成，能够保障位于外围市郊小镇的居民在仅使用公共交通的情况下1小时内抵达中心城区。若以上海为例进行对比，当前上海市域范围轨道交通网络的人口密度不及伦敦的1/2，面积密度不及伦敦的1/3。此外，在过去及未来十年左右时间，大伦敦地区着力推进贯穿东西方向、南北方向的两条重大标志性城际铁路建设运营（Crossrail一期和二期，大致相当于我国长三角地区以上海为核心、连通区域所有主要城市的快速轨道交通），以期提升英国整个东南部地区的交通出行效率。以Crossrail一期为例，在开通前已有500万人口处在至中心城区45分钟通勤圈内，开通后能够使45分钟通勤圈再新增150万人口。

（二）铁路发展有力催生经济社会价值

铁路枢纽因其集散大量客流和资源要素的交通区位优势，能够成为聚集经济社会发展动能的中心点，支撑形成多中心协同并存的区域空间形态，对疏解中心城区人口和交通压力，拓展城镇发展空间具有重要意义。大伦敦地区市郊小镇围绕铁路枢纽的综合开发对激发当地经济社会活力具有重要作用，其发展路径主要依托两方面保障。一是自2010年组建成立国家层面的基础设施局（IPA）以来，全国自上而下的基础设施发展规划或战略文件普遍要求加强基础设施跨领域的统筹谋划，包括预留充足的后续发展空间等。例如，在Crossrail项目前期规划时，即对新线路能够为大伦敦地区带来的住房和就业增量进行了详细分析论证和政策留白，为后续对铁路沿线枢纽的综合开发铺垫了基础，有助于提升市郊小镇人口集聚水平。二是为满足枢纽周边交通、商业、居住、公共设施等用地混合开发，地上地下空间立体开发，以及高强度开发需要，英国政府不断强化体制机制保障，除《国家规划政策机制》（NPPF）提高了铁路枢纽周边用地开发强度标准外，在推动国家基础设施发展的相关战略文件中，也明确支持伦敦交通主管部门对土地开发的利益补偿机制进行自主创新和实践。

二、英国多地的即时响应式公交服务

（一）赫特福德郡的HertsLynx即时响应式公交服务

赫特福德郡位于英国英格兰地区东部，下辖10个自治镇行政区（Borough），总面积1643平方公里，截至2020年，拥有约120万常住人口。经研究发现，在赫特福德郡的东北部地区（含赫特福德郡东和赫特福德郡北两个自治镇行政区)，由于人口密度较低、人口聚集区较为分散，公共交通服务需要在远离主要公路网络的偏远村庄运营，乘客人数很少，经济效益很差，常规公交服务不断被削减。为更好满足和保障这些地区居民日常的购物、休闲、就医、工作等出行需求，赫特福德郡议会决定以Buntingford小镇为中心开通一项即时响应式公交服务——HertsLynx，当前该项目处在试点阶段。Buntingford是隶属于赫特福德郡的一个“Market Town”，截至2020年，Buntingford小镇共有约7000名常住人口。以此地为中心推出该项服务，能够等距离辐射到周边数个小镇以及广袤的乡村地区。

自2021年9月19日HertsLynx即时响应式公交服务首次运营以来，便广受当地居民欢迎。据统计，在启动运行的前七周内，使用HertsLynx公交服务的乘客数量超过2000人次。考虑到中心小镇Buntingford的人口仅有不到7000人，这样的使用规模极为可观，被当地政府视为非常积极的开端，对为期四年的试点计划抱有极大信心。从其成功经验来看，主要有两点启示：

第一，政府专项资金支持是关键。无论是小镇本身还是更高层级的郡级政府，地方层面财力普遍有限（特别是对于相对偏远的地区而言)，难以支持新技术新业态的创新发展。为改善广袤乡村地区居民交通出行条件，英国交通运输部在2020年设立了乡村交通基金帮扶计划。这笔专项资金主要用于支持定制化、预约式的即时响应式公交在人口稀少、相对偏远地区的试点运营。2021年，经申报和评估，合计1900多万英镑的帮扶资金共计分配给全英国17个地区的试点项目，其中，位于赫特福德郡的项目收到147.2万英镑资金，扶持力度排在所有项目前列。

第二，贴合市场需求的运营模式是基础。除运行时间（周一至周六：7：00—19：00，周日：10：00—16：00）基本实现与常规公交的匹配，能够覆盖当地居民主要出行时间段外，HertsLynx公交服务在运营区域和技术手段的设计上也高度贴合了大众需求。一是公交运营区域覆盖了中心小镇Buntingford周边的所有村落，乘客基本能够实现在任意地点自由上下车，同时还可以抵达主要运营区域之外的周边几个主要小镇，与当地居民的出行特征高度匹配。二是在技术手段上，乘客不仅可以通过常规的App或网站页面预订使用HertsLynx公交服务，还可以通过电话呼叫的方式进行，充分考虑到了当地人口老龄化的问题，确保了这项服务能够面向所有人群开放和使用。

【专栏10-2】

HertsLynx公交服务的运营区域

HertsLynx公交服务的运营区域以Buntingford小镇为中心，辐射周边众多村落。在划定的“自由流动区”内，即时响应式的公交车无固定行驶路线，乘客可以在250多个虚拟巴士站点间自由穿梭。同时，HertsLynx公交服务还能够辐射“自由流动区”之外的六个周边主要枢纽小镇，即Stevenage、Royston、Hitchin、Baldock、Letchworth和Bishop’s Stortford。虽然在这些外围小镇，乘客无法任意选择上下车地点，但是可以抵达医院、火车站/汽车站和主要商业街区。

资料来源：赫特福德郡议会

（二）其他地区的即时响应式公交服务

1. 蒂斯河谷的Tees Flex

位于英格兰北部的蒂斯河谷（Tees Valley）地区，在2020年2月开通了Tees Flex即时响应式公交服务，旨在为偏远社区的居民提供按需预订的出行保障，运营范围覆盖达灵顿和斯托克顿，哈特尔普尔，以及雷德卡和克利夫兰。Tees Flex公交服务可以通过智能手机应用程序、网站或电话轻松预订，乘客可以在运营服务区内申请上下车地点，同时还能前往服务区之外的火车站和汽车站、医院等目的地。该项服务为当地居民开辟了全新的出行渠道，服务价格与常规公交票价相当。据统计，在2020年新冠肺炎疫情蔓延期间，相对于常规公交使用人数普遍下降的趋势，使用Tees Flex公交服务的乘客数量仍然保持在较高水平。

2. 林肯郡的CallConnect

迄今为止，全英国即时响应式公交服务最成功的代表之一便是林肯郡开通的CallConnect服务，已经连续运营了超过20年。自2001年起，CallConnect公交服务主要针对常规公交线路未能密集覆盖的区域，一直为林肯郡自身和邻近郡的小镇居民提供按需预订的出行选择，可通过网络或电话预约车辆。除提供指定的上下车地点外，Call Connect公交服务也特别为老年人、残疾人等特殊群体开通了上门接送服务。随着当地老龄化程度日益加深，对灵活性、定制式公交服务的需求持续增长，近年来郡议会协同主要公交服务运营商，多次扩大CallConnect公交的服务覆盖范围，以解决周边更多小镇和乡村居民的出行难题。

林肯郡CallConnect即时响应式公交服务

资料来源：林肯郡议会。

三、针对乡村地区的无人机物流配送

无人机物流配送是智能交通的重要应用领域。当前，我国以及包括英国在内的一些发达国家均在研究发展无人机物流配送服务；其中，地处相对偏远、人口集聚程度不高的小城镇和乡村地带是无人机运输的优先服务对象。自2016年亚马逊公司在英国开展了首次商业无人机配送业务后，近些年，英国无人机物流配送发展不断取得新突破，但整体而言，目前仍与其他主要国家相似，处于初期探索和试验试点阶段。综合来看，要想在未来实现英国政府规划的、重点在乡村地区的推广应用，其面临的主要问题和发展思路主要聚焦于三个方面：

（一）以需求为牵引有序拓展应用场景

英国首先结合海岛众多的地理特点，依托英国交通运输部委托南安普顿大学进行的无人机运输试点工程，于2020—2021年间，开启了两项从英格兰本岛至周边岛屿的无人机物流配送服务，不但有力满足了偏远乡村地区对于医疗用品、邮政包裹等时下较为迫切的运输需求，更显著压缩了从接收到需求指示到最终送达的“门到门”时间，特别是对于抗疫应急物资的供应链组织优化意义重大。未来，随着疫情防控态势转好，生产生活进一步恢复常态，目前较为有限的无人机运输资源将按照英国政府在《交通运输的未来：乡村战略》意见征询公告中明确给出的发展思路，有序拓展至更多的应用场景和更大的服务范围。

南安普顿大学研究团队设计的Windracers ULTRA无人机型

图片来源：南安普顿大学。

（二）以载重能力提升为关键加强技术研发

民用无人机运输负重能力是否能够有效提升是决定这项技术和服务应用场景拓展的关键，也是各国关注的重点。目前，英国拥有最大载重100公斤的无人机型（Windracers ULTRA），该机型已成功完成药品、快递投送等多次商业化飞行任务。其他国家，如我国已研发出最大载重400公斤，可用于快递物流的无人机型，加拿大研发出最大载重180公斤的无人机型等，但在投入实际应用的步伐方面均稍显滞后。按照计划，除载重能力外，英国还将不断加强续航里程、能耗等方面的技术攻关，为市场化应用做好支撑。

（三）完善无人机运输监管机制

超出视距之外的民用无人机飞行曾经被严格管控，但近年来，为方便开展无人机运输试点项目，英国民用航空管理局已经批准非危险品货物在超出观测距离之外的运输。而对于超出范围、有一定危险性的医疗用品等，民航局目前仍在研究是否放宽相关管制措施。未来，随着应用场景的增多和服务范围的扩大，还需要进一步优化完善相关监管机制和标准规范。此外，无人机物流配送的空域和时刻配置问题也需要民航局以及军方等协同研究。

参考文献

蒋中铭，2019.从英国铁路发展看交通强国建设[J].综合运输，41（1）：104-109.

李卫波，2021.更好发挥政府作用推动县域交通可持续发展——英国小镇交通发展经验借鉴[J].中国经贸导刊（24）：21-23.

伦敦交通署，2015. Travel in London[R].伦敦：伦敦交通署.

伦敦市长办公室，2016. The London Plan 2016[R].伦敦：伦敦市长办公室.

毛科俊，李卫波，2021.强化规划的战略引领作用统筹推进基础设施建设——英国经验借鉴[J].中国经贸导刊（5）：74–76.

南安普顿大学，2020.Drone Successfully Completes First Delivery of Medical Equipment to the Isle of Wight[EB/OL].（2020-05-13）[2022-05-05]. https://www.southampton.ac.uk/news/2020/05/drone-trial-delivery.page.

英国交通运输部，2021. Future of Transport:Rural Strategy-call for Evidence [EB/OL].（2021-09-28）[2022-05-05]. https://www.gov.uk/government/consultations/future-of-transport-rural-strategy-call-for-evidence/future-of-transport-rural-strategy-call-for-evidence.

英国交通运输部，2021. National Bus Strategy for England[R]. 伦敦：英国交通运输部.

英国交通运输部，2016. Sustainable Travel Towns[R]. 伦敦：英国交通运输部.

英国政府科学办公室，2019. A Time of Unprecedented Change in the Transport System[R]. 伦敦：英国政府科学办公室.

张倩，2017.伦敦兴衰启示：从疏解人口到重聚人口[EB/OL].（2017-10-27）[2022-05-05]. https://news.caijingmobile.com/article/detail/340122?source_id=40.

Bowler A, 2022. Improving Transport Access in Hertfordshire through the Launch of the HertsLynx DRT Service[EB/OL].（2022-01-13）[2022-05-05]. https://www.intelligenttransport.com/transport-articles/132018/transport-accessibility-hertslynx-drt-hertfordshire/.

Campaign for Better Transport Office, 2020. Transport Deserts[R]. London: CBT.

Wilson B, 2018. Lessons for Rural Transport Provision[EB/OL].（2018-12-17）[2022-05-05]. https://www.rsnonline.org.uk/lessons-for-rural-transport-provision.

第十一章
德国县域交通现代化发展案例

德国的行政区划分为联邦、州、县、镇等多个层级，全国共有16个州，下辖401个县级行政区，其中包括107个城市县（类似我国的“区”）和294个乡村县（类似我国的“县”或“县级市”）。这294个乡村县合计占据德国96%的陆地面积，拥有人口5500万人，占到全国总人口的68%。德国的城镇化建设被很多国家当作学习的样板和参照，不仅是由于德国城镇化建设起步较早、城镇化率较高，更是由于德国的大小城镇、中心城区与县域、乡村之间实现了极为均衡协调的发展。我国正处于推进以县城为重要载体的城镇化建设的关键发力期，通过加快补齐县域发展短板，最终目标是实现以城市群为主体构建大中小城市和小城镇协调发展的城镇格局。因此，通过解析德国城镇化建设背后的影响因素及交通运输在其中发挥的作用，能够为我国县域交通现代化发展提供宝贵的经验启示。

第一节　经验总结

一、德国以中小城市、小城镇为主的城镇化及主要成因

与其他发达国家人口通常在大城市高密度聚集的特征不同，德国走出了一条以中小城市、小城镇（类似我国县域）为主的城镇化道路，其城市

发展呈现分散、独立、低密度的显著特征。

（一）总体概况

从长周期的历史维度看，德国作为统一国家的时间只有不到200年，历史上长期处于封建割据时期，君主国家、公爵领地或其他独立封建领土大量存在，逐渐推动形成了数量众多、独立又分散的区域中心城市，客观上奠定了德国相对均衡的国土空间发展基础。在近代，德国强大的联邦制度，以及第二次世界大战失败后因西方和苏联对立造成的分裂影响，也维持和强化了这种多中心系统。到了现代，德国高度重视各个联邦州的协调发展，不断通过区域性的社会经济规划来推动人口和产业的均衡分布。所有这些因素都促使德国没有形成相对单极化、资源聚集度偏高的龙头城市，整体呈现多中心、分散化的国土空间及城镇布局形态。

目前，德国全国约有8300万人口，生活在10万人以上城镇的人口比例仅占全国的30%左右，其中百万人口以上的大都市只有柏林、汉堡、慕尼黑、法兰克福4座，超过50万人口的城市仅十多座，占全国人口比重不及20%；从另一个角度看，生活在2000人以下乡镇、村庄的人口比例能够占到全国的10%左右，而60%左右的大部分人口则居住在2000至10万人规模的小型城镇。总体来看，德国的中小城市、小城镇不仅数量极其众多，而且是相对均衡地散落分布在全国各个地区。

（二）主要成因

除去历史进程的推动作用，德国能够发展形成并稳定保持以中小城市、小城镇为主的城镇化模式，主要受到三方面因素的坚实支撑。

1.产业导入，拉动就业

德国作为制造业强国，拥有数量规模庞大的工业企业，其中很多分布在中小城市或小城镇，创造了大量就业岗位，对吸引人口迁入起到了基础性的作用。小城镇虽然由于用地空间、资源禀赋方面的限制，集聚资源要素的能力相对有限，对企业发展的支撑保障不及大城市，但德国通过高水平协同推进产业布局与城镇化建设，在城市群、都市圈范围内构建起了较为完整的产业生态圈，从而为众多“小而精”的企业选择在区域内的小城镇布局生产线创造了条件，最终形成了目前“一镇主攻一业、多镇抱团发展”的产业布局形态。德国排名前100的大企业中，只有3个将总部放在首都柏林。以德国标志性的汽车产业为例，大众、奥迪、欧宝的总部分别坐落在人口12万、13万、6万的沃尔夫斯堡、英戈尔施塔特和吕塞尔斯海姆等小型城市。

2.服务齐全，保障民生

众多原本居住在中心城区或区域中心城市的人群伴随产业布局调整迁入“周边地带”，对周边小城镇提供配套的基本公共服务和一般生活消费服务提出更高要求，需要形成高度发达的民生服务行业加以匹配。德国在小城镇的配套设施建设和服务供给上充分体现了“以人为本”的理念。大到银行、商店、邮局、交通、道路、消防队和医疗，小到休闲椅、停车场和公厕的设置，包括残疾人无障碍通道、马路的自动收费设施等，无论城镇规模大小，大都配套齐全。总体上看，通过将小城镇打造成为各类生活功能完备的独立社区，充分满足当地不同群体差异化、多层次的日常消费需要，是德国能够发展形成相对协调均衡城镇格局的直接保障。

3.交通串联，跨区往来

在德国的城镇化发展进程中，对大城市与中小城市、中心城区与周边县域之间便利交通往来的保障，对于促进人口疏解的重要性不亚于在小城镇加强产业布局和提供配套的生活服务。这是源于人口由中心向周边迁移，其日常工作、生活需要虽然能够在当地得到有效满足，达到类似“及格线”的状态，但由于大小城市的发展能级毕竟存在较大鸿沟，部分非日常的、偏高端的工作、生活需要仍须通过到访中心城区或区域中心城市来满足。因此，能够方便、快捷地来往于城镇之间，是德国在推进以中小城市、小城镇为主的城镇化过程中一项必不可少的支撑条件。

二、交通运输发展发挥的主要作用

交通运输支撑产业导入的作用主要通过货运枢纽的布局和功能优化来体现，推动生活服务发展以及促进跨区域交流联系的作用则主要反映在客运组织能级提升上。

（一）货物运输

1.货运枢纽的布局建设是引导产业进入小城镇的重要因素

运输成本是决定产业布局的基础性因素之一，传统上运输成本主要受市场和原材料供应所在地的区位影响。随着货运物流组织服务能力的更新迭代，能够有效节约运输及生产成本、以物流园区为代表的货运枢纽布局便逐渐成为影响产业布局的关键因素。例如，德国南部巴伐利亚州的英戈尔施塔特是距离州府慕尼黑60公里的一座小城市，约有10万居民，是一座传统工业城市，也是奥迪汽车总部所在地。德国全国35座“货运村”（全国性的货运枢纽）有一处便坐落于此，当年其布局建设的主要原因是为提升物流供应链服务水平，以留住奥迪原本计划搬迁的汽车生产线。园区建成投运后，通过优化服务模式（从奥迪对接多家供应商转变为由园区对接奥迪的单点供应模式）以及提供增值服务（汽车总装前的其他生产环节可外包给园区内的配套企业），不仅留下了奥迪的生产线及多达数千人的就业岗位，还新创造了更多岗位及税收。在德国，“货运村”布局和产业布局互为发展支撑的案例在其他地区还有很多。

2.货运枢纽的区域分拨功能是中小城市、小城镇生产分工协作的重要依托

德国各个城市群内中小城市、小城镇之间形成的产业分工协作体系，催生出大量城镇与城镇之间、依附产业链供应链的货运物流需求。德国通过布局建设类似“货运村”这样的供应链组织中心，有效满足了常态化、规模化的货物运输需要，货运枢纽成为支撑城镇之间产业分工体系运行的

重要依托。具体来看，货运枢纽主要承担着区域间物流节点和区域内分拨中心两层功能。一方面，通过将城市群与城市群之间跨区域、多点对多点的联系，转变为“园区到园区”的规模化、集成化运输，实现物流的降本增效。另一方面，通过将一个城镇与城市群内部处于产业链上下游的其他城镇的多点联系，转变为统一对接区域内的货运枢纽，以货运枢纽为中心进行再分拨，推动城市群内部供应链组织效率达到更高水平，为区域内城镇产业集群的形成奠定了良好的发展基础。依托汉堡“货运村”的产业分工布局是典型代表，其航空航天产业链上共有超过300家中小型企业，均衡分布在以汉堡为中心的城市群内不同区域。

3.货运枢纽的专业化服务能力建设是在区域内培育壮大产业链的有力保障

类似我国赋予国家物流枢纽陆港型、港口型、空港型、生产服务型、商贸服务型、陆上边境口岸型等几种主要的功能定位，德国早先也对不同的“货运村”基于所在区域的产业、贸易和运输需求类型，以及侧重承载不同类型的服务功能进行了部署，包括侧重生产服务、大宗散杂货运输、农产品冷链运输以及危化品运输，等等。依托货运枢纽的专业化服务能力建设，实现货运能力、效率、品质的提升，有助于进一步集聚所在区域的产业发展优势，推动产业链延伸、价值链升级，为区域内各个城镇创造更多产业导入的机遇。

（二）旅客运输

1.连通大城市与中小城市、中心城区与周边县域的轨道交通网络是实现人口向周边多中心疏解的基础

轨道交通具有速度快、运量大、便捷舒适、准时性高等特点，是支撑大城市向更大空间尺度的城市群、都市圈范围扩展，加强区域内城市之间资源要素流动的坚实依托。德国拥有高度发达的铁路网络，特别是为满足城市群、都市圈范围内大城市与中小城市、中心城区与周边县域之间密集的交通往来需要，构建形成了比较成熟的，多网融合、干支协同的区域轨道交通网络。以莱茵－鲁尔都市圈为例，该都市圈覆盖人口超过500万，是欧洲著名的多中心都市圈，也是德国重要的生产中心和消费中心。轨道交通作为区域内公交系统的骨干，由ICE、IC、EC、RE（区域快速列车）、RB（区域普通列车）、S-bahn（市域/市郊列车）、U-bahn和其他市内轨道交通等多种类型构成，其中ICE、IC、EC属于高速铁路，U-bahn为地铁，介于中间的RE、RB、S-bahn则是服务区域内跨城镇出行的主要力量。RE线连通区域内主要城市，速度快、中途停车少；RB线运行距离较短，主要作为RE的补充；与RE、RB相比，S-bahn连接的地点更多、范围更广，乘坐S-Bahn主要是为方便到达中心城市周边的各个城镇。整体来看，功能搭配合理的轨道交通网络，有效满足了当地居民常态化的跨市居住、工作、学习、休闲、消费需求，构成了人口向周边多中心疏解的基础支撑。

2.区域高水平一体化的交通运输组织是满足被疏解人口从周边至中心常态化旅行需求的关键

在提升轨道交通干线连通能力的基础上，进一步保障周边小城镇居民到访中心城区或区域中心城市旅行需求的关键，则在于做好干线两端目的地内部的运输组织，实现交通出行服务内容和标准的高水平统一。在德国，从支撑城市群、都市圈发展的视角看，这样的“统一”主要体现在两个维度。一方面，联邦和地方政府以及行业协会，依托政策和信息技术手段，致力于强化城市内部不同交通运输方式之间时刻表、运行模式、车票以及票价的衔接配套；另一方面，重在支持区域内不同城市提供一体化的公共交通服务，实现“一卡通行”。通过协同推进这两方面的运输组织能力提升，德国众多大小城市真正做到了客票一体联程服务，极大方便了旅客出行。对构建协调均衡的城镇格局而言，实现小城镇与中心城区或区域中心城市之间本地、异地交通出行服务的高水平统一，有助于进一步消除城市居民“由内向外”迁移的顾虑。

3. 依托综合客运枢纽的“站城一体”开发是进一步提高周边人口出行和生活质量的保障

提升中小城市、小城镇对人口迁入的吸引力，一方面需要满足居民对医疗、教育等基本公共服务的需求，另一方面需要提高生活消费服务的供给质量。围绕后者这一层面的需求，德国十分注重利用周边人口到访中心城区或区域中心城市的常态化客流，依托衔接周边与中心两端、以轨道交通站点为核心的综合交通枢纽，推动“站城一体”开发，鼓励打造开放式、立体化的枢纽，加强与商业配套设施的协同发展，为频繁往来两地的旅行者搭建起便捷化、高品质的日常消费场所。同时，在枢纽的布局选址上，德国的综合交通枢纽多地处城市中心的繁华地段，如柏林火车总站靠近市政大厅和勃兰登堡门、科隆火车站紧邻科隆大教堂等，为商业区的规划设计、功能布局与综合交通枢纽衔接奠定了更加有利的条件。

三、以德国经验为参考，明确我国构建更加协调均衡城镇格局之下的交通运输发展需求

在分析交通运输所发挥作用的基础上，以德国经验为参考，进一步深入研究我国客货运输面临的发展需求，有助于精准把握未来发展的重点方向。

（一）与产业导入周边小城镇相伴而生的高品质客货运输需求

从德国发展历程来看，构建更加协调均衡的城镇格局，关键在于要依托产业布局从城市向周边转移，支撑带动人口的流动迁移。在深入推进以人为核心的新型城镇化战略指引下，我国已经明确了以城市群、都市圈为依托，促进大中小城市和小城镇协调联动、特色化发展的总体方向。城市群、都市圈建设将能够为大中小城市和小城镇之间密切产业分工协作创造更加有利的条件，未来在我国，以产业布局调整带动人口布局调整拥有广阔的探索空间。基于这种趋势判断，随着更多产业由大城市向中小城市、

中心城区向周边县域导入，后者的客货运输需求也将面临重大转变。

从货运看，在推动产业基础高级化、产业链现代化发展的背景下，这种可能出现的产业布局调整将绝不是简单的替代形式，而必然是以带有产业链和价值链愈加紧密融合特征，充分体现产业链“补链”“延链”“强链”内涵的形式来推动周边小城镇产业发展，实现城市群、都市圈范围内产业整体能级的提升。这种向“纵”（价值链提升）、“横”（城镇间紧密分工协作）两个维度的发展延伸，将催生大量与高附加值、高技术含量货物相伴而生的高时效性、高安全性、小批量高频次等品质化运输需求。

从客运看，以区域整体价值链提升为导向的产业导入有助于带动更多高技术、高学历人才及家庭逐步由城市迁入周边小城镇，将对当地交通运输组织和出行服务品质提出更高要求。特别是对比德国等欧美国家的小城镇，当前我国中心城区周边的县域，在经济社会发展水平、人口密度、空间尺度上均有显著不同，难以单纯依靠提升小汽车保有量或加强传统的公共交通建设，来充分满足这部分人群日常需要的、能够对标中心城区便捷、舒适、安全程度的高水平交通出行需要。因此，必须注重创新和推动运输组织模式变革，全面优化中小城市、小城镇当地的交通服务，更好支撑与产业导入、人口迁入相伴而生的高品质出行需求。

（二）围绕周边至中心、周边至周边客货运输联系的一体化组织需求

更加协调均衡的城镇格局将促进城市群、都市圈范围内人员和货物流动，对区域一体化运输组织提出更高要求。

从货运看，城市群、都市圈范围内大中小城市和小城镇之间形成更加密切的产业分工协作，将带动周边地区与区域中心、周边地区相互之间物流需求增长。德国通过布局建设扮演着区域内供应链组织中心的货运枢纽角色，推动开展统一运输、集中仓储等服务，实现了制造业物流的规模化、集成化组织。未来，我国为满足城镇与城镇之间不断增多、依附产业

链供应链的货运物流需求，同样需要建设完善区域内“以运促产”的供应链服务体系，以发展规模化、集成化的运输组织为导向，推动城镇与城镇之间开展共同采购、集散、仓储、分销，实现一体化的区域内分拨、一体化的对外运输，降低制造业物流成本，提升城市群、都市圈范围内产业的整体竞争力。

从客运看，德国城市与周边地区之间便利的交通出行条件是实现人口向周边多中心疏解、满足被疏解人口从周边至中心常态化旅行需求的重要支撑。在德国，中心城区与周边小城镇的基本公共服务及生活消费服务等供给相对均衡，而我国还需要很长时间追赶，才可能实现较高水平的均等化服务。在这段发展进程中，我国位于城市周边地区的居民将持续产生大量的、需要到访中心城区或区域中心城市的旅行需求，更加需要一体化的交通联系提高保障。这种一体化不仅是要发展直接连通两地的轨道交通干线，更是要在干线两端、中心城区和小城镇内部实现两地运输服务内容和标准的高水平统一，打通服务上的“断头路”，充分满足抵达目的地后的出行需要。

（三）在提升和拓展客货运输枢纽功能之上发展枢纽经济的需求

枢纽经济主要是借助交通枢纽、物流枢纽、产业园区、商贸园区、信息平台、开放平台等各种类型的枢纽载体，对客流、货流、商流、资金流、信息流等强大的汇聚流转、扩散辐射能力，形成对产业、商贸发展所需的资源要素在枢纽周边布局的强大吸引力，提升枢纽辐射范围内区域经济发展能级。根据德国的发展经验，优化综合交通枢纽布局，提升和拓展其承载功能，有助于促进实现区域内协调均衡的产业和人口分布。

从货运看，依托我国城市群、都市圈发展壮大的契机，亟须在这些区域内货运枢纽形成合理布局的基础之上，进一步吸引与产业链培育、价值链提升要求适配的供应链服务企业在枢纽周边布局入驻，在提供专业化物流服务的同时促进多元化、综合性的供应链服务能力建设，全面加强对制造业生产加工环节的嵌入。围绕枢纽布局培育供应链服务型经济，有助于在枢纽周边更加有效地构建起运输及生产成本的洼地，进一步强化枢纽布局对制造业企业布局的引导带动作用，为区域内中小城市、小城镇依托货运枢纽导入产业提供更加有力的支撑。

从客运看，与德国相比，我国当前在依托综合客运枢纽“站城一体”开发，实现商业服务功能的配套规划建设方面存在较大差距。一方面，枢纽布局与城市主要商业功能区的布局缺乏协调；另一方面，围绕对枢纽站场地上、地下空间进行综合开发，鼓励打造开放式、立体化枢纽的需要，各地方在分层确权等政策创新和突破上仍有待加强。在未来，随着区域内大小城镇协调均衡发展引发的从周边到中心的旅行需求不断增多，在加强一体化交通运输保障的同时，还需要大力挖掘、充分发挥枢纽“站城一体”开发在满足频繁往来两地旅行者的生活消费需求上可能起到的积极作用。

第二节　案例介绍

一、莱茵－鲁尔都市圈高度连通的区域公共交通

（一）总体概况

莱茵－鲁尔都市圈（Rhine–Ruhr Metropolitan Region）是欧洲著名的多中心都市圈，覆盖人口超过500万，是德国重要的生产中心和消费中心。该都市圈是在鲁尔老工业区范围基础上再加上三个城市带所形成的一个典型的多中心都市绵延带，区内基本没有大型城市，主要是中等规模的区域性中心城市，包括像杜塞尔多夫、埃森、杜伊斯堡、多特蒙德、波鸿等14

个人口超过10万的城市，这些城市彼此交接，城市间已无明显界限。

莱茵–鲁尔都市圈拥有高度发达的综合运输体系，由莱茵河水系与四条运河组成的内河水网稠密顺畅，通航里程近500公里；铁路网络高度密集，运营里程近1万公里，占全国总里程的近1/5；公路网络四通八达，十多条高速公路穿境而过，公路车流密度高于全国平均水平的一倍以上。

（二）典型特征

作为区域内城镇之间经济彼此密切关联的都市圈，该区域居民跨市居住、工作、学习、休闲、消费的现象十分普遍，因此形成了城市公共交通与都市圈公共交通高度融合的显著特征。

在莱茵–鲁尔都市圈内，城市公共交通早已跳出传统的城市范畴，其服务范围已由市域范围拓展至都市圈乃至周边地区更广阔的空间范围。城市公共交通不仅依靠城市范围内的地铁、有轨电车、公交汽车等，同时也更多地依赖城市群以及联邦州际范围内的城际铁路、地区铁路、市域（郊）铁路等，轨道资源的共享体现了节约、集约使用资源的理念。

目前，莱茵–鲁尔都市圈交通覆盖的范围向周边进一步扩大，整体覆盖面积由4500公里拓展为超过7000公里，覆盖的城市由14个增加到约20个，覆盖人口由500万增加到800万，囊括了鲁尔工业区周边的区域范围。现已形成以城际快速铁路、市域（郊）铁路和城市地铁为骨干，地区普通铁路、有轨电车和公交汽车为补充的城市公共交通网。城际快速铁路一般每20分钟一班，高峰时刻10分钟一班，城市地铁班次更为紧密，一般发车间隔为2～4分钟。

莱茵–鲁尔都市圈所覆盖的整体范围的公共运输服务，由DB（德国铁路公司）、Rheinbahn（莱茵轨道交通公司）等30余家运输公司具体负责。莱茵–鲁尔交通联盟（VRR）主要负责不同运输方式、不同运输企业票制、票价、时刻表等方面的统一协调。

截至2020年，莱茵–鲁尔都市圈覆盖区域内拥有上千条公共交通运营线路（含城市范围内的轨道交通、公交汽车以及城际范围的铁路），以及上万个公共交通服务站点，各类车辆年运营总里程能够达到约三千万公里，整个区域范围每年完成的客运量超过十亿人次。

二、英戈尔施塔特市与产业相互促进的货运枢纽布局

（一）总体概况

英戈尔施塔特市约有13万人口，早在1949年便成为奥迪汽车公司的总部所在地，目前也拥有集团最大的一个生产基地，业务环节覆盖从研发到整车组装下线的全流程。截至2021年底，奥迪公司在英戈尔施塔特的基地占地面积2.9平方公里，拥有4.2万余名雇员，年产汽车28.6万台，型号主要包括奥迪Q2以及A3、A4、A5。

奥迪公司位于英戈尔施塔特市的生产基地

图片来源：奥迪公司网站。

英戈尔施塔特货运村是一家与汽车产业相配套的专业型物流园区。在奥迪公司过往70多年的发展历程中，英戈尔施塔特货运村的布局建设对吸引和留住奥迪的生产线发挥了至关重要的作用。例如，奥迪曾计划将一条

A3汽车生产线迁至东欧地区，此举或将造成英戈尔施塔特市3000～4000人失业。为了留住这条生产线，英戈尔施塔特市决定改善奥迪的生产环境，设立一家与其业务相配套的专业化汽车物流园区，并承诺在一年时间内完成，英戈尔施塔特货运村由此建成。目前，货运村总面积达到83公顷，其中建设面积265万平方米，吸引了30多家企业入驻，为奥迪提供相应的供应链支撑服务。

（二）主要作用

根据中国物流与采购联合会在2012年赴英戈尔施塔特货运村的一次考察调研，货运村与当地汽车产业发展相互促进的作用主要体现在以下几方面：

一是有力地促进了当地经济的繁荣。英戈尔施塔特货运村建成后不仅成功留住了奥迪的生产线，且通过开展物流业务，又吸纳就业人数3100多人，每年创造2亿欧元的税收。目前，英戈尔施塔特市已成为德国最富裕的城市之一，当地人戏称“这个城市最大的问题是没有人失业”。

二是有效优化了奥迪的物流流程，提升了奥迪按订单生产的能力。自20世纪80年代以来，欧洲汽车行业个性化、定制化需求兴起，客观上要求汽车生产商改变大批量生产的模式，提高对按订单生产模式的适应能力，这对传统的产前物流与供应体系提出了新的挑战。英戈尔施塔特货运村的建成投运，将奥迪过去分散在各地的配套厂、服务商集聚到一起，由多点多环节对奥迪的供应模式升级为由物流园区对奥迪的单点供应模式，所有原料和部件由物流园区通过专用车辆为奥迪配送。从而大大简化了供应链流程，提高了供应链响应速度，增强了奥迪按订单生产的灵活性和可靠性。

三是显著提高了物流企业的增值服务水平。园区物流企业增值服务的延伸是与奥迪汽车生产流程的改造同步进行的，总的方向是缩短生产线，扩大外包的比重。奥迪汽车除了最后的组装环节在自己厂内完成，产前环节均外包给园区内的物流商。物流服务范围包括零部件采购、集货、冲压成型等预加工、预组装、配件供应排序、Just-in-Time配送等，物流园区成了奥迪汽车的预生产车间。随着物流商增值服务的延伸，其盈利能力也在不断提高。据德方统计，传统的物流业务利润率只有3% ～ 5%，而物流增值服务利润率可以达到12% ～ 15%。

参考文献

段婷，运迎霞，2019.德国莱茵-鲁尔都市区轨道交通规划体系及启示[C]// 中国城市规划学会. 2019中国城市规划年会论文集（城市交通规划）.北京：中国建筑工业出版社：687-697.

樊一江，任虹，杨杰，2011.德国城市公共交通发展的经验与启示[J].综合运输（8）：51-60.

蒋中铭，2021.轨道交通与都市圈空间形态关系研究[R].北京：国家发展和改革委员会综合运输研究所.

舒尔茨，2017.德国小城镇是中国城镇化的未来？[J].中国乡村发现（2）：141-145.

辛允，2013.德国物流园区考察报告[J].中国物流与采购（6）：66-68.

易鑫，施耐德，2015.德国的州域规划与空间秩序规划的发展历程[J].城市规划（39）：105-112.

张欣炜，2013.德国城镇空间分布结构特征及对我国的启示[J].上海城市规划（3）：67-72.

Nobel T, 2017. 25 Years Freight Villages: Experiences in Germany and Europe[R]. Munich:25th Europlatforms Anniversary in Munich.

Nobel T, 2019. Effects of Freight Villages[EB/OL]. (2019-04-25)[2022-05-29] . https://www.gvz-org.de/en/freight-villages/effects/.

第十二章 日本县域交通现代化发展案例

日本采用两级行政区划，第一级为都、道、府、县，第二级为市、町、村，共计47个一级行政区和约1700个二级行政区。我国拥有34个省级行政区和约2800个县级行政区，日本的市町村大致相当于我国的县级行政区。从20世纪50年代开始，日本城镇化水平快速提升，目前已超过90%，进入全球第一梯队。当前，日本老龄化、少子化问题日趋严重，“逆城镇化”问题亟待解决。我国同样面临“一老一少”困局，正着力推动以县城为重要载体的城镇化建设，借鉴日本“再城镇化”的经验，对于提高我国县域城镇化水平大有裨益。

第一节 日本“再城镇化”的现实基础

一、老龄化程度不断加深，少子化问题日趋严重

日本人口规模自2008年达峰后持续下降，2019年减少为1.26亿人，其中65岁以上的人口达3559万人，占总人口的28.4%，已进入超级老龄化社会（指老龄化率达到21%或更高的社会）。2019年，日本出生人口仅86.5万人，首次跌破90万人，生育率为1.36，同比下降0.06个百分点。部分市

町村不仅面临老龄化、少子化问题，还存在年轻人口大量流出的问题，高达25%的20～29岁年轻人希望移居至三大都市圈（东京都市圈、大阪都市圈、名古屋都市圈）。1950—2065年日本人口规模和结构变化见图12-1。

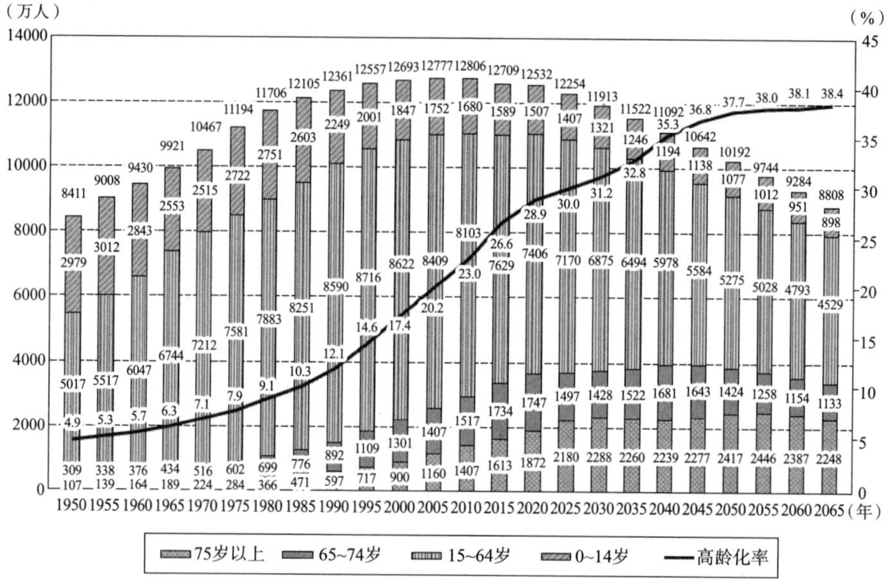

图12-1　1950—2065年日本人口规模和结构

资料来源：日本《交通政策白皮书》，2020年发布。

二、“逆城镇化”现象不断涌现，“再城镇化”计划纷纷出炉

日本持续施行的城区功能疏解政策导致出现“逆城镇化”现象，人口、产业不断向郊区转移，城区向心力持续衰减，公共交通运营基本依赖于政府财政补贴，衰退的公共交通严重影响住在郊区且无驾驶执照的老年人的出行。目前，富山市、青森市、宫崎市等纷纷制定振兴计划，采取土地复合开发、提高公共交通服务水平等措施，为“再城镇化”提供有力支撑。

三、访日游客数量不断攀升，货物运输规模持续下降

自2003年以来，日本确立并实施“观光立国”战略，从中央到地方都不遗余力地推广各具特色的旅游路线和项目、优化软硬件环境、推动交通旅游融合发展。2019年，访日外国游客数达到3188万人，同比增加2.2%。与蓬勃发展的旅客运输相反，日本年度货物运输量在1990年达峰后逐年递减，2015年降至25.2亿吨。在此期间，矿业、制造业和批发业的货运量不断减少，而仓储业的货运量基本保持稳定。

四、汽车保有量逐年递增，公共交通日益衰退

日本汽车保有量不断增加，不同区域的规模和增速存在差异。其中，三大都市圈的汽车保有量较圈外地区低47%，且差距正进一步扩大。从每户汽车保有量看，东京都、大阪府、神奈川县等不到1辆，而福井县、富山县、山形县等均超过1.6辆。从不同交通方式的出行分担率看，三大都市圈的铁路利用率平日为28.5%，假日为16.3%，汽车利用率平日和假日均低于30%；圈外地区的铁路利用率平日为4.3%，假日为2.6%，汽车利用率（包括自驾和同乘）平日约为60%，假日则超过70%。受人口规模缩减和汽车保有量上升的叠加影响，圈外地区的公共交通日益衰退。

第二节　日本在交通领域采取的主要措施

一、完善综合交通枢纽功能，推动城乡交通一体化发展

日本将综合交通枢纽作为“再城镇化”的着力点。通过优化完善枢纽

功能，提高不同运输方式之间的换乘便捷性；通过土地复合开发利用，推动站城一体化发展。如宫崎站改造后，铁路与巴士的换乘便利性大幅提高，附近的大型立体停车场为宫崎站枢纽功能的发挥提供有力支撑。此外，日本十分重视城乡交通一体化发展。例如，在全国范围内大力布设“道之站”“海之站”等交通服务站点。其中，“道之站”是设置在公路沿线的服务站，“海之站”是依托港口码头设置的服务站，均具有停车（船）观景、休憩购物、信息汇聚等功能。目前，日本已设有超过1700个“道之站”和接近200个“海之站”。

二、重视老化设施管理养护，推动旅客出行无障碍化

日本的基础设施大部分兴建于20世纪60年代，如今许多设施已使用超过50年，因此，日本十分重视对老化桥梁和隧道等交通基础设施的管理养护和更新改造。国土交通省专门成立“社会资本老朽化对策会议”，制定“基础设施长寿化计划”。与此同时，为改善老年人出行条件，日本致力于推动旅客出行无障碍化。例如，加强火车站月台门整备，研发带电梯的高级巴士，构建海陆联运型巴士交通系统等。此外，通过优化步道，实施“自行车活用推进计划”，创造宜行宜游的出行环境。

三、丰富运输服务产品体系，积极应用新技术新设备

老龄化、少子化导致居民集中出行需求下降，出行的不确定性增加。因此，由市町村主导的社区巴士、合乘出租车等定制化交通快速发展。目前，约1500个市町村开行社区巴士，超过500个市町村引入合乘出租车。绿色慢行、超小型移动等新型运输服务也应运而生。其中，绿色慢行是指时速低于20km，主要面向老年人和游客的短距离电动出行服务；超小型移动是指基于电动辅助自行车、电动轮椅等适用于1～2人的电动出行方式。

日本积极应用自动驾驶、互联网等新技术，无人车、无人机等智能设备。例如，以“道之站”为节点的自动驾驶试验在北秋田郡等地区有序推进，19个“出行即服务”示范工程正在全国范围内开展。

四、优化完善体制机制，制定综合交通发展规划

为全面促进“再城镇化”，日本成立了以首相为核心的振兴总部，提出政策草案、制定相关措施、管理项目实施。部分市町村还成立振兴委员会，由市政当局、行业协会、民间团体、工程企业等相关主体组成。“再城镇化”的基本流程为：规划设计→施工建设→运营管理。在规划设计阶段，政府的参与程度很高，而从施工建设到运营管理，企业的作用不断增强。为有序推进交通发展，神户、秋田、伊丹等100多个市町村立足自身发展实际，制定综合交通发展规划，鼓励步行、骑行，发展LRT、BRT等公共交通。

第三节 日本“再城镇化”对我国县域交通发展的经验借鉴

一、不断夯实县域交通“硬基础”

一方面，县城是我国推动城镇化进程的重要载体，而当前县城聚集辐射能力不强，与周边乡村地区衔接不紧密，城乡交通一体化程度不高。另一方面，县域对外交通发展相对滞后，仍有大量县级行政区不通铁路，毗邻州县之间尚无高速公路、铁路直接相连，现有国省道路况条件差且连通不足，绕行情况比较普遍。虽然我国具备条件的乡镇和建制村通硬化路目

标已全面实现，但仍有相当数量的村组、自然村、移民搬迁安置点等不通公路。因此，要加快补齐县域交通设施短板，强化县城的枢纽节点功能，提高要素配置水平和向心力，推动县城近郊地区交通市政化发展，加快补足县域交通基础设施短板，畅通多种运输方式衔接融合的县域骨干通道，打通县域路网“最后一公里”。

二、持续优化县域交通“软服务”

从当前我国县域交通运输服务整体供给水平来看，无论是供给总量、质量和效率，还是供给结构、公平程度和可持续性，与县域经济高质量发展要求相比仍有较大差距，突出表现在有效供给不足、基本公共服务水平城乡差异大、对新型城镇化和乡村振兴战略的适配能力不强。要创新运输组织模式，加快“出门即旅游”“出行即服务”在县域的推广应用。提高基本公共交通服务均等化水平，推动旅客出行无障碍化，切实满足老年人、残疾人、孕妇等人群的出行需要。遵循现代产业发展规律，按照现代经贸流通体系发展要求，持续调整货物运输结构，加快构建契合县域现代产业体系的专业化货运服务系统。

三、增强系统韧性，推动管养协同

我国早期建成的农村公路主要以“通”为主，技术标准偏低、抗灾能力较弱，缺桥少涵、防护不到位等问题比较突出。长期以来，受体制机制不完善、养护意识不强、管养资金不足等多种因素影响，相当数量的农村公路处于失养状态，“油返砂”“砂返土”“畅返不畅”“通返不通”等现象逐步显现。要聚焦县域交通基础设施老化、脆化等突出问题，合理设置安全冗余，不断增强系统韧性。建立完善县域交通建管养运协同体制机制，促进交通运输全链条全生命周期发展。

四、创新融资模式，强化资金保障

“融资难、配套难”是当前困扰我国县域交通发展的两大关键性问题。由于国家、省级政府财政资金有限，县级财政基本属于“吃饭财政”，县域交通基础设施建设和管养普遍存在资金缺口。要加大财政资金对公益性交通基础设施建设和管养的投入力度，提升重大交通工程在财政支撑中的优先级。引导社会资本参与交通基础设施建设，对于具有经营效益、条件较为成熟的项目，推进政府与社会资本合作示范，提升社会资本参与程度。

第四节　秋田市推动交通现代化发展的经验

一、秋田市交通运输发展的现实基础

秋田市位于日本本州岛东北地区秋田县中部，面积约900平方公里，是秋田县府所在地，人口约30万，约占秋田县总人口的30%，特色产业为木制品、纸浆、有色金属、清酒，2018年地区生产总值约1.3万亿日元，约占秋田县的1/3。目前，秋田市面临向心力不足、汽车依赖度高、公共交通亏损等问题，亟须提高交通运输发展水平，支撑引领经济社会发展。

1.中心区人口密度持续下降

秋田市的老龄化、少子化问题日趋严重，并且中心区人口正逐步向郊区流动，导致中心区人口密度不断下降。1970年到2015年的45年间，秋田市人口集中地区（Densely Inhabited District，简称DID地区，衡量标准为人口密度在4000人/平方公里以上，类似于我国的城市建成区）的面积扩大为原来的2.3倍，但人口密度降为原来的70%，仅为4720人/平

方公里，低于日本市町村的平均人口密度6760人/平方公里，形成了低密度的市区。

2. 中心区交通量和零售业销售额大幅下降

自1991年以来，秋田市中心区的步行、骑行交通量呈下降趋势。有关数据显示，2014年秋田市的步行、骑行交通量仅为1991年的1/3左右。此外，由于大型店铺持续向郊区转移，中心区零售业商品销售额逐年减少，2002—2013年的11年间降幅接近40%（见图12-2）。

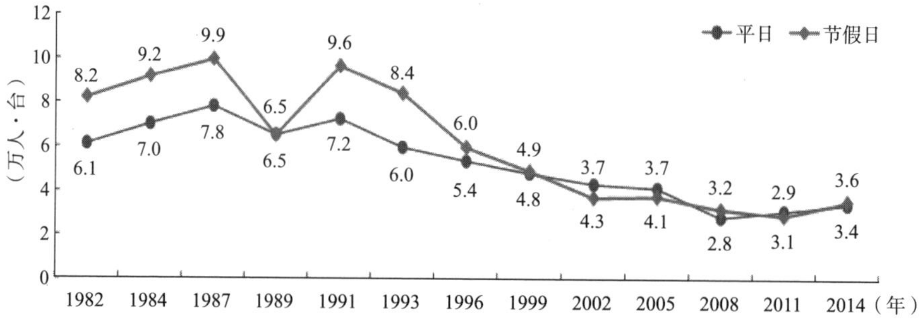

图12-2　1982—2014年秋田市某统计区内的交通出行量变化

资料来源：《第二次秋田市综合交通战略》，2016年发布。

3. 汽车依赖度较高

秋田市对汽车的依赖程度持续升高，在步行、骑行、汽车、公交、铁路等各类方式中，民众出行选择汽车的比例高达70%，在日本本州岛东北六县的县府中位列第一，汽车的大量使用导致秋田市拥堵频发。为减少城市拥堵，秋田市根据出行数据，初步确定平日和节假日的拥堵高发地，并征求卡车协会、公交协会、出租车协会、本市民众的意见，综合评估后确定主要堵点。此外，交通运输业产生的二氧化碳大部分来自汽车，汽车的大量使用阻滞了秋田市实现降低二氧化碳排放的目标（见图12-3）。

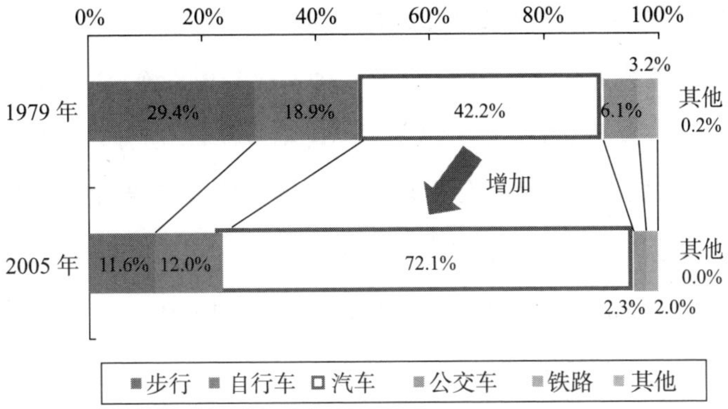

图12-3 1979年和2005年秋田市的交通出行结构

资料来源：《第二次秋田市综合交通战略》，2016年发布。

4.交通安全保障能力有待提升

随着秋田市65岁以上的老年人不断增多，虽然交通事故伤亡人数在2003年达峰后呈下降态势，但老年人交通事故占比不断攀升，从1989年的2.2%上升至2014年的15.4%，且老年人在交通事故中的伤亡人数基本稳定在200人/年（见图12-4）。由于秋田市位于日本本州岛北部，每年12月至次年2月降雪较多，容易导致交通拥堵，大幅增加通勤、上学时间，交通事故起数高于全国平均水平，亟须提高冬季出行安全保障能力。

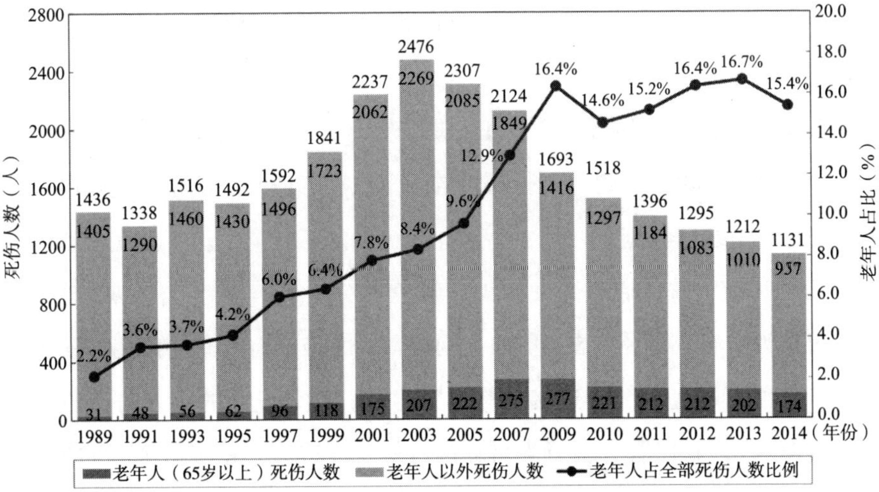

图12-4 1989—2014年秋田市老年人交通事故死伤者数及其占比

资料来源：《第二次秋田市综合交通战略》，2016年发布。

5. 公共交通亏损，政府负担沉重

秋田市有铁路线4条，分别为秋田新干线、奥羽本线、羽越本线、男鹿线；客运站主要有6个，分别为秋田站、土崎站、追分站、羽后牛岛站、新屋站、和田站，合计乘车人数1.7万人/日。秋田市内有公交线路69条，形成以秋田站为中心的轴辐式网络。其中，中心区至北部地区的公交线路最为繁忙，达到80班/天。由于公交每年处于亏损状态，秋田市每年需要为公交运营公司提供2亿日元的财政支持。

二、秋田市推动交通现代化发展的主要举措

为了降低对私家车的依赖，减少交通拥堵，满足老龄化、少子化社会的发展需要，同时振兴中心城区，减少对环境的负面影响，秋田市制定了《综合交通发展规划（2016—2020年）》，提出通过发展公共交通、促进非机动出行、推动交通无障碍化等举措，形成多核集约型城市结构，实现人人都可以选择多种出行方式的综合交通体系。

目标一：以建设热闹城市为目标，在步行、骑行量较多的中心区和副中心，创造安全舒适的出行环境，同时推动交通无障碍化发展，满足老年人的出行需求。

具体措施：一是对部分既有道路进行改造拓宽，同时新建部分道路，配套建设冰雪消融设施，提高步行环境的安全性和舒适性。二是实施无电柱计划，通过将电线等设施埋入地下，确保人行道的有效宽度。三是完善自行车相关标识和指示牌，通过路面标识、颜色等对步道、骑行道加以区分，在以秋田站为中心、半径为5公里的范围内，大力推动自行车的使用，着力改善骑行条件。四是将部分连接自然风景名胜、娱乐设施的路线打造成“骨干自行车道”，并以服务骑行为目的进行整备改造。五是将每个月的第4个星期五确定为“无私家车日”，鼓励平时开车上下班的民众采用公共交通、步行、骑行等方式出行，减少交通运输行业的碳排放。六是开展“Bike to

Work”活动，向骑行上下班的民众发放物品，鼓励更多人通过骑行方式上下班。七是以土崎站、新屋站、市立医院等设施的周边地区为重点，通过消除台阶、安装电梯、减小坡度等方式，推动交通设施无障碍化发展，为包括老年人、残疾人在内的全体民众实现安全快速通行创造条件。

目标二：加强铁路和公交的衔接，完善公共交通网络，推动公共交通可持续发展。

具体措施：一是完善铁路场站功能，加强铁路与公交的衔接，充分发挥铁路运输准时、高速的比较优势。二是通过拓宽城市主干道、优化交叉混乱的公交线路、提高公交行驶速度等措施，打造“公共交通轴”。三是对于在郊区运行的公交，政府对相关运营公司提供资金支持，满足郊区民众正常出行需要。四是通过选择性废止旧线路、开通新线路、优化公交组织模式（统一确定运行时间和径路、根据需求确定运行时间和径路）等方式，提高公交运行效率。五是统一公交标识和编号，制作新的公交线路图。六是开展“老年人投币公交”项目，70岁以上的老年人乘坐公交每次仅需100日元。七是开行途径秋田市主要景点的循环公交，并在秋田站等交通枢纽设置指示牌。

目标三：打造“环状+放射状”的骨架路网，高效连接中心区和副中心，提高旅客出行满意度和货物运输效率，降低过境交通对中心区的影响。

具体措施：完善环状道路、放射状道路，对相关路段进行改造拓宽，改善公交、汽车行驶条件，打造“环状+放射状”的多核集约型城市骨架路网。同时，针对交通事故高发路段，针对性制定安全保障措施和应对方案。其中，铁路交通：强化铁路场站枢纽功能，保障合理运行班次，满足高速、准时的运输服务需求；中心区交通：以步行、骑行、公共交通为发展重点，降低对小汽车的过度依赖，满足老年人、残疾人等弱势群体的出行需要；郊区交通：加强郊区道路网络的整备，保障郊区民众正常的公共交通出行需要；环状交通（中心区）：打造干线路网，缓解中心区交通拥堵；环状交通（郊区）：加强广域道路网络建设，减少过境交通对中心区的影响；放射状交通（中心区—副中心）：统筹公共交通与汽车，打造主干交通轴，加强中心区与副中心的协调联动；放射状交通（中心区—郊区）：加强中心区与郊区之间的交通网络衔接；放射状交通（副中心—郊区）：统筹公共交通与汽车，加强区域之间的协调联动。

第五节　伊丹市推动交通现代化发展的经验

一、伊丹市交通运输发展的现实基础

伊丹市位于兵库县东南部，与大阪府相接，是佛山市的国际友好城市，人口约20万，面积25平方公里，人口密度达到8000人/平方公里，全市属于人口集中地区（DID地区）。目前，伊丹市有JR宝塚线、阪急电铁伊丹线、山阳新干线等铁路接入，JR宝塚线上设有伊丹站、北伊丹站，阪急电铁伊丹线上设有伊丹站、新伊丹站、稻野站。伊丹市东部设有伊丹机场（大阪国际机场），客运量约1500万人/年，货物运量约14万吨/年。从JR宝塚线伊丹站或阪急电铁伊丹线伊丹站乘坐公交，可在20分钟内到达伊丹机场。

1. 自行车使用率高是伊丹市的突出特点

伊丹市自行车防盗登记辆数为10.6辆/百人，远高于西宫市、尼崎市、宝塚市、川西市、池田市、丰中市等相邻六市的平均值6.6辆/百人，表明伊丹市人均自行车拥有量较多。伊丹市民众具有较强的骑行意愿，调查数据显示，“每天骑行”以及“一周多次骑行”的人数占比合计66%，有助于建设绿色低碳的城市。伊丹市民众市内出行占比为47%，市外出行占比

53%，在出行方式选择中，自行车占比达到29%，与相邻六市相比仅次于尼崎市，在全国范围内也属于较高的水平。在1公里的出行范围内，民众倾向于选择步行，1～3公里以骑行居多，3～10公里以汽车为主，10公里以上以铁路为主。近年来，民众出行选择铁路、自行车的比例呈上升态势，选择汽车的比例逐步下降。值得注意的是，伊丹市自行车相关交通事故约占全市交通事故的40%，是兵库县平均水平的2倍。

2.老年人交通事故占比呈上升态势

与日本其他城市类似，伊丹市正面临人口老龄化、负增长等问题，预计2040年伊丹市人口规模将下降至18万人，65岁以上的老年人占比将达到1/3，平均每3个人中就有1个65岁以上的老年人（见图12-5）。在老年群体不断扩大的同时，伊丹市老年人出行率有所增加。从2000年到2010年，75岁以上的老年人出行率增加了2倍以上，65～74岁的老年人出行率增加了1.5倍。伊丹市交通事故数在1995年达到1600件的峰值后逐步回落，基本稳定在1200件/年的水平，但与老年人相关的交通事故占比明显上升，从不足5%提高至接近20%，事故数量增至每年200件左右（见图12-6）。

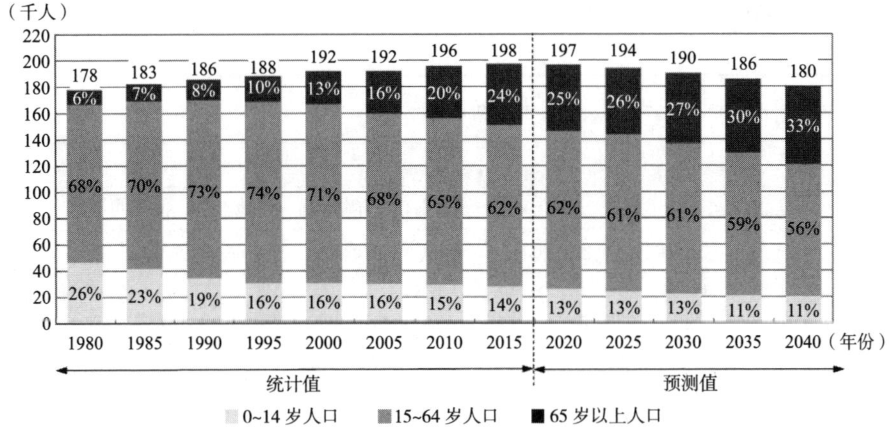

图12-5 伊丹市各年龄段人口结构变化

资料来源：《伊丹市综合交通计划》，2016年发布。

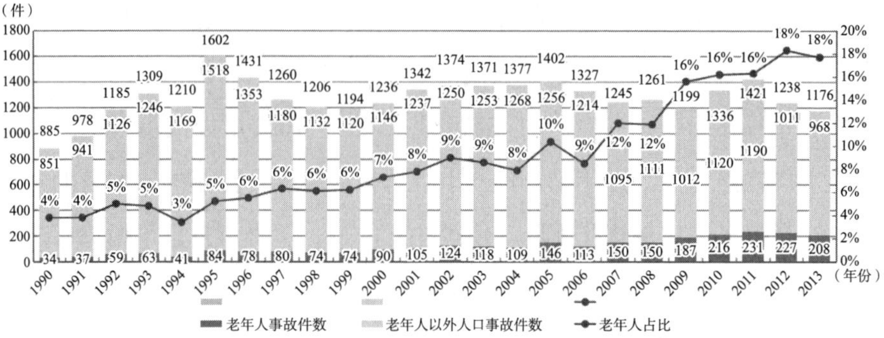

图12-6　1990—2013年伊丹市老年人交通事故数量及占比

资料来源：《伊丹市综合交通计划》，2016年发布。

3.铁路覆盖不足，市营公交亏损

若以500米步行距离为铁路站的辐射范围，则伊丹市有81%的人口位于铁路服务空白区，铁路辐射力亟待提升。若以300米步行距离为公交站的辐射范围，则伊丹市公交服务覆盖全市93%的人口，阪急巴士、阪神巴士等跨市公交有效衔接伊丹市与相邻的川西、宝塚、西宫、尼崎、丰中等城市（见表12-1）。由于市内公交处于亏损状态，伊丹市政府每年需要向公交运营企业提供1.2亿日元的资金支持。

表12-1　伊丹市阪急巴士、阪神巴士运行路线

路线		沿途站点
阪急巴士	丰中西宫线	丰中市—池田市—伊丹市—尼崎市西部—西宫市
	尼崎线	川西市—伊丹市—尼崎市东部
	桃源台线	伊丹市—川西市
	冈町线	伊丹市—丰中市
	园田线	伊丹市—尼崎市东部
	武库川新桥线	宝塚市—伊丹市
阪神巴士	杭濑宝塚线	宝塚市—伊丹市—尼崎市西部—尼崎市东部
	尼崎宝塚线	
	宝塚甲子园线	宝塚市—伊丹市—尼崎市西部—西宫市

资料来源：《伊丹市综合交通计划》，2016年发布。

二、伊丹市推动交通现代化发展的主要举措

为推动伊丹市综合交通运输发展，伊丹市编制了《综合交通计划（2016—2025年）》，拟打造以人为中心，步行、骑行、汽车、公交、铁路、航空等各类交通方式无缝衔接的综合交通运输体系。规划执行后，将实现自行车道与人行道的分离，步行、骑行的舒适度、安全性明显提升，民众尤其是老年人的出行意愿增加；公交的准时性大幅提高，公交与铁路、骑行的衔接更加紧密；汽车的使用明显减少，交通行业二氧化碳排放量显著降低；伊丹机场与伊丹市中心区的时空距离大幅压缩。

在规划的实施过程中，伊丹市按照“计划、实施、评估、修改”四个阶段，循序渐进地推动规划实施。由于《综合交通计划（2016—2025年）》的规划期为十年，伊丹市在首个五年期结束后，需要根据任务目标完成情况，以及新形势、新要求，对规划进行修改完善。

目标一：为美好出行提供有力支撑。

具体措施：一是为骑行创造更有利的环境。加强对自行车道的整备，推进骑行道半封闭化，实现道路空间的再分配，确保安全舒适的骑行空间；加强对自行车停车场的升级改造，重点在JR宝塚线伊丹站以及阪急电铁伊丹线伊丹站周围建设机械式停车场和地下停车场，提高自行车停放的规范性、便利性；积极推动自行车出租业、轮椅和电动轮椅出租业的发展；开展“自行车安全教室”活动，通过自行车安全使用员的引导，提高骑行者的安全意识。二是为步行创造更舒适的环境。消除道路两侧的电柱，将电线集中布设在地下，确保安全舒适的步行空间，同时提高信息网络的安全性（尤其是在发生灾害时）；在街边设置可折叠收纳的椅子，推动城市道路从交通设施向“交通+休憩”设施转变；推动环境友好型城市建设，积极推进“无私家车日”，加大节能减排的宣传力度，减少高排放、高油耗车型的使用，降低汽车尾气排放。三是为出行创造更安全的环境。在城市道路布设1000个监控摄像头，达到抑制偷盗、抢劫等违法犯罪行为的目

的，为老年人、女性、儿童营造更安全的出行环境；在街边设置信号接收机，与老人、孩子的信号发射机配套使用，方便家人快速确定其所在位置；对桥梁隧道等进行抗震测试检查，着力消除十字路口的交通拥堵，移除遮挡驾驶视线的街边林荫树。

伊丹市街边可收纳的椅子和自行车智能地下停车场

图片来源：《伊丹市综合交通计划》，2016年发布。

目标二：进一步提升公共交通发展水平。

具体措施：一是加强多种运输方式的衔接。着力加强步行、骑行、公交、铁路、航空等多种交通方式之间的衔接，加强公交站附近自行车停车场的建设，通过机场快线提高伊丹机场与JR宝塚线伊丹站、阪急电铁伊丹线伊丹站的连通水平。二是加强政府对公共交通的扶持。由政府向老年人、残疾人等弱势群体发放市内公交免费乘车证和福利出租车票（见图12–7），减轻甚至减免老年人和残障人士的公共交通费用；实施老年人驾照返还政策，对返还驾照的老年人给予出租车优惠券等奖励，提高其返还驾照的积极性，进而降低老年人驾车出行导致的交通事故。三是着力推动公共交通无障碍化发展。扩大无障碍公交的规模和占比；提高铁路站、公交站换乘信息和时刻表的简明程度，综合多个公共交通运营商的信息制作公共交通综合指南；促进交通与旅游融合发展，降低途经旅游景点的公共交通费用，在观光地图上提供丰富、准确的公共交通信息；针对性增加城市间的公交路线，消除跨市出行的堵点卡点，如伊丹市西部至尼崎市西北部的公交路线。

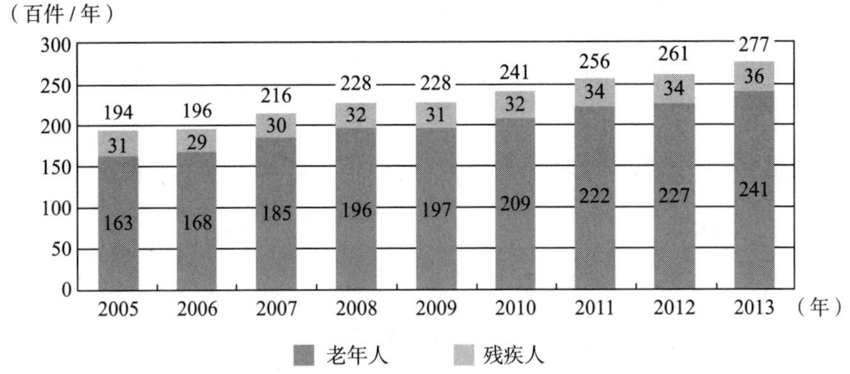

图12-7 伊丹市为老年人、残疾人发放的公交免费乘车证数量变化

资料来源：《伊丹市综合交通计划》，2016年发布。

目标二：提高伊丹市中心区的向心力。

具体措施：一是着力打造4极2轴的中心区路网，推动连接JR宝塚线伊丹站和阪急电铁伊丹线伊丹站的街道全面商业化，将伊丹市中心区打造成经伊丹机场进入关西地区的门户。二是通过快速公交“伊丹机场线”将伊丹机场与中心区紧密衔接，充分发挥伊丹市坐拥机场的优势，将机场客流快速导向中心区，提高中心区的向心力。三是鼓励民众、游客通过步行、骑行等方式游览历史名胜“伊丹酒窖大道”，增加引导标识的简明度，重点实现对国外游客、老年人、残障人士的有效引导。

参考文献

樊东方，石静远，2013. 日本交通运输管理体制的特征及其借鉴[J]. 工程研究——跨学科视野中的工程(4): 443-452.

公安部赴日研修培训团，2020. 日本道路交通管理工作介绍及对我国的借鉴[J]. 道路交通管理(2): 84-87.

刘宇鹏，2020. 日本道路交通管理经验及启示[J]. 现代世界警察(3): 50-60.

日本国土交通省，2020.国土交通白皮书2020[R].东京：日本国土交通省.

日本国土交通省，2020.交通政策白皮书[R].东京：日本国土交通省.

日本国土交通省，2020.中心市街地活性化ハンドブック[R].东京：日本国土交通省.

闫磊，2017.未来日本交通发展探究[J].工程研究——跨学科视野中的工程(2)：125-138.

张改平，罗江，荣朝和，2014.日本《交通政策基本法》及其对中国的启示[J].长安大学学报(社会科学版)(4)：31-35.

国内实践篇

第十三章
中心城市近郊县交通运输发展实践

中心城市近郊县通常处于城市辐射范围内，受益于城市发展带动，可以与城市共享大型公共设施和公共服务，其发展规划也多被纳入中心城市的总体规划，具有“近水楼台先得月”的先天优势。城市近郊县的交通运输发展，侧重围绕与中心城区之间密切的人员流动需要，高水平推进交通基础设施连通和公共交通运营服务的一体化，同时注重对标城市治理能力建设要求，提升对交通运输发展的监管效能。本章选取湖南省的长沙县、江西省的南昌县、安徽省的肥西县、江苏省的金湖县作为我国中心城市近郊县交通现代化发展的典型案例进行介绍。

第一节　长沙县

一、县域概况

长沙县隶属湖南省长沙市，位于长沙市中部，湖南省东部，东接浏阳市，西、南连长沙市城区，北达岳阳市平江县、汨罗市，县城距长沙市中心仅约15公里，总面积1756平方公里，下辖13个镇、5个街道。根据第七次人口普查数据，截至2020年11月1日零时，长沙县常住人口为1374491人。

2020年完成地区生产总值1808.3亿元，三次产业结构比为4.8∶52.3∶42.9。在2020年全国县域经济综合竞争力100强榜单中，长沙县高居第10名。

二、交通发展

近年来，长沙县以交通强国建设及湖南作为交通强国建设试点省份为契机，努力完善交通基础设施网络、提高运输服务品质、推动行业转型升级，加快构建安全、便捷、高效、绿色、经济的综合交通运输体系。从推动客货运输与长沙市区接轨的角度看，代表性做法如下：

一是推行城乡公交一体化，畅通出行“最后一公里”。为满足群众便利化出行需要，推动交通运输服务品质向长沙市看齐，“十三五”期间，长沙县积极推动公交运营从“大水漫灌”向“精准滴灌”转型。在全省率先以PPP模式组建公交集团推行城乡公交一体化并取得成功，成功下线处理近500台农村客运车辆，实现了县域内所有公交线路2元一票制，构建了“市县对接公交、县城范围城市公交、县域城乡公交、镇村公交”四位一体的城乡公交网络。截至2020年底，长沙县共计开通公交线路73条，在线公交营运车辆1100多台，县内新能源车辆占比超过90%，县域乡镇实现公交线路全覆盖，率先在湖南省实现公交通村率100%，城乡公交一体化经验作为全省唯一案例纳入全国农村客运发展典型案例汇编。此外，县域内实现全部公交车辆车载POS终端设备升级改造，支持全国交通一卡通、移动支付功能。

二是创新货运车辆监管模式，筑牢城市交通安全围栏。作为紧邻长沙市中心城区的近郊县，如今长沙县公路路况水平持续改善，治超工作成效显著。“十三五”时期，长沙县以信息化手段创新交通运输安全监管模式取得积极成果，智慧监管系统已覆盖长沙县13家货运站（场）和物流园、超过3000家货运企业（含个体经营户）、12000多台普货车辆以及近百台危货车辆，行业安全监管信息化平台覆盖率达到100%，危货企业“电子运单”上报率达到100%。通过推进货运园区治超监控平台建设，实现园区车辆进出信息与县治超平台信息源头共享，年货运吞吐量10万吨以上重点货运源头实现全部视频监控，非现场执法本地违法货运车辆结案率50%以上。

三是统筹管理城乡交通基础设施，提高农村公路养护水平。自2017年、2018年连续获得“四好农村路全国示范县”殊荣以来，长沙县一直把“建好、管好、护好、运营好”农村公路作为重要民生工程来抓，通过高标准推进“路长制”工作，成立三级路长制工作领导机构，创新开发路长制信息化综合管理平台，持续推进农村公路再提质、再完善。截至“十三五”末，长沙县农村公路优良率高达88.3%，道路宽敞平整、运输安全便捷，为脱贫攻坚与乡村振兴提供了有力支撑。

第二节 南昌县

一、县域概况

南昌县位于江西省中部偏北，隶属江西省南昌市，位于南昌市南部。南昌县西、北与新建区隔赣江相望，东北濒鄱阳湖，三面环抱南昌市主城区，县城距南昌市中心仅约15公里，面积1810.7平方公里。根据第七次人口普查数据，截至2020年11月1日零时，南昌县常住人口为1452502人。在2020年全国县域经济综合竞争力100强榜单中，南昌县位列第21名，较2019年上升4名，实现了全国县域经济百强排名12连升。2020年5月，南昌县被列入县城新型城镇化建设示范名单。

二、交通发展

南昌县城区紧邻南昌市区，是南昌市未来发展的重要组团之一，同时位于南昌市主要发展轴带上，承担着大量居民通勤和日常休闲等交通出行需求，通过引入轨道交通和城市公交服务覆盖重要客流走廊，有效提升了两地之间的快速和普遍服务联系水平。

一是率先在全省县域中实现与主城区的地铁连通。南昌县是目前江西省唯一开通地铁的县。2020年12月，南昌市地铁3号线正式开通试运营，线路直达南昌县中心，途径县城的地铁4号线也于2021年底运营，两条线路对加快南昌县融入主城，方便沿线居民的出行，以及带动“站城一体”开发，促进沿线地区的经济发展具有重要意义。作为南昌县促进传统文化与商业运营蝶变的示范性项目，“原城纪·南昌”以城市文化旅游主题街区为核心，集休闲旅游街区、艺术中心、非遗村落、都市市集、精品酒店等为一体，兼具城市休闲和文化旅游功能，即选址布局于紧邻地铁3号线银三角北站区域，并依托交通便利，开通滕王阁—原城纪城市旅游专线和两条市政公交路线，目前该项目已成功申建江西省首批特色文化街区。

二是推动“南昌县模式”成为全省城乡公交一体化典范。早在“十二五”初期，南昌县便率先在全省实现了县域公交化和城乡客运基本公共服务均等化。为了加快城乡一体化建设，进一步完善南昌县公共交通线网布局，县委、县政府主要领导多次与南昌公交进行协商，表示对南昌公交开通城乡公交线路从政策、资金、行政服务等方面给予大力保障和支持，使城乡客运经营权完全向南昌公交转移。南昌公交开往县城及各乡镇区的公交线路，由当地政府无偿为公交车提供发班场地及站务用房等设施，并由县财政对具体线路进行亏损补贴。全县共开通公交运营线路70多条，日运行车辆近700辆，日发班次4200多班，日均运送旅客超过30万人次，所有乡镇、开发区、新区的公交通达率达到100%，建制村通达率达100%，让全县百姓享受到与城里人同样便捷的出行方式。

【专栏13-1】

南昌县政府支持城乡公交一体化的主要举措

为促进南昌县经济社会发展，满足广大城乡群众的出行，南昌县委、县政府历届领导班子高度重视城乡公交事业发展，把加快城乡公交一体化进程作为政府为民办实事之一，列入重要工作日程，积极妥善地解决好广大群众对开通公交车的迫切要求和愿望。

一是统一思想，形成合力。县交通、城管、交警、规划、国土等有关职能部门针对本县城乡客运市场现状，进行深入研究，形成“整合收购，规范客运市场；自愿合作，兼顾各方利益；政府支持，实施公交优先”的城乡公交一体化具体实施意见和办法。

二是为城乡公交线路创造硬性条件。在县委、县政府的大力支持下，南昌公交开往县城及各乡镇区的公交线路，当地政府无偿为公交车提供发班场地及站务用房等设施。

三是加大城乡公交线路财政投入。针对部分新开通巴士线路，由县财政列入预算，每年给予数额不等的亏损补贴。

四是下大力气整合，确保全县所有乡镇通公交。近年来，县委、县政府持续加大整合力度，加大城乡公交一体化推进力度，推动城乡客运经营权完全向南昌公交转移。同时，进一步加快乡村道路的修建和硬化，大力实施“村村通”公交一体化，使农村居民与城市居民享受一样便捷、低票价的公交服务。

五是依法保护城乡公交线路的合法经营。随着城乡道路条件逐步改善，南昌公交把线路延伸至乡村，得到县委、县政府及县交通、公安等有关部门的保护和支持，使公交线路运行畅通，实现了“村村通”公交的大好局面。

资料来源：江西省道路运输协会

第三节　肥西县

一、县域概况

肥西县隶属安徽省合肥市，位于安徽省中部，是合肥西南门户，与滨湖新区、高新区、经开区、科学城和政务文化新区连接，肥西近主城区域作为合肥主城西、南翼一部分，已成为合肥现代化新兴中心城市建设的重要组成部分。全县总面积1695.41平方公里，下辖8个镇、4个乡。根据第七次人口普查数据，截至2020年11月1日零时，肥西县常住人口为967508人。2020年，肥西县实现地区生产总值870.2亿元，同比增长5.7%。

二、交通发展

为充分发挥区位优势，加快形成合肥西南部路网互联互通大格局，强化与合肥主城区联系，肥西县全力推进城乡道路建设，交通路网不断优化，道路管理和服务能力有效提升。以国省干线为主干骨架、县乡公路连接支撑、乡村道路延伸辐射的四通八达路网，对城市发展的承载能力不断增强。

一是高标准连通。近些年，肥西县以高标准推进路网建设为着力点，通过延伸和改造道路建设，持续提升城市路网密度和通行能力。截至"十三五"末，肥西县域内普通国省干线里程相比"十二五"末增加200%，全县竣工通车的市政道路达到71条，共有60条断头路被打通，共计11条城市主干道相继建成通车，均可直达合肥中心城区，目前已实现县域内骨干道路全部升级为二级公路，所有乡镇实现通二级以上公路，乡村主干道全部升级为三级公路，所有建制村及较大自然村通等级以上公路。2018年，肥西县获得了"四好农村路"全国示范县称号。

二是高效能运营。肥西县域公交发展全面提速，近年来累计开通城乡公交线路43条，镇村公交线路25条，建立起“市—县、镇—镇、镇—村”的三级城乡公交客运网络，日均客流量达到20万人次。此外，该县开通的镇村公交线路以纯电动新能源车为主，均执行1元票价，“一元空调公交”惠及全县广大群众，拉近了乡村和城区的距离，乡村“最后一公里”出行难问题逐渐成为历史。

三是高水平管理。第一，大力实施路长制工程，建立全域路长制，全面推广乡村道路专管员制度，全县百余名乡村道路专管员全部上岗到位。按照“权责分明、分级管理”的原则，把全县国省干线公路和农村公路全部纳入路长制范围，县、乡、村三级农村公路路长制管理体系构建率达100%，县、乡两级路长办公室设置率达100%。第二，创新探索公路治超“1+2+3”融合管理体系，“1”是全面实行乡镇治超网格化，突出属地主体责任；“2”是坚持全天候联合执法长效机制和跨区域互动联防合作机制，突出行业监管责任；“3”是发挥科技治超非现场执法优势、聚焦扫黑除恶专项斗争关键点、固化领导带队靠前指挥，为“四好农村路”高质量发展保驾护航。第三，于2019年率先在全省创新建设并上线运行农村公路“互联网+”信息管理平台，全面开创了“数字公路”管理新模式。

【专栏13-2】

肥西县农村公路开创“数字公路”管理新模式

肥西县农村公路信息管理平台以GIS技术为基础，通过专项路网数据调查摸清了肥西县所有路线、路段、桥梁、涵洞、沿线设施等基础信息，并按照交通运输部公路数据资源标准规范将分散的农村公路空间及属性数据资源进行全面的梳理、整合，经多轮数据比对、处理、校核，建立了“肥西县公路网基础数据库”，全面开创“数字公路”管理新模式；通过建设4个系统，即“基础设施数字化管理系统、路长制网格化管理系统、养护动态监管系统、手持智能终端系统”，不断创新农村公路管理机制，实现路长制与网格化管理的有效融合、落实公路分级管理责任；通过专管员日常道路巡查、上报、处置机制，实现农村公路长效工作机制；通过养护人员公路巡查作业信息化、养护任务派发及病害上报处置流程化，实现从道路病害发现到养护完成的闭环管理，建立农村公路日常养护智能化、常态化管理模式，推进农村公路管养一体化进程。

资料来源：肥西县人民政府

第四节　金湖县

一、县域概况

金湖县位于江苏省中部，是淮安市下辖县，因境内白马湖、宝应湖、高邮湖三湖环绕，故定名“金湖”。金湖县西、北两个方向与淮安市洪泽区毗邻，面积1393.86平方公里，县城北距淮安市中心72公里。根据全国第七次人口普查数据显示，截至2020年11月1日零时，金湖县常住人口为289456人，占淮安市的6.35%。2020年，全县实现地区生产总值337.03亿元，比上年增长3.2%，人均GDP考核全市排名第一。

二、交通发展

从与淮安市中心距离看，金湖并不算严格意义上的近郊县，但由于地处长三角，经济发展和城镇化水平较高，全域公交化发展超前，对我国城市近郊县推进城乡公交一体化具有示范及借鉴价值。近年来，金湖县以集成联动思维持续深化公交运营机制改革，在江苏省率先探索和实现县级全域公交化，按照“全覆盖、零距离”的原则，大力推进城乡客运一体化发展，对下辖的镇、集市，多条班线、近百辆农公班车进行公司化改造，全部实现公交化营运，在所有行政村均设立停靠站或站亭，有力提升县域公交服务规范化、集成化、便民化水平。相关做法被《新华日报》《中国交通报》等主流媒体报道，入选交通运输部全国农村客运管理典型案例，承办全省镇村公交攻坚提质现场会。

一是实现运营规范化。针对传统公共交通运营市场“小、散、乱”局面，通过客运公司重组合并，由县国资平台注册成立金湖公共交通有限公司，对全县个体、民企、集体经营的城市公交、农公班车、毗邻班车、镇村公交、旅游班车实现收购、兼并，统一服务和票价，城乡、镇村和旅游公交票价一律2元，城市公交一律1元，65周岁以上老人、全县中小学生、现役军人、残疾人等群体免费乘车。

金湖县镇村公交班线

图片来源：金湖县人民政府。

二是实现布局集成化。建立“村–镇–县”完善的线网体系，将景区、农村、乡镇、城区全线节点打通，构建“城有枢纽、镇有站点、村有亭牌”的全域客运公交一体化网络格局，实现县、镇、村、景区四个节点“零距离”无缝换乘，形成城市、城乡、镇村、旅游公交无缝衔接和融合发展的运营服务体系，给人民群众提供更加优质安全的出行服务。

三是实现服务便民化。开发“金湖e出行”App和金湖公交出行微信公众号，提供公交线路及站点查询、换乘查询、公交车实时动态信息等多项服务。所有车辆安装语音报站系统、4G视频监控，在客流量较大的公交站台安装交互式公交电子站牌，外地乘客可通过微信、支付宝等支付方式乘车。

四是实现运输绿色化。金湖县深入落实绿色公交发展要求，从2015年开始不断加快新能源公交车购置和更新步伐，截至2020年底，全县共运营有110辆新能源公交车。在2019年江苏省高质量发展监测指标中，金湖县城乡万人公共交通车辆拥有量排名第14名。

金湖县新能源公交车

图片来源：金湖县人民政府。

【专栏13-3】

金湖县推动农村客运班线公司化改革的做法经验

一是深入宣传沟通。在农公班车公司化改造难题上，金湖县交通运输系统职工进行了大量的前期工作，调研每条线路实际营运情况，为了能够与承包人点对点地交流，经常在周六日的中午、晚上入户交流，将公司化改造的依据、意义和实施方案向承包人进行讲解说明，尤其对承包人的经济补偿和再就业等问题上进行重点宣传。

二是解决后顾之忧。以往的农公班车经营中，经常有夫妻搭配的情形，车主丈夫是驾驶员，妻子是乘务员。由于公司化改造后，统一投币刷卡上车，车内不再设有乘务员岗位，因此部分班车乘务员面临失业风险，这对公司化改造推进造成了很大的阻碍。金湖县交通运输系统的职工群策群力、集思广益，发挥“众人拾柴火焰高”的优势，向亲戚朋友打听合适的工作岗位，给多名乘务员介绍了工作，解决了他们的后顾之忧，困难也就迎刃而解。

三是政策一视同仁。公司化改造政策的连贯性和一致性是顺利推进城乡客运一体化工作的有力保障。无论农公班车车主提出的要求多么纷繁复杂，金湖县交通运输局从政策宣布之日起，从第一辆车改造完成起，就一直坚持不改变一分一毫的底线。对积极响应政策，带头进行公司化改造的车主，在其进入公交公司后，在个人发展上经考核合格优先提拔。这些政策不仅有力安抚了承包人群体左右摇摆的心理，同时也促进了工作的推进。

资料来源：金湖县人民政府

参考文献

陈国亮，2011.南昌县大力推进城乡公交一体化[EB/OL].（2011-02-23）[2022-05-20]. http://www.jxsdx.com/luyunyaowen/1285.html.

肥西县人民政府，2019.肥西县建设“最美乡村路”织密乡村振兴交通网[EB/OL].（2019-12-06）[2022-05-20]. http://www.ahfeixi.gov.cn/jgdh/xzfbm/xjtysj/gzdt/119789353.html.

淮安发布，2020.“深化改革案例”入选交通运输部典型案例！金湖县创新发展“全域公交”[EB/OL].（2020-04-02）[2022-05-20]. https://www.thepaper.cn/newsDetail_forward_6799474.

金湖县人民政府，2021.金湖“全域公交”幸福里程[EB/OL].（2021-04-01）[2022-05-20]. http://www.jinhu.gov.cn/col/1843_431772/index.html.

李中，2020.长沙县交出“十三五”规划交通新答卷[EB/OL].（2020-12-26）[2022-05-20]. https://jt.rednet.cn/content/2020/12/25/8791655.html.

南昌发布，2021.南昌县：大力完善交通基础设施助力商文旅产业发展升级[EB/OL].（2021-07-16）[2022-05-20]. https://www.thepaper.cn/newsDetail_forward_13607916.

南昌人大，2012.南昌县落实人大代表建议，率先在全省实现县域公交全覆盖[EB/OL].（2012-12-26）[2022-05-20]. http://www.ncsrd.gov.cn/html/2012/ncxrd_1226/1024.html.

沈小明，2019.肥西县农村公路开创“数字公路”管理新模式[EB/OL].（2019-12-12）[2020-05-20]. http://www.ahfeixi.gov.cn/ztbd/ztzl/msgcdtj/xwpd/msdt/119775715.html.

微美肥西，2021.“内畅外达”大交通！11条主干道直达合肥中心城区，撑起肥西发展大格局[EB/OL].（2021-01-11）[2022-05-20]. https://www.thepaper.cn/newsDetail_forward_10749915.

周小雷，吴婉沁，2020.为民生幸福“开路”——“十三五”以来长沙县交通运输事业高质量发展综述[EB/OL].（2020-12-16）[2022-05-20]. https://hunan.voc.com.cn/article/202012/202012160854372767.html.

第十四章
工业强县交通运输发展实践

工业强县即第二产业占据主导地位的县域，通常是全国或区域范围内某几类工业制品的生产基地。围绕发挥县域核心产业优势，加快新旧动能转换，促进产业基础高级化和产业链现代化建设的需要，工业强县交通运输发展应以加强与工业的联动为导向，侧重向生产服务型转变。通过畅通产业园区与县域周边主要运输通道的连接，提升专业化运输能力，协助工业制造企业优化供应链组织等举措，更好适配产业链供应链协同发展，以及价值链提升的需要。本章选取福建省的晋江市、浙江省的慈溪市、江苏省的太仓市作为我国工业强县交通现代化发展的典型案例进行介绍。

第一节 晋江市

一、县域概况

晋江市位于福建省东南沿海，泉州市东南部，晋江下游南岸，三面临海，是福建省下辖县级市，由泉州市代管，全市辖6个街道、13个镇，陆域面积649平方千米。2020年，晋江市实现地区生产总值2616.11亿元，比上年增长4.2%，第一、第二、第三产业同比增幅分别达到2.8%、3.7%及

4.9%，其中第二产业增加值占地区生产总值的比重继续保持在60%以上。2020年，晋江市经济总量分别占全省、泉州市的6.0%和25.8%，县域经济实力已连续27年居福建省首位。

二、工业发展概况

晋江是传统工业强县（市），在2020年中国工业百强县（市）榜单中，晋江高居全国第4位。“十三五”时期，晋江市持续围绕产业造生态，实现传统优势产业全链条升级，集成电路产业从无到有成型成势。

一方面，晋江最具特色的体育制造业保持高速增长。2019年，晋江市体育制造业规模以上（规上）产值2152.75亿元，增长9.1%；占规上工业总产值39.2%，贡献率38.0%。其中，制鞋板块规上产值1209.76亿元，增长11.3%；服装板块927.13亿元，增长6.6%。从全行业产值来看，2019年，晋江市纺织服装业产值1487.23亿元，增长8.1%；制鞋业产值1396.77亿元，增长9.7%。

另一方面，在传统产业保持强势的同时，以集成电路为代表的高新产业快速兴起。除体育制造业外，建材陶瓷业、食品饮料、纸制品及包装印刷等产业是晋江市的主要支柱产业。2019年晋江建材陶瓷业产值625.00亿元，增长14.7%；食品饮料业产值514.72亿元，增长6.3%；纸制品及包装印刷业产值390.49亿元，增长7.6%。与此同时，2019年晋江高新技术工业企业实现规上产值1185.09亿元，增长9.8%，增幅比全部规上工业产值高出0.3个百分点，占全部规上工业产值21.6%。其中，五大新兴产业完成规上工业高新技术产值292.18亿元，增长10.1%，增幅比全市规上工业高新技术产值高出0.3个百分点。

截至2020年底，晋江已培育形成1个产值超两千亿元、1个产值超千亿元、2个产值超五百亿元、2个产值超百亿元的产业集群，市场主体从11万户增至23万户，产值超亿元企业从690家增至超过1000家，工业总产值突破6000亿元，有力推动实体经济稳步迈向中高端。

三、交通物流支撑情况

依托产业集群优势，晋江构建了以陆港为核心的交通物流支撑服务体系，商贸流通实现高水平发展。自2012年正式运营以来，晋江陆地港始终保持快速增长的良好态势，已经发展成为全国唯一一个汇集国际陆港、保税物流、国际快件、跨境电商和国际邮件五大通关平台的内陆口岸，冷链物流、产业园区等配套功能设施不断完善，并于2019年获联合国批准国际代码“CNJJD”，升级成为国际港口。目前，晋江陆地港形成了以“国际陆港口岸”“跨境服务口岸”双口岸并行的服务体系，是国内仅次于义乌的第二大国际陆港，以及全国口岸服务功能最齐全的平台，业务总量占到福建省4个陆地港的95%以上，吸引了100多家企业进驻、2000多家企业入港开展进出口业务，为泉州外向型企业搭建了多元化的通关服务平台以及内连外通的现代化国际贸易大通道。晋江陆港支撑产业发展的主要举措包括：

一是夯实物流和通关基础保障。晋江陆地港凭借充足的平台运力，可满足客户集装箱、整车、零担、散货、冻柜等多类型运输服务需求，并通过引入多家报关行、货代公司、运输公司、保险公司等服务机构，为外贸企业、跨境电商企业提供“一站式”的综合物流解决方案。同时，区域通关一体化不断取得新突破，目前已实现与省内11个外贸集装箱海港码头、3个空港口岸的无缝衔接，货物直通关运抵口岸码头及机场，无须二次报关。

晋江陆地港

图片来源：福建陆地港集团。

二是提升跨境服务能力和质量。依托跨境电商公共服务平台“泉州跨境通”和自营平台“陆港购”，强化线上线下资源和信息联动。一方面，推动与广大电商企业、电商平台、物流企业、支付企业、金融企业、监管场所和各口岸相关部门的互联互通及数据交换，并为优势产业、名优特产品、优秀园区资源、优秀企业提供展示平台；另一方面，为消费者带来跨境直购、保税展示、商品直销的购物新体验以及为中、小型平台或企业提供集货采购等跨境供应服务。

三是创新交通物流服务业态。为全面打通海陆空铁邮等通路资源，成功引进南航在泉州（晋江）设立国际航空货运站，依托卡车航班与大陆大型空运口岸实现进出双向的互通互联，推动晋江从传统的“内陆口岸”拓展成为“海陆空铁邮”的多式联运国际陆港。目前已开通晋江—广州（每天一班）和晋江—上海（一周三班）两条精准的卡航一体化通关航线。

南航城市货站

图片来源：福建陆地港集团。

四是推动交通物流服务增值。为帮助入驻陆地港的贸易企业做大做强，积极探索发展供应链金融等增值服务。陆地港与银行全面合作，创新金融服务模式，打造全方位供应链服务平台，为陆地港平台企业提供高效、优质、便捷的金融服务。陆地港鼓励企业开展贸易融资、进出口业务项下现货、权利凭证的质押监管等流动资产融资质押监管等金融业务。

【专栏14-1】

晋江陆地港为泉州铁路国际货运班列首发提供助力

2022年1月13日，一辆辆满载着“泉州制造”的轻工产品大货车从泉州晋江陆地港海关监管场所缓缓驶出，该批货物将从陆地港发运前往铁路泉州站，依靠铁路货运经满洲里口岸出境直达俄罗斯莫斯科，总行程10960公里，预计用时20天。与原有海运运输方式比较，运输时间可节省25天。本次从泉州出发的中欧班列主要装有卫生用品、箱包、鞋服及工艺品等泉州轻工产品，货物在泉州晋江陆地港验放，装载50个柜集装箱，货重44.7吨，货运总值1037.3万元。

2021年以来，随着海外订单回流，我国跨境电商迎来爆发式增长，国际产业链供应链不确定、不稳定、不平衡因素增多；同时，全球海运、空运运力持续紧张，企业物流和供应链成本居高不下。为保障外贸产业链供应链稳定，缓解企业运输压力，泉州市政府、商务局及泉州海关等相关部门积极争取铁路通路，通过多方协调后决定开通泉州东—满洲里—莫斯科（沃尔西诺）的中欧班列。

泉州至俄罗斯莫斯科方向中欧班列的顺利开通，是一次重要突破，标志着泉州开行铁路国际货运班列已迈出实质性步伐。同时，也标志着泉州晋江陆地港已搭建形成海、陆、空、铁、邮的国际陆港平台，可实现铁路国际货运班列一站式快速通关，能大大减少口岸滞留时间、提高铁路货物运输效率，从而为泉州企业提供报关手续更便捷、运输时间更短暂、运输成本更低廉的货物运输方式。

下一步，泉州晋江陆地港将积极发挥自身公共服务平台功能，助力泉州制造出口提速，融入国家“一带一路”建设，打造辐射全国、面向世界的海峡西岸物流大通道。

资料来源：福建陆地港集团

第二节　慈溪市

一、县域概况

慈溪是浙江省宁波市辖县级市，地处东海之滨，杭州湾南岸，东离宁波60公里，北距上海148公里，西至杭州138公里，是长三角地区大上海经济圈南翼重要的工商名城，也是国务院批准的沿海经济开放区之一。2020年，全市实现地区生产总值2008.3亿元，按可比价计算，比上年增长4.8%，增速分别高于全国、全省、宁波市2.5、1.2和1.5个百分点，其中，第一产业实现增加值58.39亿元，增长1.7%；第二产业实现增加值1168.37亿元，增长3.4%；第三产业实现增加值781.54亿元，增长7.4%，三次产业结构比为2.9∶58.2∶38.9。

二、工业发展概况

慈溪全市拥有1600多家规模以上工业企业，拥有杭州湾新区这样的强大工业区。2020年中国工业百强县（市）榜单中，慈溪排在全国第6位，并继续领跑浙江全省。

近些年，慈溪市家用电器、机械基础件、汽车零部件三大特色优势产业，以及智能装备、新材料、生命健康三大战略性新兴产业占规上工业比重超过七成，有5个项目列入工业和信息化部工业强基专项，居全国县（市、区）首位，有4家企业列入工业和信息化部制造业单打冠军（产品）企业。从2020年统计情况来看，慈溪市全年实现工业增加值1083.82亿元，按可比价计算，比上年增长3.7%，其中市级实现工业增加值655.49亿元，增长3.8%。全市实现规模以上工业总产值3447.85亿元，增长4.0%，其中市级实现规模以上工业总产值1750.18亿元，增长4.6%。2020年，慈溪市口罩（增长97.7倍）、家用房间空气清洁装置（增长2.7倍）、人造纤维（增长1.8倍）、印染布（增长1.2倍）、房间空气调节器（增长1.2倍）、工商用制冷及空调设备（增长94.8%）、电动自行车（增长41.3%）等产量均实现快速增长。

产业关联与经济合作能级是城市间实现优势互补、协同发展共赢的重要前提。慈溪立足东靠宁波，西临杭州，北接上海的“黄金节点”优势，依托机械基础件、新材料的诸多细分行业领域所拥有的突出制造业基础，大力推进与上海的全方位对接和一体化发展，积极参与构建区域产业协同体系，承接上海现代金融、科创、研发设计、高端中介服务等辐射扩散，聚焦新兴产业、未来产业、传统产业，大力发展智能装备、生命健康、新材料等先进制造业和金融服务、智慧物流、文化创意等现代服务业，加快培育“123”千百亿级产业集群，全力打造沪甬合作先行区和接轨上海的产业新高地。此外，慈溪在“引进来”的同时也在积极“走出去”，据不完全统计，慈溪市已有公牛、福尔达、慈兴等50多家民营企业在上海设立研发机构，开展对口科研合作。

三、交通物流支撑情况

为满足和强化与上海之间快速增长的双向产业联系，推进长三角区域一体化，慈溪重点在破解对外交通瓶颈制约上发力，着力完善“通道+枢纽+网络”的综合交通运输体系，为慈溪发展成为“接沪、融甬、联杭”的宁波北部综合交通枢纽、长三角一体化交通桥头堡奠定了坚实基础。

一是对外强化综合运输通道布局。慈溪市以强化与沪杭甬三大都市之间通道能力为牵引，近年来突出慈溪市域东西向、南北向、沿海疏港三条交通轴线发展功能，全力推进三大综合运输通道建设。同时，在中心城区外围谋划打造“一高三快”快速交通走廊，显著缩短了慈溪中心城区连接高速公路的时间距离，提高了对外交通通道的通行能力和服务水平。

二是突出交通枢纽衔接。慈溪市位于多条综合交通运输通道交汇处，承担着区域性综合交通枢纽功能。慈溪重点打造“慈溪中心城区综合交通主枢纽为核心，周巷、观海卫、龙山、杭州湾新区为次综合交通枢纽”的“一主四副”综合交通枢纽体系，并通过协调主枢纽与次枢纽间协作关系，强化各等级公路、铁路干线、水运与综合交通枢纽的有机衔接，在提高运输效率、降低运输成本、优化城市内外交通联系等方面发挥了重要作用。

三是完善交通基础设施网络。慈溪市以公路运输方式为主，近年来，通过聚焦重点经济区等公路交通短板建设，完善提升公路交通网络，打通内部连接通道，辅以市域内多条轨道交通线路的布设，积极发展内河航道，逐步形成由多种运输方式构成、结构合理、高通达、高覆盖率的综合交通运输网络。

着眼“十四五”，慈溪将继续以提升关键通道通行能力为重点，届时将基本构建形成与沪、杭、甬、苏之间半小时交通圈，实现所有镇（街道）10分钟上高速（高架）、慈溪中心城区与杭州湾新区20分钟全辐射、市域各城镇节点间30分钟通达的“123”交通圈。

【专栏14-2】

《慈溪市“十三五”综合交通运输发展规划》

关于综合交通运输通道的布局

1.东西向综合运输通道

由高速铁路、高速公路、国省道等多运输方式构成，横贯慈溪市域中南部，是慈溪市最集聚的交通通道，主要承担杭州—宁波过境交通量和出入市域的快速、大容量客货运输。

东西向通道的连接为慈溪对接杭州都市圈及以西地区提供便利，对慈溪发展先进工业基地、建设都市农业基地、加快高新技术产业发展、承接杭州产业转移、促进产业结构调整有重要意义。同时，东西向通道也是宁波市域对接西部近内陆区的主要渠道，对宁波港航向西部腹地纵深拓展、发展“以港兴市”战略具有重要意义。

2.南北向综合运输通道

由高速铁路、高速公路、国省道等运输方式构成，北接上海，辐射苏南地区，南接宁波中西部，辐射浙中地区，主要承担上海—浙中过境交通量和出入市域的快速、大容量客货运输。

慈溪市现状产业以工业为主，服务业、旅游业等第三产业发展缓慢。南北向通道串联杭州湾新区、中心城区第三产业发展核心和西南部工业发展中心，是维持慈溪工业发展优势、加快第三产业发展、促进产业结构优化的重要交通走廊。南北向也是慈溪联络上海与浙江省中部地区的快速运输通道，是慈溪承接上海都市圈经济辐射和产业转移的主要通道。未来随着沪嘉甬跨海铁路、杭州湾跨海大桥余慈中心连接线、规划G228等项目建设完成，南北向通道优势将进一步凸显，促进慈溪经济产业的发展与完善。

3.沿海疏港综合运输通道

由高速公路、国省道等运输方式构成，依托沿海港口，北接上海，南接宁波中东部，主要承担上海—宁波过境交通量和出入市域的快速、大容量客货运输。

沿海疏港通道是慈溪市沟通上海都市圈与宁波都市圈的又一重要通道，是慈溪承接两大都市圈产业转移与经济辐射的重要交通走廊。随着浙江海洋经济示范区战略的实施，宁波市将进一步发挥海洋资源优势和先行区的作用，大力发展海洋经济与外向型经济。然而宁波市目前交通基础设施虽然已经逐步进入协调发展时期，但仍然存在结构性矛盾，公路运输系统发展尚不完善。因此，沿海疏港通道的存在对宁波港区的发展就起着至关重要的作用。随着杭甬高速复线等项目的逐步实施，沿海疏港通道将成为宁波港区集疏运的重要通道之一，对慈溪市参与浙江海洋经济示范区国家战略、带动自身经济社会发展、协助宁波完成“以港兴市”重大目标有着极其重要的意义。

第三节　太仓市

一、县域概况

太仓市是江苏省辖县级市，由苏州市代管，位于江苏省东南部，长江口南岸，东濒长江，与崇明岛隔江相望，南临上海市宝山区、嘉定区，西连昆山市，北接常熟市，总面积809.93平方公里，辖6个镇、1个街道、1个经济开发区。2020年，太仓市实现地区生产总值1386.09亿元，按可比价格计算，比2019年增长3.9%。其中，第一产业增加值26.96亿元，下降18.4%；第二产业增加值666.53亿元，增长4.3%；第三产业增加值692.60亿元，增长4.7%，三次产业结构比为1.9∶48.1∶50.0。

二、工业发展概况

2020年，太仓市规模以上工业总产值比2019年增长5.0%，装备制造、新材料、生物医药三大主导产业实现规模以上产值1867亿元，占到全市规上工业总产值的74.5%，年末全市规模以上工业企业1068家，其中超亿元企业402家、超五十亿元企业4家、超百亿元企业2家。在2020年中国工业百强县（市）榜单中，太仓市排在全国第9位。

近些年，太仓市大力培育制造业竞争新优势。重点围绕“1115”产业发展目标，推进高端装备制造、新材料、生物医药三大战略性新兴主导产业发展。加快推动信息技术与高端装备产业的融合，着力发展通用和专用装备、新能源及新能源汽车装备、精密机械等高端装备大类，重点培育高精密数控机床、海洋工程装备、新能源装备、智能装备、高端汽车零部件、轨道交通装备等产业链，形成富有竞争力的高端装备产业集群。新材料以无机非金属材料、特种纤维材料、高性能结构材料、功能性高分子材料为发展重点，加快新材料产业发展集聚化。面向健康生活重大需求，重点发展医药研发试验、医疗器械、酶制剂、新型药物、检测试剂，提升生物医药产业集聚水平。同时，太仓市积极推动对德合作构筑新优势，目前已成为中国德企集聚度最高、发展效益最好的地区之一，成为德国中小企业投资最密集的城市典范。

着眼“十四五”，太仓市还将构建“11155”产业矩阵，即优化提升高端装备制造、新材料、物贸总部经济三个千亿级产业，培育壮大生物医药、航空航天两个五百亿级产业。通过持续提升新兴产业、先导产业占比，全力打造高水平产业链，推动生物医药和航空航天产业的规模化和集聚化发展，提升产业发展质量。

三、交通物流支撑情况

当前，太仓市正集中力量做深“融入上海、对德合作、以港强市”三篇文章，加快打造虹桥国际开放枢纽北翼发展极。太仓港作为我国第九大集装箱港口，近年来通过港口建设和促进与临港产业融合发展，有力发挥了太仓市经济发展“压舱石”的作用。

一是持续提升港口设施和服务能力。“十三五”时期，太仓港着力强化“深吃水、海港化、快进出”三个优势，持续提升港口综合竞争力，为充分发挥12.5米深水航道作用提供了有力保障。太仓港集装箱四期工程等省市重点项目顺利施工，一批新码头、新泊位、新航线投入运行，集装箱、件杂货、干散货、液体化工、装备制造五大作业区功能显著强化，远洋、近洋、内贸干线和长江（内河）支线组成的航线网络更加完善。2020年太仓港实现港口集装箱运量521.2万标箱，箱量稳居长江沿线和江苏省港口第一；货物吞吐量21606万吨，自2015年以来连续5年超过2亿吨。年末共有各类型泊位数91个，国际国内航线211条，其中近洋航线覆盖范围增加到近洋8个国家（地区）、22个港口。太仓港已成为上海国际航运中心重要组成部分、长江外贸第一大港，晋升至全球百大集装箱港口排名第30位。

二是大力提升临港产业发展能级。太仓港围绕“大港口、大物流、大产业”的目标定位，坚持港口功能开发和临港产业发展有机结合，着力构建以港口为核心的现代物流体系，大力培育龙头型物流企业，加快建设区域性的国际采购、分拨和配送中心，拓展信息、金融、经贸等物流增值服务，集中力量发展一批具有国际先进水平的产业基地和产业集群，积极引进跨国公司地区总部、研发机构、结算中心和营销中心。自2011年太仓港经济技术开发区获评为国家级后，高端装备、新材料、健康诊疗等新兴产业高端化发展，央企、美企、世界500强企业集群特色彰显，临江现代物贸基地高质量建设，宝洁、斯凯奇、似鸟、大宝赢等总部税源型、电商平台型项目毗邻而居，国家级功能载体太仓港综合保税区释放改革红利。

【专栏14–3】

太仓港综保区促进临港产业发展作用显著

2020年以来，太仓港综保区积极发挥海关特殊监管区域在促进外贸进出口、产业转型升级等方面的积极作用，全力助推港区做好“六保”“六稳”工作，实现“十三五”完美“收官”。2020年，太仓港综保区完成进出口总额8.32亿美元，同比增长39.6%，完成全年目标任务的128%。在太仓市进出口总值前20位企业中，太仓港综保区企业新列入2家，总数达到3家。

为放大区港联动发展这一优势，太仓港综保区推广“日本在华海外仓”新模式，打造对日国际供应链平台，新引进日本堂吉诃德的转口采购集拼进区操作。打造德资企业生产原材料和零配件配送中心，为太仓制造、苏州制造、江苏制造发挥口岸第三方保税物流服务优势，建设中德、中外产业链保税平台。抓住对接上海进博会的契机和优势，放大进口食品和化妆品聚集效应，着力打造国际进口分拨中心，化妆品和婴幼儿奶粉品类数量翻番，平台能级进一步提升。

围绕服务港口型国家物流枢纽，太仓港综保区尝试新业态孕育后发力，推进投资性项目和经营性项目同步拓展，引进了国信恒昌进口食品化妆品分拨销售中心项目、讯唐进口食品和服饰跨境电商项目、中石油润滑油集采项目等7个经营性项目入区开展业务，成为拉动太仓港综保区业务增量的新引擎。建立了项目数据库，集结了20多条央企和重点项目储备，为进一步做大总量扩大开放打下了基础。

资料来源：太仓市人民政府

参考文献

慈溪市人民政府，2021. 2020年慈溪市国民经济和社会发展统计公报[R/OL].（2021-02-01）[2020-05-20]. http://www.cixi.gov.cn/art/2021/2/1/art_1229036442_3702871.html.

太仓市人民政府，2021. 2020年太仓市国民经济和社会发展统计公报[R/OL].（2021-03-22）[2022-05-20]. http://www.taicang.gov.cn/taicang/

tjgb/202103/c8c4af8131f543dfb738e5c235789459.shtml.

陈益维，2018.慈溪打造沪杭甬一体化交通体系枢纽地[N].慈溪日报，2018-11-23（2）.

陈醉，张天叶，2020.慈溪：抢占沪杭甬“黄金节点”发展新高地[N].浙江日报，2020-06-04（10）.

太仓发布，2021.太仓港四期正在加速[EB/OL].（2021-04-13）[2022-05-20]. http://news.jstv.com/a/20210413/1618307241155.shtml.

徐夕湘，吴扬，廖雅梅，2020.晋江做强产业发展实体经济研究[J].重庆行政（4）: 108-111.

福建陆地港集团，2021.业务中心介绍[EB/OL].（2021-11-01）[2022-05-20]. http://jjdp.cn/cn/yewu/.

第十五章
农产品主产县交通运输发展实践

农产品主产县是发挥资源比较优势、形成优质特色农产品产区、推进农业综合开发、促进农民增收的重要区域，对促进农业农村经济发展和农民持续增收具有重要作用。围绕深度挖掘区域特色资源潜力，加快培育特色农产品知名品牌和优势产区，打造现代特色农业产业链的发展需要，农产品主产县交通运输发展应以加强与农业的联动为导向，强化对农产品生产、加工、销售等全链条运输安全和时效的保障。通过加强直达粮食主产区的专用道路建设，完善城乡双向流通和配送网络，发展专业化物流服务等举措，提高农产品运输及分拨效率，充分发挥交通运输在农产品价值链升级中的支撑引领作用，助力实现乡村振兴和共同富裕。本章选取山东省的寿光市、江苏省的丰县、湖北省的江陵县作为我国农产品主产县交通现代化发展的典型案例进行介绍。

第一节　寿光市

一、县域概况

寿光市是山东省潍坊市代管县级市，位于山东半岛中北部，渤海莱州湾南畔，总面积2072平方公里，辖14处镇街道，1个省级开发区，975个行政村，人口110万，是“中国蔬菜之乡”和“中国海盐之都”，拥有全国最大的蔬菜集散中心——寿光蔬菜批发市场。2020年，寿光市实现生产总值（GDP）786.6亿元，按可比价格计算，同比增长3.1%。其中，第一产业106.3亿元，同比增长2.9%；第二产业326.9亿元，同比增长2.7%；第三产业353.3亿元，同比增长3.5%，三次产业结构比为13.5∶41.6∶44.9。

二、农业发展概况

寿光拥有耕地面积156万亩，物产富饶，资源丰富，辖区南部沃野平畴，水源丰沛，是国家重要的蔬菜、粮食、果品等生产基地。寿光作为“中国蔬菜之乡”，以及全国有名的“菜篮子”，蔬菜种植规模大、品种多，蔬菜种植面积达到60万亩，年产量高达450万吨，是全国蔬菜集散中心、价格形成中心、蔬菜标准形成中心，年培育蔬菜种苗15亿株，占全省的80%以上，已连续成功举办了23届国际蔬菜科技博览会，成为目前全国规模最大、最具影响力的国际性蔬菜产业品牌展会。

回顾“十三五”时期，习近平总书记两次肯定“寿光模式”。山东寿光蔬菜产业集群被确定为全国首批50个优势特色产业集群之一，进入全国农村一二三产业融合发展先导区创建名单。粤港澳大湾区“菜篮子”潍坊配送中心落户寿光，成为2022年北京冬奥会蔬菜直供基地，获评国家农产品质量安全县。

面向“十四五”时期，寿光提出要以蔬菜总部经济为统领，以制度创新、科技创新为驱动，以公共服务城乡一体、农村产业产城融合、乡建人才内外互动为支撑，建设以寿光为核心、辐射全国的蔬菜特色产业集群，打造“中国蔬菜硅谷”，做大做强集品牌塑造、科技研发、电商销售、展览展示、休闲文旅于一体的现代农业全产业链条，建设现代农业发展的创新之城，建成城乡居民共享共富的国家样板。

【专栏15-1】

第23届中国（寿光）国际蔬菜科技博览会

中国（寿光）国际蔬菜科技博览会（以下简称菜博会）是经全国清理和规范庆典研讨会论坛活动工作领导小组批准，由中华人民共和国农业农村部、中华人民共和国商务部、中国国际贸易促进委员会、山东省人民政府、中国农业科学院、国家标准化管理委员会、中国农业大学等联合主办的年度例会，至今已连续成功举办了23届，共有50多个国家、地区和31个省、市、自治区、特区的3000多万人次参展参会，实现贸易额2000多亿元。多年来，菜博会发展成长为国家5A级农业展会，并于2018年加入国际展览业协会（UFI），成为国内在蔬菜科技展会领域唯一双认证单位。展会期间，大量的人流、物流、信息流、技术流和资金流汇集于此，极大地拓展了蔬菜及相关产业的发展空间，在国内外蔬菜产业领域产生了巨大影响。

第23届菜博会以“绿色·科技·未来”为主题，于2022年4月20日至5月30日在寿光市蔬菜高科技示范园（寿光国际会展中心）举办。展会以习近平新时代中国特色社会主义思想为指导，坚持“创新、协调、绿色、开放、共享”的发展理念，以服务“三农”为目的，紧紧围绕实施乡村振兴战略和农业新旧动能转换，按照“政府主办、市场运作、突出特色、注重实效”的运作思路，依托寿光蔬菜产业优势，全面汇集、展示、交流、推广国内外蔬菜产业及其相关领域的新技术、新品种、新成果和新理念，实现对现代农业的育种育苗、种植管理、品牌销售、农机装备等全产业链融合展销，着力打造开放包容、互惠共赢的国际农业合作新平台，为加快农业现代化建设、实现农业农村经济高质量发展作出了新贡献。

该届菜博会主展区总面积45万平方米，其中室内展览面积16.5万平方米，包括10个展馆、采摘园、日光温室高产栽培区、蔬菜博物馆及广场展区。展会采取实地种植与展位展示相结合、蔬菜园艺与文化艺术相结合、经贸洽谈与观光旅游相结合的展览模式，展示了国内外蔬菜优良品种2000多个，引进种植模式80余种、新技术100多项。展会同期还举办了2022寿光国际蔬菜种业博览会。

资料来源：中国（寿光）国际蔬菜科技博览会网站

三、交通物流支撑情况

一是强化公路设施保障。目前，寿光市公路通车总里程达到3700多公里，从城区到15处镇街区，均连接有二级以上公路，县乡道路与省道、高速公路相互衔接、互为一体，层次清晰、作用明确的现代化路网格局逐渐成形。其中，全长100多公里的羊田路和大西环两条一级公路，实现了农产品物流园与绿色通道的连接，有力支撑了“蔬菜基地连市场、市场连绿色通道”海陆综合交通运输发展格局的构建。为保障蔬菜运输车辆的通行，寿光市路政执法人员和养护人员强化日常巡查，特别是加大对安全警示标志的巡护和更新力度，有力保证了公路安全畅通。

二是优化交通运输环境。按照上级要求，寿光全面取消境内收费公路，降低了农副产品流通成本。对在农村公路行驶的运菜车辆同样执行“绿色通道”的相关政策，确保运菜车辆的安全畅通。同时，按照关于“绿色通道”车辆优先通行的政策要求，严格规范路面执法行为，对发生轻微交通违章的鲜活农产品运输车辆，以教育为主；对超限超载的，记录驾驶人、车辆和违法行为等情况，教育或者警告后尽快放行，不滞留车辆、卸载和罚款，按照程序将交通违法行为等信息及时上报。

三是提升物流服务能力。寿光是唯一获得“中国农产品物流与采购示范基地”称号的县级市，拥有占地总面积200公顷、年交易量高达40亿公斤的寿光农产品物流园。全市3A级以上物流企业达到14家，已成为全省县级市中拥有数量最多的地区。截至“十三五”末，总投资10亿元的寿光传化公路港项目主体功能区已经完成，成为潍坊第一个集信息化、数字化、智能化一体的综合性物流园区。同时，引进以物流汇为代表的物流新业态、新模式，成为寿光物流产业发展的新动能；与京东物流、顺丰物流开展战略合作，全方位开启物流高质量发展之路，逐步构建起“专家人才保障、智慧平台带动、名企整合引领”的物流发展局面。

第二节　丰县

一、县域概况

丰县位于江苏省西北部，地处苏、鲁、豫、皖四省交界处、淮海经济区中心地带。全县总面积1450.2平方公里，人口121万，下辖1个省级经济开发区、12个镇、3个街道。全县自然资源富饶充足，素有“丰熟可抵三州”的美誉，拥有果、菌、菜、牧四大地上资源和盐、煤、钾、地热四大地下资源，果树面积45万亩，是江苏省最大的连片果园，是全国水果生产十强县，被誉为“中国红富士之乡”，是享誉中外的“牛蒡之乡”，第一产业比重高达近20%。丰县还拥有国家现代农业科技示范展示基地、全国粮食生产先进县、中国绿色农业示范县等荣誉。

二、农业发展概况

丰县是传统农业大县，拥有农业种植面积190万亩，农业总产值近200亿元，包括各类新型经营主体在内的农业企业近万家，吸纳20余万农民就业。“十三五”时期，丰县把农业产业集群建设作为乡村振兴、产业富民的重要举措，纳入县里对乡镇重点经济工作目标考核，共规划有产值30亿元规模的果品产业集群、60亿元规模的特色蔬菜产业集群、50亿元规模的畜牧产业集群、100亿元规模的板材产业集群等四大产业集群，同时出台系列扶持政策，保障产业集群建设快速推进。截至2019年，全县重点打造的四大农业产业集群建设完成投资57.7亿元，其中果品产业集群6.3亿元，特色蔬菜产业集群4.1亿元，畜牧产业集群6亿元，板材产业集群41.3亿元，共计6个农产品批发交易市场基本建成，农产品市场建设正在有序推进，已建成钢结构大棚1.1万平方米、生产道路3000平方米、冷库1500平方米及配套设施等。

近年来，丰县高度重视农业产业链延伸，大力推动现代农业发展，助力乡村振兴战略推进。丰县正着力打造位于县城南部果品主产区的丰县现代农业产业示范园，规划面积8万亩，其中耕地面积6.2万亩，由南北两大核心片区及一带相连而成，现含果树种植面积5万亩，建成了500亩的国家级现代农业科技示范展示基地。2020年，丰县现代农业产业示范园入选江苏省现代农业产业示范园建设名单，标志着全县现代农业发展开启全新阶段，未来将在更高水平上依托果业资源，大力发展果业观光旅游，进一步带动示范园及周边地区调整升级产业结构与产品结构，大幅度提高产业质量与效益。

三、交通物流支撑情况

丰县积极探索资源共享、以商养运、客货同网的农村物流经营模式，大力推进农村物流体系建设，畅通农业生产资料下乡和农产品出村进城渠道，为拓展农产品在全国的销售范围，以及实现特色蔬菜等产品出口创汇远销欧盟、美国、日本及东南亚各国提供了坚实的基础支撑。2017年，丰县入选江苏省首批农村物流示范县创建名单。2020年6月，交通运输部公布了首批25个农村物流服务品牌，丰县“商农公网、统仓统配”入选（见表15–1）；同年，丰县入选农业农村部“互联网+”农产品出村进城工程试点县名单。

表 15-1　交通运输部首批农村物流服务品牌名单

序号	省 份	品牌名称
1	河　北	隆尧县“电子商务+特色农业”
2		涉县“信息平台+客货同网”
3	吉　林	磐石市“多站合一+客货同网”
4	黑龙江	穆棱市“交通运输+邮政快递”
5		东宁市“交邮融合+农村电商”
6	江　苏	丰县“商农共网、统仓统配”
7		如皋市“交邮融合、客货同网”
8	浙　江	宁海县“标准引领、信息助推”
9		绍兴市柯桥区“交邮供销融合发展”
10	安　徽	凤阳县“电商引领、集中配送、统一标准”
11	福　建	武平县“信息平台+统一配送”
12	江　西	分宜县“城乡公交+物流电商+共同配送”
13	山　东	惠民县“电子商务+乡村快递共配”
14		青岛市崂山区“信息平台+三级网络”
15	河　南	栾川县“信息平台+统一配送”
16		卫辉市“多站合一+货运班线”
17	湖　北	赤壁市“交邮融合+电子商务”
18		竹山县“信息平台+统一配送”
19	海　南	海口市秀英区“特色农业+电商快递”
20	四　川	盐边县“电子商务+农村客运”
21		金堂县“电子商务+乡村公交”
22	贵　州	雷山县“电子商务+统一配送”
23	云　南	腾冲市“交邮商跨业融合”
24	陕　西	西安市鄠邑区“特色产业+电商快递”
25		白河县“电子商务+统一配送”

资料来源：交通运输部。

总体来看，近些年丰县物流业增加值年均增长稳定在30%以上，增加税收20多亿元，配送效率提高约30%，降低配送成本20%，主要经验及做法包括：

一是鼓励运营模式创新。丰县为打通农村物流“最后一公里”，积极创新农村物流三级网点搭建模式，采用打造本地品牌O2O生活超市，农资超市在县镇村实行超市加盟新零售模式，辅以设置物流配送点搭建三级农村物流网络，通过商品批发产生的利润“以商养运”，以保障三级农村物流长期发展。

二是推动物流资源共享。丰县注重整合社会资源，将城区物流配送中心免费提供给超市商品供应商使用，利用供应商原有的人、材、物，实现仓储、业务人员、物流车辆、城乡配送、设备设施的共享，特别是创新利用电动公交“带货”以及自有电动物流车直接配送模式，减少镇级分拨中心的二次分拨，有效降低了物流运营成本。

【专栏15-2】

丰县利用电动公交“带货”实现物流资源共享

为提升运营效能，降低运营成本，丰县将公交运行网络和物流配送网有机结合起来，实行客货同网同站，重点打造“城乡电动公交体系+货运专线配送体系+电动三轮配送体系”相结合的三级物流运力网络。以城乡配送中心为核心，以遍布城乡的公交及多级配送中心为节点，充分利用城乡公交现有的387辆公交车、已开通的18条遍布全县公交运营网络，增设农村交通物流服务功能，形成一张辐射全域的物流生态体系；并尝试利用公交车配送小散货件进城下村，对大件货物配送开通城乡物流专线运输，将商贸物流配送网络和农资配送网络有机结合了起来。通过采用客货同网运输，丰县有效整合了客、货运资源，降低了物流运营成本，为城乡居民提供了及时、便捷、低成本的交通运输服务。

资料来源：《丰县探索出农村物流发展新路子》，《徐州日报》，2019年2月26日

三是加快信息互联互通。丰县大力发展“互联网+”农业和农村电商，推动农产品销售向订单化、流程化方式转变。搭建县级农村物流信息平台，升级改造农村物流节点信息系统，实现免费网络全覆盖，推进农村物流信息终端设备标准化，强化物流信息跟踪。

四是提升物流装备标准化水平。丰县鼓励推广适用于农村物流的厢式、冷藏等专业化车型，推广农村物流运输的托盘、集装篮、笼车等标准化运载单元和专业化包装、分拣、装卸设备。

第三节　江陵县

一、县域概况

江陵县位于湖北省中南部、长江荆江段左岸，隶属湖北省荆州市，辖9个乡镇、2个农场管理区，总面积1048.7平方公里。江陵水土肥沃，是全省46个粮食主产区和33个粮食增产大县之一，是全国重要的“双低”油菜示范县和水产及畜牧板块建设示范基地，曾举办世界油菜大会，优质水稻畅销全国各地，农业生态健康种养远近闻名。2020年全县地区生产总值跨过100亿元大关，年均增速位居全市第一，三次产业结构比为26.4∶31.3∶42.3。

二、农业发展概况

“十三五”时期，江陵县根据资源禀赋和市场前景，制定和优化农业产业发展规划，大力推进农业供给侧结构性改革，特色产业迅猛发展。

一是主导特色产业形成。水稻、棉花、畜禽等传统种植养殖减少，黄桃、金菊、吊瓜、食用菌、稻虾等特色种植养殖大幅增加，其中，稻虾综合种养面积保持了年均60%的增幅。目前，全县形成“一乡一业、一村一品”发展格局，推动稻虾面积突破20万亩、黄桃面积2万亩、金菊面积1.8万亩、食用菌1300万棒，吊瓜面积仅在两年内实现翻番，形成了具有江陵特色的农业产业。

二是规模化品牌化发展加快。全县组建了优质粮油、蔬菜瓜果、食用菌、小龙虾等18个产业协会，推动了特色产业规模化品牌化发展。以“双水双绿”为鲜明特征的产业体系基本形成，水产经营主体达到127家，稻田综合种养面积达22.5万亩，千亩以上示范基地达到32个。养殖经营小龙虾的专业合作社、企业及家庭农场等新型经营主体不断出现，截至2020年底规模生产企业达到35家，家庭农场36家，且仍有快速增长的势头。

三是种植业和水产业保持平稳。2020年，全县夏粮面积54.6万亩，夏粮总产13.2万吨，夏收油菜喜获丰收，收获面积达24.2万亩。“笑歌声里轻雷动”，马家寨乡“双低”油菜连续3年被央视报道。全县水产放养面积7.9万亩，完成水产品产量1.5万吨，实现渔业产值2.9亿元。

三、交通物流支撑情况

近年来，江陵县大力推进农村公路建设，大力调整管理体制，并坚持与精准扶贫、乡村振兴、农旅一体化、产业发展相结合，取得明显成效。2019年11月，江陵县被交通运输部、农业农村部、国务院扶贫办联合命名为“四好农村路”全国示范县，农村公路建设为农民脱贫致富提供了有力支撑。

一是坚持打通农村公路“最后一公里”。江陵县坚持将农村公路与铁路、港口、机场、高速公路、国省道进行对接，主动衔接浩吉铁路、潜石高速、沙公高速和其他国省道，着力打通县乡道和偏远乡镇、行政村的交通脉络，充分发挥农村公路“舒经活络”功能，构建了主干相连、镇镇相接、村村相通的农村公路发展网络。截至2020年底，江陵县农村公路总里程达到1795公里，其中县道7条120.8公里、乡道70条539.2公里、村道1237条1135公里，全县农村公路桥梁共有250座。

二是创新构建管护新模式。江陵县始终把护好农村路作为助力农村经济发展的关键之举，坚持三分建七分养，积极探索养护新模式，提高养护质量。大力鼓励各乡镇、管理区大胆探索并实施农村公路管养新模式。按照“县道县管、乡道乡管、村道村管”的养护模式，县、乡、村道实行分级监管。截至2020年底，江陵县合计约1800公里的农村公路，列养率达到100%，江陵县已经成功探索推广“林、路、渠、亮、运、管、控”等多位一体的农村公路长效养护模式。

三是全面促进交通与产业融合。江陵县始终将“四好农村路”创建与乡村振兴、现代农业发展相结合，有力促进了经济发展和民生改善。以三湖黄桃小镇、普济东李村、熊河澎湖湾等为示范点的精品农旅线路建成后有力带动了乡村旅游业发展。以丰之喜、美江山、迎康等电商、物流公司为中心，全面补齐了农户、新型经营主体、大型农业产业基地的“最后一公里”通道，农村发展条件进一步改善。采取客货并举、运邮结合的方式，建立县乡村有效衔接的物流体系，实现区域农村物流服务网络与干线物流网络的有效衔接，有力推动了“农产品进城”和“网货下乡”，实现了“四好农村路”运营新业态。

【专栏15-3】

江陵县“四好农村路”建设的乡镇案例

白马寺镇修建脱贫“康庄道”：白马寺镇原有5个建档立卡贫困村，1878户贫困户，镇内大部分农村公路已超期服役，难以适应快速发展的农村生产生活需要。2018—2020年三年间，该镇投入资金5000余万元，提档升级农村公路80公里、改造危桥20余座，极大便利了农资、农产品运输。贫困村倚路建起“扶贫车间”，贫困户内生动力得到激发，办家庭农场，搞合作社，发展稻虾、食用菌、潘枣等特色产业，全镇贫困人口减少2692人，贫困发生率下降至0.01%，农民人均可支配收入增长9.6%。

资市镇筑牢致富“小康路”：在通村通组道路实现全覆盖后，近几年，该镇党委、政府认真谋划产业发展路网建设，整合各类资金开展道路提档升级。截至2020年6月，全镇投入资金1532万元，扩宽5米以上乡村道路达24.66公里，安装安全防护栏10588米，实现产业路全覆盖、撤并村路全部连通、危桥清零，产业得到长足发展，农民收入增长明显。

资料来源：《村路盛开产业花——江陵县“四好农村路”助推产业快速发展》，《农村新报》，2020年7月1日

第四节　田东县

一、县域概况

田东县位于广西西部，百色市东南部右江河谷中心地带，是一个以壮族为主体的多民族聚居县。全县总面积2816平方公里，辖9镇1乡172个行政村、街、社区（含易地搬迁安置点新设立的4个社区），总人口44.08万。境域图颇似一只巨大的芒果，恰与其“中国芒果之乡”之称巧合，物华天成。田东县具有深厚的政治、历史、区位、气候、资源、产业等优势，是中国西部百强县、全国农村改革试验区、国家现代农业示范区、全国扶贫开发综合改革

试点县、全国休闲农业和乡村旅游示范县。

二、农业发展概况

田东是中国特色农产品优势区、中国芒果之乡、国家糖料生产基地县、国家商品粮基地县、广西第二大香蕉种植基地县和广西主要南菜北运生产基地县之一。据统计，2021年农、牧、渔货物总量约367.5万吨，其中农作物产量为247.5万吨（粮食作物产量约11.5万吨，经济作物产量约142万吨，水果及食用坚果产量约为94万吨），林业产量120万吨；电商线上快递土特产达2000多万件，其中芒果3个月发件量超过1000万件。围绕丰富的特色农产品资源，田东县大力实施农业品牌发展战略，香蕉、芒果、香米、香猪等特色农产品生产、加工也迅速发展壮大，“一乡一业”“一村一品”产业发展格局逐步形成。

田东县芒果采摘景象

资料来源：田东县人民政府。

近些年，田东县积极打造特色明显、链条完善、融合度高的特色农业现代化示范区，推动示范区成为乡村振兴的样板区、农业农村现代化的先行区。截至2021年底，全县已建成各级特色农业现代化示范区共157个。其中自治区级示范区4个，市级示范区2个，县级示范区5个，乡级29个，村级117个。同时，田东县加大力度培育新型经营主体，增强产业带动力。全县共发展各类新型经营主体共718家，2021年完成新型经营主体农产品仓储保鲜冷链设施建设项目申报11家。获评国家级示范社7家、区级示范社23家；发展市级以上农业龙头企业14家，其中区级农业龙头企业1家。

三、交通物流支撑情况

田东县依靠不断完善的交通基础设施网络，大力提升现代物流服务能力，为全县农业发展提供了强大的流通功能支撑。

一是持续完善交通基础设施网络。田东地处右江河谷腹地，广昆高速、凭巴高速、G324国道、G243国道、云桂高铁、南昆铁路、田德铁路、西江黄金水道贯穿其中，构成全县六纵四横的大交通网络，并形成公、铁、水联运的综合运输体系框架，成为西南出海通道的重要节点和中国－东盟自由贸易区的“桥头堡”。截至2021年底，全县公路总里程超过1500公里，其中高速公路近50公里，二级及以上普通公路超过200公里，公路网面积密度达到约50公里/百平方公里。1000吨级船舶可通过右江Ⅲ级航道直达粤港澳地区。

二是大力构筑现代物流服务网络。田东县通过整合调整物流资源，建成县级公共服务中心1个、县级物流中心1个、乡（镇）电商物流服务站2个，以及46个村级电商物流服务站，电商服务覆盖160多个行政村，服务覆盖率97%，贫困村服务覆盖率100%。截至2022年10月，共有8家快递物流企业入驻物流中心，开通4条物流专线，辐射10个乡镇，农产品上行、下行两个“最后一公里”基本打通，以发展共同配送为主要形式，对县域物流资源进行业务整合。据统计，全县寄递物流日分拣派送可达5万多件，年进港分拣派送量将近2000万件。快递电商线上发货量超过2000万件，芒果季三个月发件量超1000万件。

三是加快建设专业化物流设施。田东县把冷链物流仓储建设作为乡村振兴重要抓手，通过冷链物流“焐热”农产品供应链。依托农产品加工与物流产业园，加快建设冷链物流集配中心。2022年，农产品加工与物流产业园一期已经竣工，目前已有企业入驻试产。产地保鲜仓正在加快推广建设，主要组织在火龙果、蔬菜等不耐贮运的生鲜农产品主产区地头建设冷库。截至2022年上半年，全县已建成仓储保鲜冷链库51个（含移动冷库），库容量2.55万立方米。其中，乡村冷链物流仓储28个，库容量1万立方米。

参考文献

何莹子，2019.丰县：用工业思维发展现代农业[N].新华日报，2019-12-19（28）.

黄志刚，熊晓程，2020.一路欢歌逐梦行——江陵“十三五”交通运输发展综述[N].荆州日报，2020-07-21（2）.

江苏省交通运输厅，2019.我省首批农村物流示范县名单公布[EB/OL].（2019-02-21）[2022-05-20]. http://jtyst.jiangsu.gov.cn/art/2019/2/21/art_41904_8142414.html.

刘贝贝，2014.年关迎来农产品运输高峰寿光畅通“绿色通道”[EB/OL].（2014-01-23）[2022-05-20]. http://weifang.dzwww.com/wfxwn/201401/t20140123_9567266.htm.

莫迪，2022. 百色田东：冷库建地头 农民乐心头[EB/OL].（2022-08-03）[2022-11-20]. https://v.gxnews.com.cn/a/20847328 .

卜凡星，李红艳，2021.丰县“城乡物流一体化”助力乡村振兴[EB/OL].（2021-07-13）[2022-05-20]. https://share.gmw.cn/gongyi/2021-07/13/content_34991414.htm.

寿光市人民政府，2019.“文字解读”寿光市智慧物流产业发展规划[EB/OL].（2019-07-27）[2022-05-20]. http://www.shouguang.gov.cn/zwgk/FGJ/201912/t20191230_5541179.htm.

寿光市人民政府，2020. 2020年寿光市交通运输局新闻发布会召开情况[EB/OL].（2020-11-10）[2022-05-20]. http://www.shouguang.gov.cn/zwgk/JTYSJ/202011/t20201110_5735265.htm.

田东县人民政府，2022. 田东概况[EB/OL].（2022-07-25）[2022-11-20]. http://www.gxtd.gov.cn/zjtd/zrdl/t116803.shtml.

王仕洋，2022. 田东县多举措建设农村物流体系[EB/OL].（2022-09-28）[2022-11-20]. http://www.gxnews.com.cn/staticpages/20220928/newgx63343af5-20904787.shtml.

徐州交通，2020.丰县“商农公网、统仓统配”荣登交通运输部公布首批“农村物流服务品牌”[EB/OL].（2020-06-08）[2022-05-20]. https://www.thepaper.cn/newsDetail_forward_7757764.

熊晓程，梅闻，2020.江陵县“十三五”专题报道·现代农业篇[N].荆州日报，2020-10-22（3）.

周章师，农思秋，2022. 田东：发展品牌农业 助力乡村振兴[EB/OL].（2022-05-05）[2022-11-20]. http://m.nkb.com.cn/detail.html?id=/pcarticle/405360.

第十六章
自然资源丰富县交通运输发展实践

我国许多县域拥有良好的自然资源条件，资源种类涵盖林业、矿产、水产等多种类型，形成了本地产业发展的重要支撑。其中，以吉林省汪清县和陕西省神木市为例，其依托本地农林业、矿产资源，推进县域经济发展和交通建设，对类似情况的县域发展具备一定参考价值。

第一节　汪清县

一、经济社会发展情况

（一）东北边陲地区县城

汪清县素有“千年古县”之称，位于吉林省东部，延边朝鲜族自治州东北部，吉黑两省交界处，辖区面积9016平方公里，是吉林省区域面积第二大县，辖8镇1乡3个街道、200个行政村，全县城市建成区面积12.68平方公里。汪清与我国开放城市延吉、珲春、图们、绥芬河相邻，属于中、朝、俄交界的沿边区域，是东北亚和哈牡绥东经济带重要交汇点，面向绥芬河、长岭子等8个口岸。2019年全年全县实现地区生产总值521880万元，三产比例为22.1∶20.1∶57.8；全县实现货物进出口总额19258万元，其中农副产品外贸额8834万元。2013—2019年汪清县地区生产总值增速情况见图16–1。

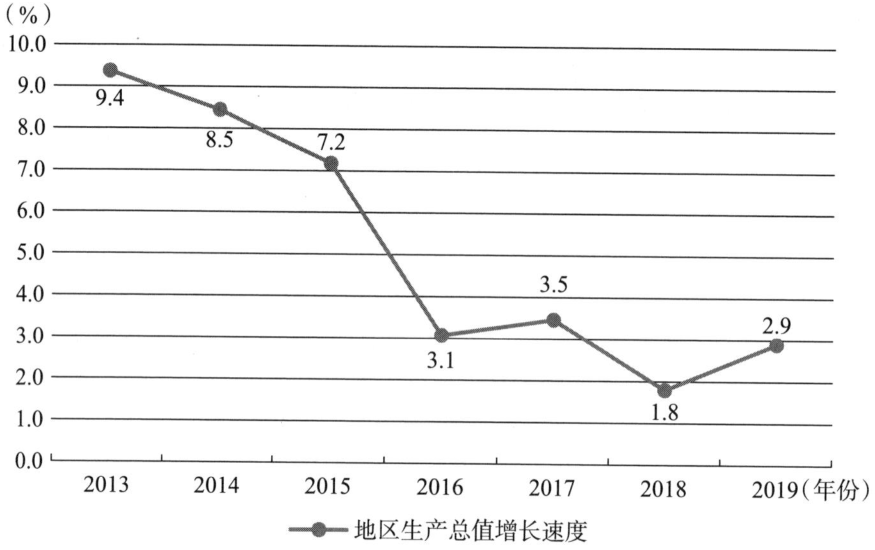

图16–1　2013—2019年汪清县地区生产总值增速情况

（二）少数民族文化特征明显

汪清县属典型朝鲜族聚集地，有汉族、朝鲜族、满族、回族、蒙古族等23个民族，各民族文化相互交融，和睦相处。截至2019年末，全县户籍人口21.6万，城镇人口12.36万，城镇化率57.1%；其中，汉族人口占比68.7%，朝鲜族人口占比25.8%。聚居区域民居民族特色明显，村民多在外务工，特别是利用其语言优势前往韩国务工，留守人员多为老人、妇女、小孩。同时，汪清县也是联合国教科文组织世界非物质文化遗产中国朝鲜族象帽舞的发源地，被称为“象帽舞之乡”，在民俗美食、特色民居、民族商品等方面有较为丰富的旅游资源。

（三）以虎豹公园为主导的生态环境资源优势突出

汪清县生态环境优良，地处长白山麓，属于综合性山川地貌，境内有嘎呀河、绥芬河和珲春河三大河流，“八山一水半草半分田”。汪清县也是东北虎豹国家公园体制试点，是东北虎豹种群活动、定居和繁育的区域之一，全县划入面积6670平方公里，占全县面积75.1%，占东北虎豹国家公园46.3%。境内形成了满天星国家森林公园、兰家大峡谷、屏风山公园等多处景区，是国家级生态保护区、国家重要生态功能区和省级生态县。林下资源丰富，主要以中药材、山野菜、食用菌、野生坚果为主，是黑木耳生产标准化示范区、全国食用菌行业十大主产基地县、全国黑木耳主产基地县、吉林省矿产资源勘探开发重点县和人参栽培主产基地县之一。

（四）尝试转型的传统林木资源依赖型发展模式

汪清县是吉林省木材大县，其林区是长白山生态体系的重要屏障。林业面积95.5万公顷，森林覆盖率达88.8%，其中涵盖林地及国家规定灌木林地面积近85万公顷，是国家红松云杉良种基地，柞树、云山等珍贵树种繁多。但长期以林木资源为主的发展使其产业结构较为单一，成为典型的“木头财政”，其基础设施也多倚靠林区自身建设；随着生态环境约束趋紧和可采资源枯竭，传统林业经济逐步萎缩，既有林业经济发展陷入困境，林区内基础设施和公共服务设施严重滞后。

（五）东北抗联文化重要基地

汪清县是革命老区，是抗战时期东满地区的领导中心，“山山金达莱，村村烈士碑”，现存中共东满特委所在地遗址、小汪清抗日游击根据地遗址、东北抗联战斗遗址等重要革命遗址和珍贵文物。近年来，依托其丰富的红色旅游资源，汪清县逐步形成红色文化品牌，成为全国关心下一代党史国史教育基地、省级爱国主义教育基地和吉林省东北抗联红色教育基地。2019年，汪清县共接待旅客54.5万人次（见图16-2），旅游总收入3.8亿元。

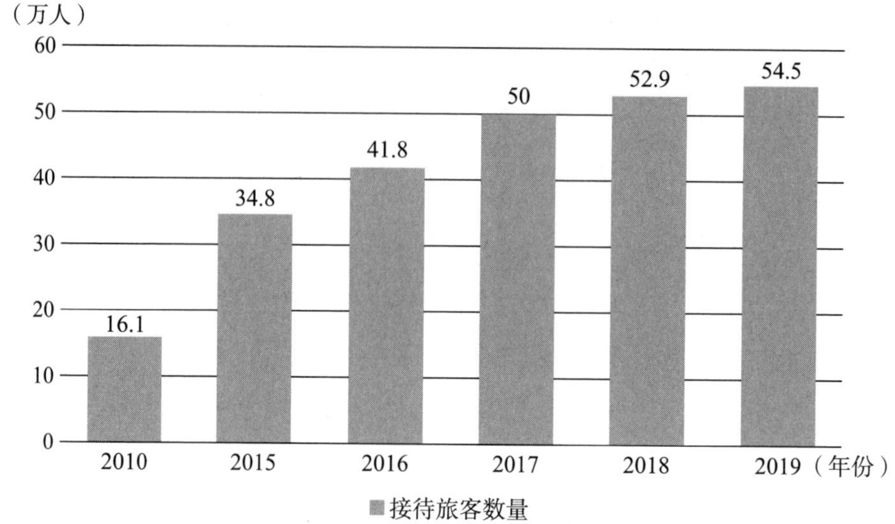

图16-2　近年来汪清县旅客接待数量情况

二、县域交通发展主要诉求

（一）构建乡村振兴战略要求下的县域综合交通运输体系

随着汪清县脱贫攻坚工作圆满完成，交通运输对汪清县发展的制约作用已得到根本缓解，逐步围绕“产业兴旺、生态宜居、乡风文明、治理有效、生活富裕”的乡村发展建设目标进行调整。整体看，基础设施建设发展仍然是乡村振兴战略发展的重要诉求，需要持续补齐路网短板，完善村内道路建设，加快村组破损道路建设，从建设标准、技术等级、配套设施等方面提升路网质量，确保乡村振兴阶段基础设施建设发展成果切实惠及每一位群众，实现巩固脱贫攻坚成果同乡村振兴有效衔接。同时，交通运输与农村地区经济社会发展互动将进一步深入，亟待准确围绕“农业农村现代化”发展要求，规划布局综合交通运输体系，结合汪清网络末梢位势，补齐铁路、通用航空发展空白，优化路网结构，强化各种运输方式间发展衔接，构建现代化县域综合交通运输体系。

（二）顺应保障以县城为重要载体的城镇化建设

在以人为核心的新型城镇化建设中，县城是我国推进工业化城镇化的重要空间及城镇体系建设的重要环节，也是当前农村地区人民就业安家的主要考虑。汪清县城近年来发展迅速，县域乡镇、周边城市在县城置业的需求快速发展，县城层级公共设施和服务能力也需要随之提升。当前正在推进的县城城镇化补短板强弱项工作提出了更加系统的要求，要统筹考虑汪清县城镇布局特点，推进县城与邻近地级市区交通设施互联互通，增强对外交通保通能力，建设统一分拨中转中心，满足日常物流分拨配送需要。结合汪清县商业街周边拥堵频发、停车难的情况，针对性布设公共停车场，统筹路侧停车、配建停车场、公共停车场建设，并完善机动车道、非机动车道和人行道“三行系统”，改善县城公交站点布局，优化群众出行条件。

（三）精准满足本地人民美好出行需要

随着区域经济社会发展和消费水平不断升级，县域层面人民美好出行需求将进一步突出，其关键在于破解汪清县需求的具体类型和实际内容。通过不同时期汪清调研情况并结合其他地区普遍诉求，自2009年以来，汪清县自然增加人数持续为负，当前县域层面形成了以“993861”（老人、妇女、小孩）需求为主的差异化农村出行需求和强调便捷、多选择的县城出行需求。结合汪清区位特点和主要出行人群特征来看，求快并非解决其发展诉求的有效路径，模拟普速铁路和高速铁路不同情景，从汪清县至州府延吉的时间也仅能压缩半个小时左右，对于总体出行体验并无显著改善，而当地对于农村地区响应式出行服务、城乡公交需求更加迫切，应全面考虑汪清县县域层面出行距离和出行习惯的独特性和区域化特征，精准回应发展诉求，因地制宜构建交通运输供给体系。

（四）推动汪清融入区域现代流通体系建设

汪清县区域产业快速发展，竞争力和品牌影响力不断扩大，汪清黑木耳、延边黄牛、有机酱油、有机醋等产品在国内国际、线上线下流通渠道中均有良好的发展潜力，亟待依托强大国内市场建设，加快推动汪清县深度参与区域生产、分配、流通、消费各环节，切实成为区域要素商品流通循环中的组成部分，特别是汪清县在长三角、珠三角部分地区已实现对口直销，亟待进一步融入区域发展渠道，拓展消费市场。应利用其毗邻口岸的区位优势，推动汪清产品走出国门，倒逼本地产业链价值链优化升级，提升产品质量和附加值，形成高质量出口。依托逐步形成的电商物流网络，推进本地线上线下消费融合发展，同时培育汪清本地新型消费、开拓城乡消费市场，全方位融入现代化流通体系建设。

三、汪清县推进县域交通发展主要做法

汪清县是国家发展改革委、宁波市、阿里巴巴集团的定点扶贫县，通过新模式、新发展理念探索应用，交通物流在脱贫攻坚中的支撑引领作用凸显。当前，汪清县亟待构建乡村振兴战略要求下的县域综合交通运输体系，顺应保障以县城为重要载体的城镇化建设趋势，形成可供同类型县域参考的经验。

（一）作为末端节点参与区域综合交通运输体系发展

随着交通运输领域脱贫攻坚各项任务有序推进，汪清县行政村、自然村全部通水泥（沥青）硬化路、客运班车，具备条件的建制村通公路、通客运、通邮政等兜底性建设指标已全面完成。“十三五”期间，新建、改造农村公路总里程121.6公里，实施县、乡、村安防工程262.6公里，重建水毁路5.9公里，全县农村公路优良等级率达到85%以上，开通客运线路

81条，客运站8个。同时，县级物流快递网络逐步建立，共有快递网点16个，货站网点4个，电商物流一体化网点101个。

当前汪清县交通网络主要以公路为主，有1条高速公路，1条国道G333线，4条省道，截至2019年底，汪清全县公路通车里程达到1707.3公里（见图16-3）。根据汪清县地理区位，交通运输发展主要以末端节点覆盖通达为主，且铁路、通用航空等发展仍在起步筹备阶段，尚无路线、枢纽建设。同时，汪清县以林区专用公路为主的专用公路网络亟待发展，由于历史欠账较多，林区路网密度小、等级低，弃养路、断头路多，硬化提升任务较为艰巨。根据统计，“十四五”期间，汪清县内林区路待硬化里程达307.8公里。

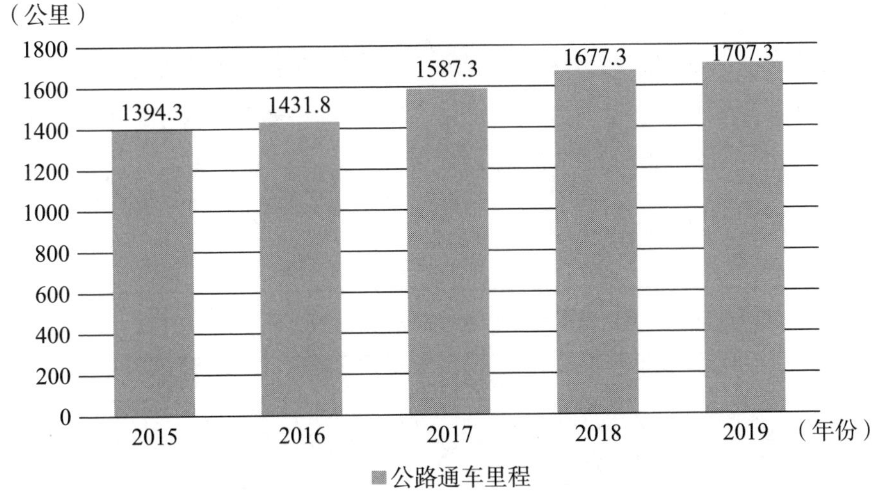

图16-3 近年来汪清县路网发展情况

（二）推动汪清融入区域现代流通体系建设

汪清黑木耳、农产品等加工产业加快推进，并依托直播电商等平台，形成了“汪清木耳”“好时酱油”等代表性农业产品。在此过程中，交通物流供给服务体系发挥了重要作用，通过共同配送等模式整合快递成本，使得快递单件成本明显下降，200件以内小件成本下降25%，200件以上小件成本下降43.8%，从而增加当地农副产品网上竞争优势。电商平台功能作用不断拓展，汪清还建成了O2O农特产品展销中心，强化了与淘宝、1688、拼多多等平台合作，形成了具有汪清特色的“公司+厂商+快递+供应链”服务体系。

当前，汪清县探索应用快递物流新模式新理念，物流配送成为汪清县交通物流发展变化最快的领域之一。物流资源加快整合，引进菜鸟物流公司，整合县内90%的快递资源开展共同配送工作，实现多家快递物流公司品牌融合，物流园区逐步建立，冷链物流体系不断完善，县域范围内培育多家物流企业（融合前后小件物流成本变化情况见表16-1）。依托“邮快合作”逐步实现快递下沉至村级，乡镇村级电商服务站签收率达到95%以上，城乡差别显著缩小，基本实现配送体系县域全覆盖、快递包裹24小时内全签收。强化物流配送网络，规划多条乡镇邮路线路，在全县范围规划布局快递超市30家，快递柜15个；建设县级电子商务服务中心1个，乡镇电商公共服务中心1个，电商公共服务点对行政村覆盖率为60%，对重点贫困村覆盖率为47.5%。

表16-1　汪清县整合快递资源前后小件物流成本变化情况

	整合前成本（元/件）	整合后成本（元/件）
200件以下小件（3公斤以下）	8	6
200件以上小件（3公斤以下）	8	4.5

（三）探索县域交通发展与生态保护资源开发有机结合

对于自然资源型县域交通建设来说，自然资源在提供开发基础的同时也带来生态保护约束问题。汪清县交通发展受到域内的虎豹公园影响，几乎所有项目都要经过虎豹公园相关机构审批，门槛高、推进难度大，使得生态环境优势对交通运输建设发展形成制约。由于缺乏必要的生态环境研究开发能力，汪清县难以科学、全面论证基础设施建设带来的影响并提出替代性解决方案，而相关管理部门无法及时对存在问题作出回应，使得虎豹公园影响长期存在，培育地方生态价值的相关工作反倒成为区域发展的限制因素，难以实现生态效应和经济社会效益相统一。

对于此类型县域发展，应加快推进以“交通+”模式打造资源开发新路径。汪清县具有丰富的民族文化、生态旅游、红色文化、乡村旅游、工业旅游、影视文化等资源，但既有资源独特性不强，难以在同质化竞争中脱颖而出。在此情况下，在持续完善相应基础设施建设保障的同时，对于交通运输平台功能也有了拓展的要求。以交通运输建设为发展线索，为其资源开发建设提供潜在的切入点，拓展交通运输基础设施功能内涵，挖掘路网景观价值，形成具有汪清特色的体验旅游产品，提升旅游品牌吸引力，同时依托交通旅游相关平台建设发展，推进汪清融入区域旅游资源布局开发，从而盘活既有资源开发格局，开辟发展新路径。

第二节 神木市

一、经济社会发展情况

神木市位于陕西北部、秦晋蒙三省接壤地带，黄河揽怀南下、长城横腰西飞。神木市为陕西省辖县级市，由榆林市代管，面积达7635平方公里，是陕西省面积最大的县市。神木地理独特，区位优越，地处黄土丘陵区向内蒙古草原过渡地带，黄河和长城在这里汇聚，农耕和游牧在这里交织。2021年，神木市地区生产总值1848.18亿元，占陕西省总量的6.2%，三次产业比例为1.45:80.80:17.75，常住人口达57.6万人，城镇化率70.61%。2016—2021年神木地区生产总值及增速见图16-4。

神木资源禀赋非常优越，是中国最大的煤炭生产县（市），煤炭资源得天独厚，探明储量560多亿吨，占神府–东胜煤田总储量的1/4，被誉为“世界煤都”“西北煤炭第一县”。神木市储煤面积4500平方公里，占全市总面积的59%，富煤区每平方公里储量达1000多万吨。神木煤赋存稳定、开采条件优越，属特低灰、特低磷、特低硫、中高发热量的优质动力煤、气化煤和环保洁净煤，品质享誉全国。石英砂品位极高，水文地质条件简单，探明储量911万吨，二氧化硅含量达97%以上。岩盐潜在价值巨大，探明储量6.37亿吨。天然气富饶集聚，探明储量1200亿立方米。此外还蕴藏着丰富的石油、铁矿和石灰石等十多种矿产资源。

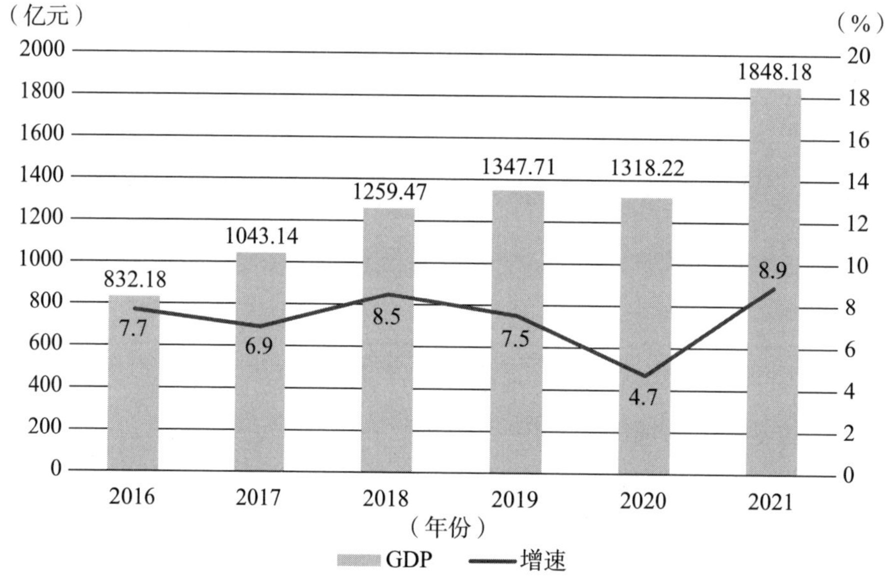

图16-4　2016—2021年神木市地区生产总值（GDP）及增速

二、县域交通发展情况

神木市交通便利，包西、包神、神黄、神延、靖神等干线铁路在境内交会，包茂、榆神、神府、神佳等高等级公路构成了周边快速交通网。2018年5月，新神木站建成投运，截至目前已成功开通神木站、神木西站

“复兴号”动车组。神木市域范围可通过榆林、鄂尔多斯两个机场实现航空出行，距离均不过百公里，神木通用机场已建成即将投入使用，实现了外与国内各大城市有航班相通，内与周边城市有高速公路相连，能化产品外运有铁路相接，四通八达的立体交通网络全面形成。截至2021年底，全市公路总里程5343公里，其中农村公路4514公里。

三、神木市推进县域交通发展主要做法

一是推进重点运煤通道建设。煤炭运输不仅是神木市域发展的支撑性资源，更关乎民生福祉、国民经济平稳运行。由于我国煤炭主要产地和消费地存在错配，形成庞大的跨区域运输需求，需要采用高效率和高效益的方式将煤炭资源从产地送至消费地，也对神木市等重要的资源性储备县域提出要求。根据县域范围内物资禀赋情况，结合资源性自然禀赋特点，强化主要资源流通通道战略支撑，围绕我国煤炭运输主要格局，推进神木市域为重要节点的重点煤炭通道建设。在我国煤炭运输通道布局中，神木市作为起点和重要节点，以神朔黄铁路通道为主要通道，涵盖包西、包神、神黄等多条重要的煤炭运输通道。同时，依托神木西陕煤外运的枢纽节点，全力提升县域节点的煤炭运输效能。

二是构建县域综合交通运输体系。立足县域经济社会发展需要，推进公、铁、空一体化发展，打造多式联运、立体高效的综合交通运输体系，提升县域交通整体发展水平。经过多年建设，神木市域基础设施实现新跨越，“十三五”时期，全面推进综合立体交通网络建设，开通神木至西安动车，基本建成通用机场，靖神、准神铁路建成通车，新增铁路运输能力5000万吨，神木市域范围内东西过境、沿黄公路等百亿交通项目加速推进，行政村通车率达100%。根据《神木市国民经济和社会发展第十四个五年规划和二〇三五年远景目标纲要》，到2025年，神木市将形成“两横四纵三支”铁路网，全市干线、支线铁路营运里程达712 公里，铁路复线

率和电化率均达到50%以上；形成“东、东北、东南、西北、西”五向高速公路对外运输通道和形成“两横两纵一连一环”市域骨架支线公路，国省干线公路通车里程达到715.5公里，高速公路通车里程达到230公里；建成神木通用机场。

三是强化农村地区交通建设。神华市以修好农村公路为着力点，大力改善农村交通基础设施，推动农村群众生产生活快速发展，全面提高农村群众出行质量和安全，引领市域范围农村经济建设发展。如推进锦界（河湾）至尔林兔通村道路（旅游专线）提升改造，改善贫困村道路通行条件；贯通石（石窑店）梁（梁家塔）路、石（石窑店）青（青龙寺）路两条柏油马路，打破梁家塔村黄土高原丘陵沟壑区交通瓶颈，有效扭转交通运输条件对经济社会发展的制约作用。同时，强化农村公路日常养护，严格落实各项养护措施，全面提升农村公路养护水平。截至2020年底，神木市建成农村公路2000多公里，326个建制村水泥路通村率达到100%，已全部实现通村硬化路、通客车“两通”目标。实施脱贫攻坚24个村村组道路到户，“油返砂”项目30.3公里，开通通村线路16条，投放通镇通村客运班车84辆。

四是引领县域转型发展。随着碳达峰、碳中和目标的提出，神木市传统资源性县域经济发展面临脱离煤炭转型升级、探索高质量发展的极大挑战，也对县域交通发展提出更高要求。神木市以转型升级为主线，以产业链建设为重点，大力发展循环工业、低碳工业、绿色工业，加快构建传统优势产业、战略性新兴产业、现代服务业协同发展的产业新路径。从当前实践来看，神木市域交通主要通过强化重点园区流通衔接、加快旅游公路建设等强化配套产业支撑，但在高端低碳产业新体系供应链组织、交通运输与县域经济产业转型深度融合发展等方面涉及较少，有待进一步挖掘交通在引领县域经济转型发展中的潜力。

参考文献

郝龙龙，王金龙，2021.“双碳”目标下“世界煤都”神木如何转型？[EB/OL].（2021-12-25）[2022-10-26]. http://www.cb.com.cn/index/show/bzyc/cv/cv135138241644.

神木市人民政府，2022.基本概况[EB/OL].（2022-07-13）[2022-10-26]. http://www.sxsm.gov.cn/info/iList.jsp?cat_id=10237.

神木市人民政府，2022. 2021年神木市国民经济和社会发展统计公报[R/OL].（2022-05-07）[2022-10-26]. http://www.sxsm.gov.cn/zwgk/jcxxgk/tjxx/ndtj/36419.htm.

汪清县人民政府办公室，2021. 汪清县2020年国民经济和社会发展统计公报[R/OL].（2021-06-03）[2022-10-26]. http://www.wangqing.gov.cn/sjfw/tjgb/202106/t20210603_341701.html.

王志芳，2020. 陕西神木：交通扶贫打通小康生活幸福路[EB/OL].（2020-12-24）[2022-10-26]. https://baijiahao.baidu.com/s?id=1686955211613422963&wfr=spider&for=pc.

第十七章
旅游强县交通运输发展实践

旅游业是国民经济重要的战略性支柱产业，县域旅游作为新时期居民休闲度假旅游消费的重要方式，市场需求旺盛、富民效果突出、发展潜力巨大，是农村发展、农业转型、农民致富的重要渠道，成为乡村振兴的重要突破口、共同富裕的重要抓手和消费升级的重要引擎。旅游交通是县域旅游发展的基础支撑和先决条件，从东部发达地区溧阳市和西部欠发达地区丹巴县的发展实践来看，加强县域旅游交通规划建设，有利于巩固脱贫攻坚成果，增强老百姓获得感和幸福感，为农民致富奔小康提供强大引擎；有利于改善交通出行条件，服务农村经济发展，为实施乡村振兴战略提供有力保障；有利于促进消费升级，激发和释放旅游消费新需求，为群众旅游休闲多样化需求提供有效服务；有利于完善交通网络，扩大县域交通运输有效供给，为构建现代综合交通运输体系提供重要支撑；有利于完善县域旅游发展基础条件，创新交通旅游产品，为交通运输与旅游融合发展提供先行引领。

第一节　溧阳市

溧阳隶属江苏省，是由常州市代管的县级市，市域面积1535平方公里，总人口约80万，位于长三角西南部的苏、浙、皖三省交界处，是宁杭经济带区域中心城市、长三角都市圈重要节点城市及南京都市圈成员城市。溧阳物产丰富，是著名的“鱼米之乡”“丝绸之乡”“茶叶之乡”，经济连续多年名列全国百强县（市），在2020年社科院发布的“全国县域经济综合竞争力100强”中排名第25，被生态环境部命名为第四批“绿水青山就是金山银山”实践创新基地。

一、溧阳旅游及交通运输发展概况

溧阳拥有“三山一水六分田”得天独厚的自然和生态禀赋资源，山灵水秀，人文荟萃，全域皆风景。溧阳旅游资源丰富，拥有国家A级旅游景区5家、国家森林公园1家、国家湿地公园2家，是全国文明城市、国家生态文明建设示范市、国家园林城市、国家首批森林旅游示范县。近年来，溧阳市积极放大自身优势，将旅游业打造成为全市支柱产业。

溧阳水陆空交通便捷，宁杭高铁、宁杭高速、扬溧高速、常溧高速、104国道、239省道、241省道、芜太运河贯穿全境，溧阳与上海、南京、杭州、苏州、无锡等大中城市均有高速公路连接，距南京禄口国际机场仅68公里，有“三省通衢”之美誉。近年来，溧阳加快交通运输发展，区位优势越来越凸显，正逐步成为苏浙皖三省交汇处重要的中心城市和交通枢纽中心。

二、溧阳旅游交通发展的主要做法

溧阳作为宁杭生态经济带节点城市，自设县以来，尤其是1990年撤县设市（县级）以来，主动作为，围绕全域旅游发展，充分发挥交通先行作用，积极推进交通基础设施建设，交通运输发展经历了翻天覆地的变化，为溧阳经济社会发展铺就了“黄金跑道”，为全国旅游交通发展塑造了“溧阳样板”。

（一）着力构建内联外畅的综合交通运输网络

溧阳市围绕建设苏浙皖节点枢纽城市目标，积极实施“融入常州、接轨南京、对接沪浙、联动皖南”，加快构建适应溧阳经济社会发展需求、内联外畅的现代综合交通运输体系。

一是适度超前布局建设公路网络。加快推进宁杭、扬溧、常溧、溧高、溧宁等高速公路建设，构建“一轴（宁杭）四射”高速公路网，干线公路全面形成市区环通交通网、市镇专线交通网、市际外环交通网，各镇区（街道）实现既有高速公路又有一级公路相连接，全市四级以上公路完成“白改黑”，农村公路提档升级成为全省样板，溧阳境内顺利实现“1、3、2、1”（1刻钟上高速、30分钟到市区、20分钟离境、1刻钟镇到村）交通建设目标。

二是逐步有效发挥水运交通优势。相继完成国家干线航道芜申运河（高溧段）、丹金溧漕河（溧阳段）等三级航道整治，全市高等级航道里程超过50公里，有效改变了全市交通运输体系“重陆轻水”不平衡局面，对发挥水路运输优势、促进全市资源节约型综合交通运输体系建设和可持续发展起到积极推动作用。

三是积极推进铁路网络建设。相继建成宁杭铁路客运专线和镇宣铁路“一纵一横”铁路，同步建成投运高铁溧阳站、瓦屋山站，停靠溧阳的高铁班次多达103趟，通达全国21个省（市、自治区），日均客流量7000余人次。高铁的运行变革了溧阳人民的出行方式，提升了溧阳城市综合实力。

经过多年大规模建设，溧阳内联外畅的交通运输大格局已基本形成，与上海、杭州、南京等重点城市的时空距离大为缩短，溧阳“朋友圈”越做越大，作为苏浙皖节点枢纽城市的地位越来越巩固，推动旅游产业、物流产业等新兴业态发展走上了快速路。

（二）大力发展农村公路 激活全域旅游资源

“要致富，先修路”。溧阳坚持把农村公路建设作为振兴农村、发展经济，助推城乡统筹发展的重要抓手，加快推进连通城乡的农村公路建设，疏通了乡村振兴血脉，提升了“乡旅溧阳”品牌，成为百姓通往幸福生活的致富路。

早在20世纪90年代，溧阳农村公路还是砂石道路多，农村公路等级低，路况差，很多乡镇和村庄存在断头路，有的甚至还不通公路，交通基础设施建设的滞后成为严重制约溧阳乡村经济社会发展的瓶颈。从2003年开始，溧阳将农村公路建设纳入实现基本公共服务均等化总体安排，积极谋划，强势推进，重点解决“通”的问题，全力打造“村村通、全覆盖”的农村道路网络。截至2011年，全市10个镇（区）、所有行政村、150人以上自然村公路通达率达100%，农村公路通达水平和技术等级得到迅速提升，全市农村公路网络基本形成，农村道路建设走出了“溧阳速度”。

但是，随着全市农村经济社会的快速发展，农村私家车拥有比例急剧上升，加上镇村公交的普及，路面车辆交汇和运行时存在安全隐患，原有的4米宽农村道路已无法满足百姓出行的新需求。按照“扩大成果、完善设施、提升能力”原则，为了让公交车跑得更畅通、老百姓走得更安全，自2011年起，溧阳在全省率先实施农村公路提档升级工程，大大提升了农村公路通行能力和安全保障水平，特别是通镇村公交线路的公路。截至2016年底，全市175个行政村和市域内中小学、敬老院、中心医疗点等全部通上了宽6米以上的沥青（水泥）道路，150人以上的自然村全部通上了宽4米以上沥青（水泥）道路，进一步畅通了百姓出行“最后一公里”。

随着溧阳全市农村公路的不断完善，为打造特色乡村旅游，带动全域旅游综合协调发展提供了基础保障。2017年以来，溧阳根据全市旅游资源和公路发展情况，结合“四好农村路”建设要求，借助现有公路路网，串联全域各类旅游资源点，全面提升公路通行能力和水平，建成全长365公里的溧阳1号公路，最终形成了内联外通的“全域旅游”“全景旅游”公路路网。

（三）坚持交通运输生态绿色发展

溧阳拥有优良的生态环境，以生态优美著称。长期以来，溧阳始终坚持绿色发展，注重发展生态旅游，巩固提升生态环境，擦亮溧阳城市品牌。交通运输作为生态旅游发展的重要抓手和生态环境保护的重要领域，为溧阳建设长三角生态创新示范城市持续贡献交通智慧和力量，通过积极优化宜居宜游的城乡交通出行环境，推动溧阳交通运输走出一条高质量发展道路。

一是积极构筑生态交通走廊。近年来，溧阳持续加强绿色通道建设，按照“条条道路是绿带、重点路段成精品、重点部位有亮点”的绿化景观要求，做到道路修到哪里、树就栽到哪里，让绿色与道路同步延伸。国省和地方干线公路主体建成的同时，高标准实施两侧绿化建设，特别是涉及“三山两湖”的公路建设，做到绿化标准再提升、绿化养护再完善，并通过点缀提高、建设景观带、绿化亮点的手段，进一步完善提升部分重点线路，提高绿化品位，打造绿化精品公路，确保境内干线公路绿化率达100%。此外，结合“四好农村路”建设，大力整治农村公路路域环境，加强绿化美化，提高农村公路绿化率，为建设“特色田园乡村”打造畅安舒美的通行环境。

二是全力打造生态交通系统。溧阳以太湖流域水质保护工作为重点，围绕“清水工程”，实施了城区河道废弃船舶清理工程，城区水域环境显著改善。同时，对区域内的交通道路、港口码头、施工场地、营运车船等进行严格的排放控制，以强化管理和防控措施为主，加强大气污染源、交通要道沿线整治力度，完善应急联动机制，确保突发环境污染事故及时、科学应对，果断处置，有效维护了溧阳市域环境质量。持续做好节能减排，优先发展公共交通，新增、更新使用新能源公交车辆，投运纯电动巡游出租车，倡导绿色出行，“三级公交”清洁能源使用率达到90%以上。

三是打赢码头整治攻坚战。为从源头上杜绝矿产品生产运输给溧阳生态环境带来的影响，保护溧阳绿水青山，溧阳持续开展矿产品生产运输秩序综合治理，实施码头专项整治，全市码头实现“应关尽关”，对城中河取消航道功能，逐步实施禁航。同时，以“疏”的方式实现“堵”的目标，启动实施了矿产品专用通道。

三、溧阳旅游交通发展典型案例——溧阳1号公路

2017年起，溧阳市按照“全国一流、全省示范”标准，将生态涵养、全域旅游、文化传承、乡村振兴等新时代新元素融入“四好农村路”建设中，全面建成长365公里的溧阳1号公路。溧阳1号公路穿越市域内景区（点）、农庄、乡村，催生出茶舍、花居、民宿以及各具创意的新业态，带动了沿线10万农民在“家门口”增收致富，成为80万溧阳人民的幸福路、致富路。2019年，溧阳1号公路瓦屋山线获评年度全国“十大最美农村路”。溧阳1号公路注重沿线景观、旅游功能、服务体验、产业带动等功能挖潜，是一条名副其实的“生态1号”“旅游1号”“文化1号”“富民1号”路。

溧阳1号公路实况

图片来源：作者拍摄。

（一）以路为笔、因地制宜，打造显山露水的“生态1号”

为让市民和游客走近山水田园、亲近自然，共建共享最美生态，溧阳1号公路在规划上，注重亲山近水、路景交融，打造“显山露水、自然通透、乡村野趣”的生态景观，给人以“人在景中走、如在画中游”的视觉享受；在建设上，坚持保护优先、品质为上，因势利导进行全面改造提标，所有道路均改造提升为7米以上沥青路面；在管理上，创新机制、落实责任，着力提升溧阳1号公路沿线环境，美化沿线村庄，创造“畅通、安全、舒适”的通行环境。

（二）以路为线、串珠成链，打造内连外引的“旅游1号”

溧阳1号公路沿线院落及停车设施

图片来源：作者拍摄。

溧阳1号公路作为推动全市全域旅游发展的重要载体，在全面对接国省干线、高铁、高速公路的基础上，把全市主要的景区景点、98个行政村、312个自然村、220多个乡村旅游点、62个美丽乡村和特色田园乡村全部串联起来。同时，立足实现游客“移步换景”的视觉享受，将公路与沿线山水风光、乡村风情相融合，最大限度保护和利用道路沿线范围内原有的植被和景观资源，着力建设“显山露水、自然通透、乡村野趣”的道路景观，并根据沿线景区、景点分布情况，规划设置驿站、观景台、休憩点等。除此之外，还通过互联网和旅游大数据应用，将旅游信息、道路出行信息、景区承载信息等整合到“溧阳行”“溧阳交通”等手机服务平台，游客只需一部智能手机，就可以快速了解溧阳1号公路所有沿线景点、驿站以及特色产业、文化等旅游信息。

（三）以路为媒、融合发展，打造人文厚重的“文化1号”

溧阳历史悠久，人文底蕴深厚，作为传承弘扬历史文化的重要窗口，溧阳1号公路通过挖掘历史文脉，重塑人文精神，已成为一条融红色景观、党建文化、宣传教育、志愿服务为一体的全域党建精品公路，红遍全溧阳。溧阳1号公路按照“以点带线、以线促面、全域建强”的思路，以旅游为纽带，以新四军江南指挥部纪念馆为轴，分领域、分阶段地打造有颜值、有内涵、有温度、有动力的全域党建精品线、示范片，建设了塘马战役红色现场教育基地等一批体验式、浸入式的学旅相伴大课堂，将党建资源接入“溧阳行”App，引入AI技术，实现“自动定位+自动播放”，让游客沿着道路看党建，跟着旅游受教育。在公路沿线，处处穿插着党建宣传标语，悬挂着模范人物事迹牌，通过多种方式嵌入党建元素，连出一条可视可感的红色风景带，慢慢实现从“一点红”到“整片红”再到“全面红”。

溧阳1号公路党建宣传标语

图片来源：中国江苏网，光辉百年·江苏组工那些事｜“溧阳1号公路”：青山绿水中的一抹红（http://jsnews.jschina.com.cn/jsyw/202105/t20210513_2780620.shtml）。

（四）以路为引、百姓优先，打造乡村振兴的“富民1号”

溧阳1号公路建设的根本出发点和落脚点，就是“惠民、利民、便民，让乡村更美丽、让农民更富裕”。溧阳市把溧阳1号公路作为富裕村民的新渠道，让村民走出去，让产业走进来，全力打通乡村振兴的“双向道”，将乡村振兴引向深入。为充分释放溧阳1号公路红利，铺就致富奔小康的康庄大道，溧阳市以溧阳1号公路为载体，大力发展休闲农业和乡村旅游，不断丰富旅游产品，提升旅游业态，努力实现“绿水青山就是金山银山”。随着溧阳1号公路的建设，溧阳的田园山水吸引了大批工商资本下乡，打通了人才、资本、项目回流通道，形成多主体参与、多业态打造、多要素集聚、多种功能价值共同实现的乡村产业发展新格局。溧阳1号公路还打破门票经济，将全域勾画成大产业、大产品，与一二三产业深度融合，发挥“农村公路+”的无穷潜力。目前，溧阳1号公路已成为以“小切口”推动农村精神“大焕发”、以“小投入”带来乡村空间“大增值”、以“小农路”打开富民增收“大路径”的样板，通过聚力生态创新，在打通绿水青山就是金山银山的价值转化路径上积累了溧阳经验。

第二节　丹巴县

丹巴县位于甘孜州东部，地处青藏高原东南部，距成都320公里，距州府康定市140公里。县域面积5649平方公里，辖9镇、3乡、4社区、136个行政村，总人口7.02万人，其中藏族人口占76%。全县海拔1700～5820米，境内高山对峙，峡谷深邃，属典型的干热河谷气候。丹巴属老、少、山、穷地区，是国家确定的“三区三州”中深度贫困县之一，2020年实现地区生产总值21.21亿元，经济社会发展总体水平较低。

一、丹巴旅游及交通运输发展概况

丹巴旅游资源丰富，自然风光神奇美丽，集雪山、森林、海子、温泉、草甸于一体，嘉绒文化、东女文化、红色文化交相辉映，“古碉·藏寨·美人谷——中国最美乡村”盛誉在外，是川西环线、环贡嘎旅游环线、中国熊猫大道、东女阳光旅游环线的重要节点，县境内拥有AAAA景区——甲居藏寨景区，AAA景区——中路景区、梭坡景区，全国重点文物保护单位——“丹巴古碉群”“丹巴新石器时代遗址和汉代石棺葬墓群”，国家级非物质文化遗产——“藏族碉楼营造技艺”，省级非物质文化遗产4个、州级非物质文化遗产34个。目前，丹巴县成功纳入省级嘉绒文化生态保护示范区和省级康巴（甘孜）文化生态保护示范区，成功创建了“中国历史文化名村”1处、“国家地质公园”1个、“全国乡村旅游重点村”2个、“国家级传统村落”19个、“省级旅游度假区”1个，并被评为“中国最美乡村旅游目的地”“四川省乡村旅游强县”“四川旅游产业TOP 10榜单十大‘最休闲’区县旅游目的地”“天府旅游名县候选县”等知名品牌，成功创建丹巴美人谷省级旅游度假区等。

丹巴县境内现有国道G248线、G350线，省道S303线和S211线横贯全境。近年来，在国家、四川省、甘孜州的大力支持下，丹巴县紧紧抓住交通大会战和农村公路三年攻坚行动机遇，全力实施交通先行战略，相继实施了一批通乡通畅工程，至2018年底已全面实现通乡油路和通村硬化路两个100%目标，通过“一事一议”方式充分调动了群众参与通村公路建设、管理、养护的主动性和积极性。建成农村公路养护中心并投入使用，先后建成县级客运中心以及一批乡镇客运站、村级招呼站，积极开通城乡公交，甲居景区开通旅游观光车，实现了建制村通客运车和网约车100%目标。目前，全县已形成以县城为中心、连接12个乡镇136个村的公路网络，极大地方便了群众出行，促进了县域经济的发展。丹巴切实加强旅游配套设施建设，服务设施日趋完善，接待能力不断提高。公路交通四通八达，方便快捷，有成都—都江堰—卧龙—小金四姑娘山—丹巴、成都—雅安碧峰峡—泸定海螺沟—姑咱（即瓦丹路）—丹巴、成都—绵阳—九寨沟—黄龙—马尔康—金川—丹巴等三条出入境公路，各乡村公路交通网络体系基本形成，各主要旅游景区均可乘车抵达。

二、丹巴旅游交通发展的主要做法

丹巴县交通发展具有明显的“一高一多一大”三个突出问题。“一高”即造价高，大多数村分布在半山和高半山一带，岩方多、挡墙多、桥梁多，造价高，通乡公路、旅游公路每公里造价超过400万元。“一多”即灾害多，丹巴有地质灾害博物馆之称，是全国三大地质灾害重点县之一，洪水、泥石流、岩崩、滑坡等自然灾害频发，依山傍水而建的农村公路抗灾能力弱。“一大”即农村公路养护难度大，全县农村公路养护战线长，因灾损毁多，养护资金需求大。近年来，为更好促进本地旅游发展，丹巴县加大了产业路、脱贫攻坚致富路的争取和建设，采取了一系列举措：

一是在加快实施国省道干线公路提档升级的同时，积极推进高速公路建设，提高贫困地区的可进入性，逐步解决快旅慢游的问题。丹巴是四川省“四大连片贫困地区”中的高原藏区县，旅游资源丰富独特，生态环境优美，文化底蕴深厚，资源吸引力强和美誉度高，但可进入性差，安全隐患多，成为严重影响乡村旅游发展的制约因素。为此，丹巴县下大力气着力提高贫困地区的可进入性，加快实施国省道干线公路提档升级，积极谋划高速公路建设，着力从根本上解决旅游的交通出行问题。

二是围绕乡村振兴，依托丰富的旅游资源，大力推进“交通+旅游”发展。丹巴县是四川省确定的乡村振兴试点县之一，甘孜州将丹巴确定为率先发展区，要求着力创建全州全域旅游和乡村振兴示范县。丹巴县提出“建设向世界展示中国美丽藏区窗口和全国藏区乡村振兴示范区”的目标，着力打造大甲居康养休闲度假片区，中路、梭坡康养休闲度假片区，大、小金川河流特色农业产业带，牦牛、革什扎河流域生态旅游产业带“两片两带”63个乡村振兴示范村。围绕乡村振兴示范村建设，按照“交通+旅游”的要求，积极争取将停车服务区功能、道路两边绿化美化等内容纳入建设标准和资金补助范畴，着力建设一批服务配套、功能完善、环境优美的生态路、质量路、文化路、富民路。

三是分期分批规划实施群众相对集居、特色文化浓郁的古村落景区旅游环线公路。环线公路建设将串珠成线，让更多村、更多群众受益，通过旅游脱贫致富奔小康，推动乡村旅游发展，实现乡村振兴目标。2018年起，丹巴县先后开工建设了全长21.7公里的甲居旅游环线公路，以及总长34公里的党岭、中路景区旅游公路，此外，还规划了莫斯卡旅游公路和丹巴牦牛经大炮山至康定旅游联网公路等。

四是为加强与周边旅游资源的串接，增强交通运输网络的连通性，积极推进县际联网公路建设。如大力推进丹巴县牦牛村至康定市中古村县际联网路项目，该项目起于丹巴县东古乡牦牛村，途经邓巴村、大炮山，止于康定市雅拉乡中古村，全长110公里，既可以联通丹巴、康定、道孚旅游环线，又可以彻底解决瓦丹路长期不通畅的问题，能够有效串联区域旅游资源，完善区域交通网络。

三、丹巴旅游交通发展典型案例——甲居旅游环线公路

甲居藏寨位于丹巴县境内，距县城约8公里，是丹巴最具特色的旅游景区，素有“嘉绒风情名片”之美誉。藏寨从大金河谷层层向上攀缘，一直伸延到卡帕玛群峰脚下，在相对高差近千米的山坡上，270余户藏寨像群星散落在起伏向上的缓坡上。2005年由《中国国家地理》杂志组织的选美中国活动中，以甲居藏寨为代表的丹巴藏寨被评为“中国最美的六大乡村古镇”之首；2016年9月，正式获批成为国家4A级旅游景区。

甲居旅游环线公路将甲居藏寨景区内的甲居一村、喀咔村、高顶二

村、聂拉村、小聂呷村、小巴旺村、甲居三村等串联成线。虽然公路只有22.83公里，但是其建成不仅方便了村民安全出行，而且打通了省道211线进入甲居藏寨旅游景区的南、北通道，与省道211线形成闭合环线，构筑起景区骨干路网，极大地改善了景区交通环境，为甲居藏寨创建国家4A级旅游景区提供了交通基础设施保障，并带动景区内两个乡、15个行政村数千群众增收。

第三节　阳朔县

阳朔县位于广西壮族自治区东北部，距桂林市区65公里，辖6镇3乡，行政区域面积1436平方公里。截至2020年底，户籍人口33.17万，地区生产总值108亿元，连续2年获评全国县域旅游综合实力百强县，4年蝉联“广西高质量发展先进县”。

一、旅游及交通运输发展概况

阳朔旅游资源丰富，类型多样，以山青、水秀、峰奇、洞巧“四绝”，以及名胜、古迹、烟雨、光影、动物、植物、田园、村镇“八胜”而闻名天下，被誉为“中国旅游名县”。阳朔山水，闻名遐迩，驰名中外，境内各种奇特山峰2万多座，大小河流16条，漓江流经县境56千米，主要景区由县城景区、高田景区、遇龙河景区、刘三姐水上公园景区、桂阳公路沿线景区、兴坪景区等组成。近年来，新开发的著名景点有莲花洞、碧莲洞、聚龙潭、世外桃源、滨江公园、蝴蝶泉、遇龙河景区、田家河景区、九马画山漂流、漓江竹筏漂流等，素有“桂林山水甲天下阳朔山水甲桂林”之称。阳朔县近年来以创建“广西特色旅游名县”“国家全域旅游示范区”

为主线，实施“旅游+”发展战略，推动旅游产业提档升级，加快“景区旅游”向“全域旅游”转变。

阳朔区位条件优越，水陆交通十分便利，著名的漓江贯穿全境，桂梧高速、阳鹿高速、国道321线、省道202、302线等形成了便捷的公路网络。与外县的联网公路主要有兴安至阳朔、高田经金宝至临桂南边山等公路。目前，全县实现了乡乡通三级及以上公路，行政村通车率、硬化率达100%，已形成以国道、省道为主干线，县乡村公路为辅的“四通八达”的交通公路网络。2017—2018年，阳朔连续两年荣获自治区“四好农村路”示范县光荣称号。此外，阳朔县还有龙头山码头、水东门码头、兴坪码头等6个旅游码头，12个渡口。

二、主要做法

阳朔是世界知名的旅游目的地，近年来，随着自驾车旅游人数的快速增长，每逢节假日，阳朔县城及周边景区的交通拥堵问题日益凸显。为了解决这一难题，阳朔加快打造新的交通体系，通过旅游高峰时段对进城车辆进行分流，为游客提供停车服务，实现游客与公共交通、景区专线等多种交通方式之间的“零距离换乘”，推进绿色环保公交系统与自驾车的接驳运载等各种举措，改善县城交通超负荷运行难题。

阳朔县通过“布点、串线、织网”的布局思路打造综合交通枢纽城市。在已投入的阳朔北公交场站、凤鸣旅游集散中心、元宝山公交场站和建设中的阳朔一级客运站基础上，进一步规划阳朔南旅游集散与公交枢纽场站，打造桂林南部全域旅游集散地。阳朔县未来将形成“四场站一中心”联动的分级管理、分级接驳功能全覆盖的交通枢纽格局，满足居民出行和旅游交通需求。

一是加快推进新一级汽车客运站项目建设。该项目规划用地面积36440平方米（54.96亩），设计日发送旅客15000人，大巴车停车位148个，小车停车位500个。项目规划有主站房（含城市候机楼）、行车公寓、旅客服务中心、修理厂综合楼、架空双层停车场、检验台、洗车台、站前广场等。

二是优化交通出行方式，城区开通县城公交线路7条，投入城市公交车40辆，其中20辆为新能源公交车；县城连接9个乡镇的城乡公交化改造均已完成，基本满足市民出行需求。阳朔县客运线路公交化改造乡镇通公交率已达到100%，全县9个乡镇实现农村客运公交化改造，乡镇通公交率100%；全县99个建制村，达到道路安保设施通公交车要求的44个建制村通公交率100%。

三是开通阳朔高铁站与阳朔县城客运专线，20辆客运车辆专线运行，实现铁路与公路客运的无缝衔接。

四是对外交通连接，开通运营阳朔至桂林市际交通线路，投入49辆市际普通客运大巴车、4辆市际直达大巴车及18辆市际新能源定制客运汽车，为市民和游客出行提供了优质的服务。

五是投入14辆城乡公交车、10辆农村客运车辆、如意风景区专线车，连接高田镇、白沙镇、葡萄镇三个乡镇高速公路出入口，为群众、旅客出行提供便利。

参考文献

丹巴县人民政府，2022.走进丹巴[BE/OL].（2022-06-26）[2022-08-20]. http://www.danba.gov.cn/danba/c102381/zjdg.shtml .

溧阳市融媒体中心，2020. 撤县设市之激荡三十年（十一）｜交通：溧阳腾飞的“黄金跑道”[BE/OL].（2020-09-15）[2022-06-26]. https://baijiahao.baidu.com/s?id=1677860046839303383&wfr=spider&for=pc .

中国江苏网，2021.光辉百年·江苏组工那些事｜“溧阳1号公路”：青山绿水中的一抹红[BE/OL].（2021-05-13）[2022-08-20]. http://jsnews.jschina.com.cn/jsyw/202105/t20210513_2780620.shtml.

第十八章
电子商务强县交通运输发展实践

电子商务是催生数字产业化、拉动产业数字化、推进治理数字化的重要引擎，是提升人民生活品质和推动经济社会发展的重要力量。《“十四五”电子商务发展规划》明确提出，要大力发展县域电商服务业，助力乡村振兴。义乌市和石狮市作为电子商务强县，立足自身资源禀赋和产业特点，为县域交通现代化提供了“电商方案”。

第一节　义乌市

义乌市地处浙江省中部，金衢盆地东部，为浙江省辖县级市，由金华市代管，下辖8个街道、6个镇，面积1105平方公里，常住人口186万。金华（义乌）、杭州、宁波、温州为浙江省四大区域中心城市，2021年金华（义乌）快递业务量位列全国首位。

一、经济产业发展现状

1.经济规模再创新高

义乌是我国六大强县（市）之一，地区生产总值自2015年首破千亿以来，保持强劲增长势头，2021年达到1730亿元，同比增长11.6%，实现两位数的快速增长（见图18–1）。按户籍人口计算，义乌2021年人均地区生产总值达到20.1万元（按年平均汇率折算为3.1万美元），同比增长9.3%；按常住人口计算，人均地区生产总值达到9.2万元，同比增长9.1%。外贸进出口逆势增长，2021年实现进出口总额3903亿元，增长24.7%。其中，出口3659亿元，增长21.8%；进口244亿元，增长95.3%。全年与共建“一带一路”国家实现进出口总额1616亿元，同比增长18.7%。2021年义乌市各镇（街道）人口和规上工业基本情况见表18–1，2021年义乌市出口额排名前十的国家见表18–2。

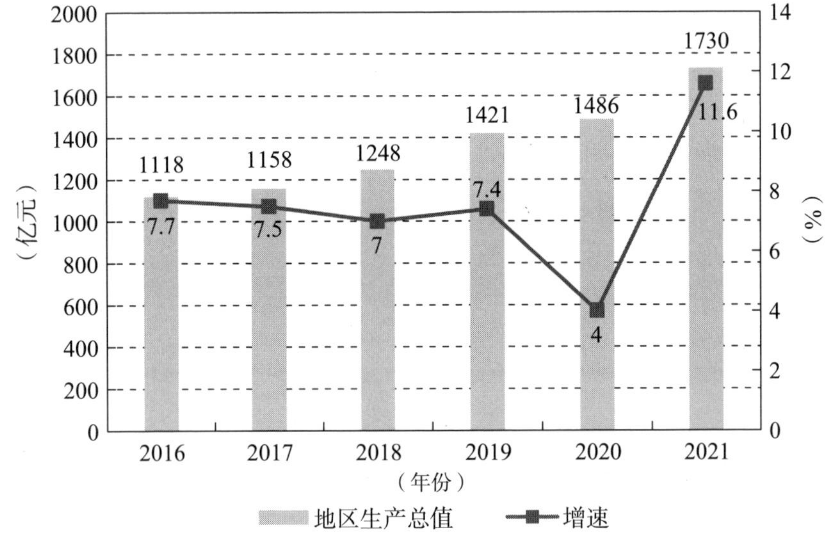

图18-1　2016—2021年义乌市地区生产总值及增速

资料来源：2016—2021年《义乌市国民经济和社会发展统计公报》。

表18-1　2021年义乌市各镇（街道）人口和规上工业基本情况

镇（街）	户籍人口（万人）	区域面积（平方公里）	规模以上工业企业数量（个）	规模以上工业总产值（亿元）	规模以上工业总产值增速（%）
稠城街道	8.3	12.6	1	0.8	–18.2
福田街道	6.5	40.3	18	9.4	14.6
江东街道	9.3	91.6	18	12.1	2.1

续表

镇（街）	户籍人口（万人）	区域面积（平方公里）	规模以上工业企业数量（个）	规模以上工业总产值（亿元）	规模以上工业总产值增速（%）
稠江街道	5.9	38	82	89.7	36.9
北苑街道	6.9	36.6	70	146.4	25.9
后宅街道	6.3	67.9	29	12.5	6.9
城西街道	4.7	60.2	36	23.3	19.4
廿三里街道	5.3	72.2	105	165.4	119.1
佛堂镇	9.0	134.1	122	100.7	20.3
赤岸镇	4.0	150	26	70.7	16.0
义亭镇	5.8	54	60	140.1	211.3
上溪镇	5.4	102	64	28.9	3.9
苏溪镇	5.7	109.1	78	348.5	120.3
大陈镇	4.0	136	35	15.3	18.4

资料来源：《2021义乌国民经济和社会发展概况》。

表18-2　2021年义乌市出口额排名前十的国家

排名	国家	出口额（亿元）	同比（%）
1	美国	403.6	41.9
2	印度	167.6	33.8
3	智利	112.9	74.2
4	墨西哥	108.4	73.0
5	马来西亚	103.0	29.6
6	埃及	95.7	12.2
7	菲律宾	91.3	81.5
8	伊拉克	90.3	–11.4
9	阿联酋	89.6	24.0
10	泰国	86.1	49.2

资料来源：《2021义乌国民经济和社会发展概况》。

2. 小商品贸易引领全球

义乌作为“世界货地”，2020年小商品市场交易额达到4876亿元，同比增长6.4%。义乌小商品城被联合国、世界银行和摩根士丹利等权威机构称为“全球最大的小商品批发市场”，经营26个大类、210万个单品，日客流量21万人次，2021年成交额1867亿元，同比增长14.8%。目前，大部分小商品市场及专业街已移入义乌国际商贸城。义乌优越的区位条件和丰富的货源为电商发展提供了有力支撑。义乌2021年电商交易额达到3715亿元，同比增长18.9%。其中，内贸电商交易额2701亿元，同比增长19.9%；跨境电商交易额1014亿元，同比增长16.4%。全年跨境电商保税进口业务量2686万单，销售额42.5亿元，同比增长34%。电商专业村数量增至197个，电商镇13个，其中省级电子商务示范村97个。

【专栏18-1】

义乌中国小商品城概况

中国小商品城由义乌国际商贸城、篁园市场、宾王市场等3个市场组成，商品种类几乎覆盖所有日用工业品。其中，饰品、袜子、玩具销量占全国的1/3，在国际上也具有极强的竞争力。

中国小商品城是我国最大的小商品出口基地之一，已出口至219个国家和地区，年出口量达57万余标箱。外企常驻代表机构3059家，居全国首位，常驻外商1.3万名，联合国难民署等国际机构在义乌设有采购信息中心，83个国家和地区在义乌设有进口商品馆，“买全球、卖全球”的格局初步形成。

2006年以来，商务部先后发布了义乌中国小商品城指数和《小商品分类与代码》行业标准，义乌在全球小商品贸易定价、定标中的话语权不断增强，实现了由输出商品到输出标准和规则的飞跃。

资料来源：义乌小商品城官网

二、交通运输发展现状

1.交通基础设施不断完善

义乌是浙江省中部的交通枢纽，设有义乌站、义乌西站等铁路站，沪昆（上海—昆明）铁路、沪昆高铁等纵贯义乌，金甬（金华—宁波）铁路建设有序推进。公路网络多向辐射，杭金衢（杭州—金华—衢州）高速、金甬（金华—宁波）高速等贯穿其中，金杭（金华—杭州）公路、浦义（浦江—义乌）公路等纵横交织，农村公路大中修和等级提升工程稳步推进，农村交通基础设施条件明显改善。截至2021年底，义乌市等级公路约1542公里，高速公路76公里。义乌机场距义乌市中心5.5公里，占地面积1746亩，是浙江省中西部地区最大的民用运输机场，目前已完成四期改扩建，辐射国内外20多个城市。2021年，义乌完成综合交通项目投资85.4亿元，同比增长12.7%，公路、铁路、航空等多种交通运输方式紧密衔接的层次化综合交通网络得到进一步完善。

2.运输规模质量不断提升

近年来，义乌充分利用国际贸易综合改革试点等政策红利，主动融入共建"一带一路"，大力推进现代物流高质量发展，为打造世界"小商品之都"和建设国际陆港城市提供有力支撑。义乌成功入选浙江省物流示范县（市、区）综合改革试点名单，义新欧贸易服务集团入选浙江省物流新业态新模式发展试点名单，红狮物流园、义乌公路港入选第三批浙江省示范物流园区名单。全市有约2000家物流企业为超过60万个市场主体提供高效快捷的物流服务，形成优势明显的"价格洼地"，吸引了宁波、杭州、温州等周边城市，以及上海、江西、福建、广东等外省货物来义乌中转。2021年，中欧班列（义乌）开行623列，其中去程463列、回程160列；运送货物1.9万标箱，其中去程1万标箱、回程0.9万标箱。义乌市机动车保有量83.9万辆，同比增长9.8%。全年完成公路货运量7889.7万吨，同比增长32.5%；铁路发运量367.1万吨，同比增长47.0%；义乌机场货邮吞吐量21921.7吨，同比增长16.1%。2016—2021年义乌市汽车拥有量及增速见图18-2。

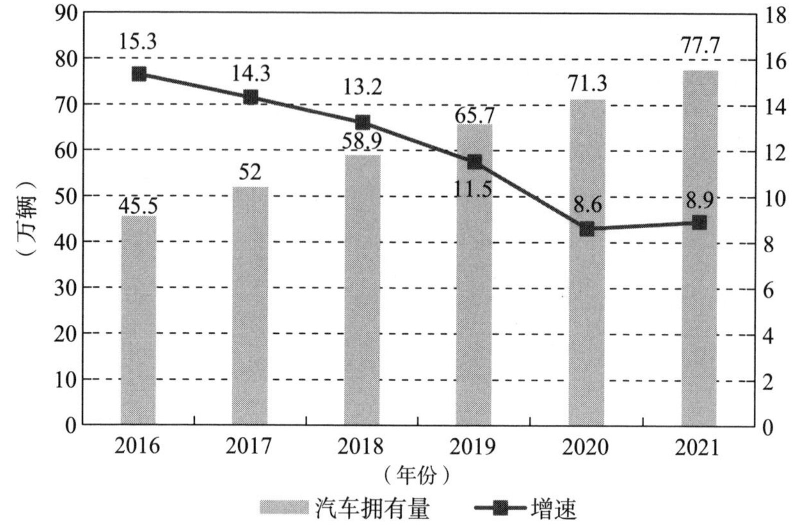

图18-2 2016—2021年义乌市汽车拥有量及增速

资料来源：2016—2021年《义乌市国民经济和社会发展统计公报》。

3.快递业发展成效显著

义乌是全球最大的小商品集散地，为快递业的发展提供了强有力的货源支撑。2021年，义乌市快递业务量累计完成92.9亿件，同比增长29.5%，位列全省第一、全国第二（若按金华市统计则达到116.4亿件，位列全国第一），远超一众直辖市、计划单列市、省会城市（见表18-3）。快递业务收入累计完成249.4亿元，同比增长24.5%。其中，同城业务量累计完成3.4亿件，同比下降21.7%；异地业务量累计完成88.7亿件，同比增长33.4%；国际及港澳台业务量累计完成4904.8万件，同比下降11.4%。在同城业务和国际业务遇冷的情况下，异地快递逆势上扬，成为义乌快递业的骨干中坚。

表18-3 2021年全国快递业务量排名前十的城市

排名	城市	快递业务量（亿件）	排名	城市	快递业务量（亿件）
1	金华（义乌）	116.4	3	深圳	59.8
2	广州	106.8	4	上海	37.4

续表

排名	城市	快递业务量（亿件）	排名	城市	快递业务量（亿件）
5	杭州	36.7	8	苏州	24.7
6	揭阳	35.3	9	北京	22.1
7	东莞	26.8	10	泉州	21.7

资料来源：《2021年快递业务量排名TOP 50城市》。

三、推动交通现代化发展的主要举措

1.不断完善交通“硬基础”

一是构建海陆空一体化对外交通走廊。加快推动金甬铁路、杭温高铁建设，围绕高铁义乌站，打造“轨道上的义乌”。加快国省道“瓶颈路”“断头路”的拓宽改造。提升义乌机场辐射能级，加密国内、国际航线网络，全力打造国际化浙中干线机场和国内重要支线机场。积极推动义乌内河港江湾作业区、佛堂作业区建设。二是构建内畅外联的市域骨架路网。实施金华至义乌至横店城际铁路（轨道交通1号线）、义乌火车站至义乌城际铁路（轨道交通2号线）项目。完善公路网络主骨架，积极推进BRT线路建设和公交专用道改造，大力推进义乌疏港高速等项目建设，构建金义“1小时通勤圈”和市域“30分钟交通圈”。三是强化枢纽聚集辐射能力。将义乌铁路站打造成集干线铁路、城市轨道、公路客运、城市公交、出租车等多种运输方式于一体的综合交通枢纽，加快义乌铁路物流中心建设，有序推进义乌城西、廿三里、上溪、苏溪等多个客运枢纽建设，同步配套建设停车场。四是积极推动农村公路建设。积极配合实施美丽公路“五个一万”工程（改建完善国省道1万公里，提升农村公路等级1万公里，完成农村公路维修1万公里，实施农村公路安保工程1万公里以上，建设港湾式停靠站1万个），全面推进美丽乡村精品路创建，加快推动农村公路提质升级。2021年，义乌完成农村公路养护大中修60公里，完成农村公路新改建40公里，成功获评“四好农村路”全国示范县。

2. 持续提升运输“软服务”

一是推动中欧班列（义乌）高质量发展。强化双向货源特别是返程货源组织，在沿线重要节点城市布局设立海外仓、物流分拨点、小商品城海外分市场、境外经贸合作园等，加密铁路班列运行频次和站点设置，拓展中欧班列（义乌）的辐射范围。二是加强国际陆港、海港的对接。加强与宁波舟山港的对接，积极延伸海港功能，加强通关合作，完善一体化“大通关”体系，推动义乌国际陆港成为宁波舟山港在内陆地区的分拨配送中心和内陆货源集散中心，助力“义甬舟”开放大通道建设，推动“世界货地”深度融入共建“一带一路”。三是加快公交都市建设。实施公交优先发展战略，加快构建以轨道交通、BRT、公交为骨干，出租车为补充的公共交通系统，大力发展城乡智慧公交，提高居民公交出行比例。四是推动物流业转型升级。加快电商物流发展，建立快速便捷的城乡配送物流体系。推动智慧物流和公共信息联网平台建设，促进物流信息的有效对接。鼓励物流企业通过联盟、兼并重组等方式做大做强，吸引国际各大物流公司在义乌成立货物集聚分拨中心。鼓励重点物流企业参与或主导制定修订国际标准、国家标准和行业标准，积极开展标准化试点工作。

3. 不断优化交通营商环境

一是深化“最多跑一次”改革。深入推进“证照分离”改革，下发“证照分离”改革实施方案，明确审批改革措施和事中事后监管措施。二是继续推进“一网通管”改革。推进跨部门联合监管，开展跨部门联合执法，实现“双随机”监管全覆盖。深化信用体系建设，创新信用监管模式，出台“信用+事中事后监管”方案。三是深入推进出租车行业改革。进一步推动巡网融合发展，引进英伦高端出租车型，提供差异化服务，加快新能源出租车的更新投放。四是加快推进行业治理现代化。以“一杆子捅到底”的“穿透式监管”，切实抓好“两客一危”等的整治工作，持续开展行业安全生产和消防安全专项大检查大整治，大力开展公路巡查，扎实推进普速铁路沿线外部环境的隐患整治。加快5G等新一代信息技术在交通领域的应用，对所有运输车辆、企业实施“一车一码”“一企一码”管理。

第二节 石狮市

石狮市地处福建省东南部，为福建省辖县级市，由泉州市代管，下辖2个街道、7个镇，陆域面积160平方公里，潮带间滩涂面积20.54平方公里，常住人口近70万。石狮市是全国百强县、全国城乡交通运输一体化示范县，在2022年度县市电商竞争力百佳样本榜单中位列全国第3位（见表18-4）。

表18-4 2022年度县市电商竞争力百佳样本（前十位）

排名	县市	所在省份	所在地级市	总评分
1	萧山区	浙江省	杭州市	95.27
2	义乌市	浙江省	金华市	91.88
3	石狮市	福建省	泉州市	91.49
4	永康市	浙江省	金华市	91.30
5	南海区	广东省	佛山市	90.93
6	常熟市	江苏省	苏州市	89.54
7	慈溪市	浙江省	宁波市	89.53
8	晋江市	福建省	泉州市	88.92
9	鄞州区	浙江省	宁波市	88.90
10	昆山市	江苏省	苏州市	88.60

资料来源：《2022年度县市电商竞争力百佳样本》。

一、经济产业发展现状

1. 民营经济活跃，电商实力雄厚

石狮民营企业有1万余家，产值超亿元的企业超过200家，产值超10亿元的企业约20家，民营经济产值占全市经济总量的90%。2021年，地区生产总值突破千亿大关（见图18–3），在全国综合实力百强县市中位列第15位，全面小康指数位居全国县级市百强第20位、福建省第2位；拥有亚洲重要服装批发市场以及布料、辅料等专业市场，获批福建省首个国家级市场采购贸易方式试点，培育形成12个新兴网批市场集聚区。2020年电商网络零售总额位居全国县级第4位，获评中国直播电商发展示范市，2021年网络销售额突破1000亿元。目前，石狮拥有超4万个电商卖家、7个淘宝镇和32个淘宝村，电商日均发货量超过120万件，电商从业人员超过20万人。此外，石狮相继出台全省首个电商行业人才评定标准、支持品牌电商发展若干措施，聚力打造全国电商行业人才聚集高地。

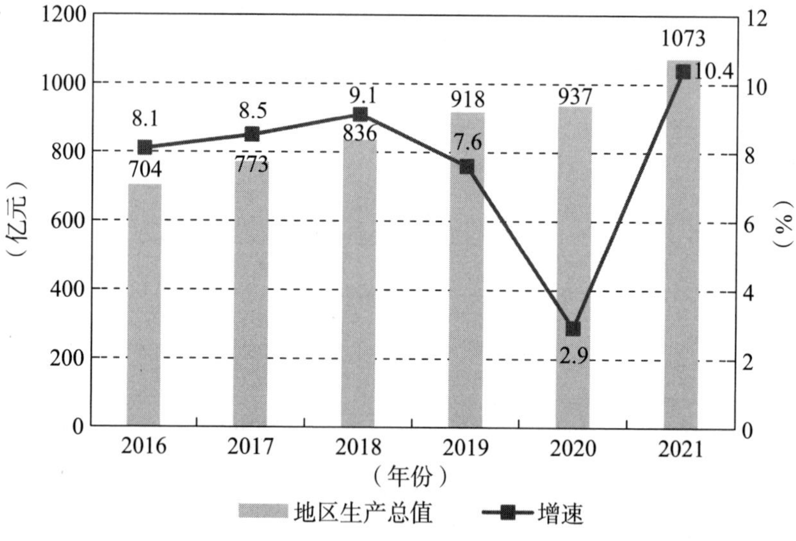

图18–3　2016—2021年石狮市地区生产总值及增速

资料来源：2016—2021年《石狮市国民经济和社会发展统计公报》。

2.产业集群初显，海洋资源丰富

石狮服装产业体系齐全，涵盖纺织原料、纺纱织布、漂染整理、成衣加工、辅料生产、研发设计、市场营销等各个领域，汇聚全产业链8000多家企业，是闽派服装板块的中心城市，被称为中国休闲服装名城、首批全国纺织模范产业集群、中国服装产业示范集群，正着力打造“东方米兰”。当前，石狮正在加快新旧动能转换，推动纺织鞋服、机械装备、食品药品3大制造业和商贸会展、港口物流、滨海旅游3大服务业深度融合，大力发展光电信息、新材料等新兴产业，构筑“3+3+N”产业体系。石狮市三面环海，海岸线长64公里，初步形成集海洋生物医药、船舶修造、渔业通信、海洋捕捞、水产品加工、水产品批发等海洋产业链条。近年来，部分海洋企业不断走出去与共建“一带一路”国家和地区加强合作，助推石狮构建优势突出、特色鲜明、核心竞争力强的现代海洋产业体系。

二、交通运输发展现状

1.路网密度全省领先

近年来，石狮市以争创“四好农村路”省级示范县为契机，实施城乡交通运输一体化工程，建成全域一体、功能完善、公共服务水平较高的现代化城乡交通运输网络。石狮市公路总里程688公里，公路密度430公里/百平方公里，分别是全省、全国公路密度的4.8倍、8.5倍，铺装路面里程682公里，路面铺装率达99%。福厦高铁（石狮段）建设有序推进，全长约10.4公里，途经灵秀、宝盖、蚶江三镇，其中海上部分约6公里。泉州湾中心港区“石湖+锦尚”组合港资源优势和区位优势明显，2021年港口货物吞吐量3750万吨，同比增长2.0%，集装箱吞吐量154万标箱。石湖港保税物流中心（B型）通过验收，成为泉州地区首个保税物流中心。

2.服务水平不断提升

2002年在福建省率先实现所有行政村通公交。2008年实现所有自然村通公交。泉州晋江机场石狮候机楼早已于2014年启用，可提供登机牌办理、行李托运、免费机场班车、机场贵宾专用通道、航班动态咨询、休息候机等服务。2017年被交通运输部确定为城乡交通运输一体化示范县首批创建县。目前，石狮市基本形成以常规公交为主，社区巴士、公共自行车为辅的“三位一体”城乡交通出行体系，实现城乡路网30分钟全市通达、城乡货物60分钟双向送达，在全市城乡道路客运一体化发展水平总体评价中获评5A级（见表18–5）。

表18-5　2021年泉州市各县（市、区）城乡交通运输一体化发展水平评价

排名	县（市、区）	得分	等级
1	晋江市	101.6	AAAAA
2	石狮市	100	AAAAA
3	永春县	97.5	AAAAA
4	泉港区	96.8	AAAAA
5	惠安县	95.8	AAAAA
6	安溪县	95	AAAAA
7	德化县	92.8	AAAAA
8	中心城区（含鲤城区、丰泽区、洛江区、泉州开发区）	89	AAAA
9	泉州台商投资区	87	AAAA
10	南安市	84	AAAA

资料来源：泉州市交通运输局。

3.城乡物流发展迅猛

石狮市依托各乡镇特色产业，吸引全国性的电商平台和快递物流企业入驻设点，着力打造完善的农村三级物流网络，打通农产品进城、工业品下乡配送瓶颈，实现城乡货物60分钟内双向送达。在建成海西电商园、青创城国际网批市场、富星物流园等物流节点的基础上，又新建卡宾狮子湾现代物流园、普洛斯现代物流园、石狮瑞福祥物流园，特步现代化智能物流仓储也在加快建设。全市拥有物流企业百余家，其中国家级甩挂运输企业1家，省级甩挂运输企业1家，全国冷链百强运输企业1家，4A级物流企业3家，3A级物流企业31家。“三通一达”、顺丰、德邦、京东、百世、菜鸟等16家快递企业都在石狮设点布局，备案的末端网点高达175家。目前，石狮已建成5个市级物流中心，151个村级物流节点，遍布7个乡镇101个建制村，除品牌快递企业外还有136家供销社网点，一些村居便利店除了常态的食杂供应，也提供相关的物流配送、订购等综合服务。2021年，石狮市快递业发出的各类快件达3.68亿件，每天快件发送量从50万件激增到100万件以上。

三、推动交通现代化发展的主要举措

1.提高基础设施要素保障水平

一是加强规划引领。石狮市在《石狮全域一体空间规划》的基础上编制完成《石狮全域道路工程专项规划》《石狮市海岸带开发和利用控制规划》，形成“一纵两横一环”的对外交通规划以及“八纵四横”的公路规划。城乡路网建设管养标准与市政道路趋同，同步配套建设自行车道和步行道系统，干线公路一般按二级公路或以上标准设计。二是加强资金保障。坚持“政府引导，市场运作”原则，通过国企融资、PPP、EPC等模式，加强政府与社会资本合作，为交通基础设施建设提供多渠道资金保障。除本级投入外，石狮市还积极向上争取补助资金，国家级城乡交通运输一体化示范县创建期间，争取福建省级补助500余万元、泉州市级补助400余万元。三是加强质量把控。有效落实项目法人责任制，严格执行进场材料首件检测，重要材料源头查验，对关键工序实施24小时监督，加强施工过程质量管控，打造质量过硬的公路工程。规范公路工程交（竣）工验收，督促项目建设单位按规定组织工程交工验收，核查工程设计符合性评价、监理质量评估报告以及施工总结报告，严把工程质量关。

2.提高一体化运营和管养水平

一是推进一体化运营。石狮市积极实施公交优先发展战略，深化公交体制改革，将民营企业——顺荣公交公司旗下的5条公交线路共70多辆公交车整合到国企公交公司，进一步优化公交市场运营结构，促进公交公司集约化、规模化经营，构建起政策统一、运作高效、利益协调、可持续发展的全域一体化城市公交体系。二是推进一体化管养。对县道、主要乡道、中心城区道路实施同等养护，一并发包、一并采购、一并考评，打破镇与镇之间、村与村之间的辖区划分，将原本政府面对多家服务供应商的“一对多”监管，转变为面对一家集成服务供应商的“一对一”监管。2017年实施首个农村公路PPP项目，将农村公路的建设期和养护期一并打包，由中标单位负责施工和养护，待合同期满后移交政府，提高建设管养水平。

3.提高交通物流一体衔接水平

一是大力完善路网布局。紧扣泉州环湾同城、全域一体发展，加快建设内联外通、城乡一体、均衡分布的城乡交通骨干通道，完善城市片区、专业市场、产业园区、港口码头、沿海五镇交通网络体系。二是加速产业集群建设。依托服装等优势产业、电商等优势业态、港口等优势条件，加快布局建设现代物流园区。例如，万纬和安综合金融电商产业园、普洛斯现代物流园、石狮瑞福祥物流园、卡宾狮子湾现代物流园等。提升沿线产业园区间物流往来，带动规模产业集群落地。三是深拓快递下乡工程。编制《石狮市三级农村物流网络体系规划》《石狮市农村货物运输服务规范》《石狮市县、乡、村三级物流节点运营服务规范》等政策文件，立足各镇（村）特色产业，全面建设完善农村物流网络。

参考文献

泉州市交通运输局，2021.关于2020年度泉州市城乡交通运输一体化发展水平评价结果的公示[EB/OL].（2021-08-03）[2022-06-26]. http://jtj.quanzhou.gov.cn/ztzl/ysgl/202108/t20210803_2597923.htm.

石狮市人民政府，2022.石狮市2021年1—12月经济运行情况[EB/OL].（2022-02-15）[2022-06-26]. http://www.shishi.gov.cn/zwgk/zfxxgkzl/

bmzfxxgk/tjj/zfxxgkml/202202/t20220215_2697052.htm.

义乌市人民政府，2022. 2021年义乌市国民经济和社会发展统计公报[R/OL].（2022-04-21）[2022-06-26]. http://www.yw.gov.cn/art/2022/4/21/art_1229187192_3969734.html.

义乌市人民政府，2016.义乌市国民经济和社会发展第十三个五年规划纲要[R/OL].（2016-03-02）[2022-06-26]. http://www.yw.gov.cn/art/2016/3/2/art_1229629673_3966587.html.

义乌市人民政府，2021.义乌市国民经济和社会发展第十四个五年规划和二〇三五年远景目标纲要[R/OL].（2021-02-19）[2022-06-26]. http://www.yw.gov.cn/art/2021/2/19/art_1229629671_3966461.html.

第十九章
生态环保县交通运输发展实践

绿水青山就是金山银山，建设美丽中国离不开生态环境保护。交通基础设施建设往往会对生态环境造成一定影响，在碳达峰、碳中和的背景下，推动交通运输绿色低碳发展更是势在必行。象山县和金寨县作为首批国家生态文明建设示范县，立足生态环保要求，结合交通发展需要，为县域交通现代化提供了“生态方案”。

第一节　象山县

象山县位于象山港和三门湾之间，三面环海、两港相拥，为浙江省宁波市下辖县，陆域面积1382平方公里，海域面积6618平方公里，海岸线长达925公里，占浙江省海岸线的1/8，辖10镇5乡3街道，常住人口约57万，入选首批国家生态文明建设示范县。

一、经济产业发展现状

1. 经济实力增强，产业特色鲜明

象山统筹疫情防控和经济社会发展，综合实力迈上新台阶。2021年，

象山地区生产总值达到670亿元（见图19-1），人均地区生产总值约11.7万元，财政总收入突破90亿元，以象山半岛为主体的国家级海洋经济发展示范区获批建设。象山产业特色十分鲜明，临港装备、绿色能源、功能材料等特色产业发展取得突破，形成以“临港装备为核心，汽模配、纺织服装两大传统优势产业，功能材料、绿色能源、海洋生物三大新兴产业”为主要内容的“123”产业集群。象山是浙江省首批建筑强县，建筑业企业年产值712亿元，居宁波市第1位。农业总产值稳居浙江省前列，水产品年产量居全国前五，象山海鲜驰名长三角，获评国家农产品质量安全县、国家渔业健康养殖示范县等称号。

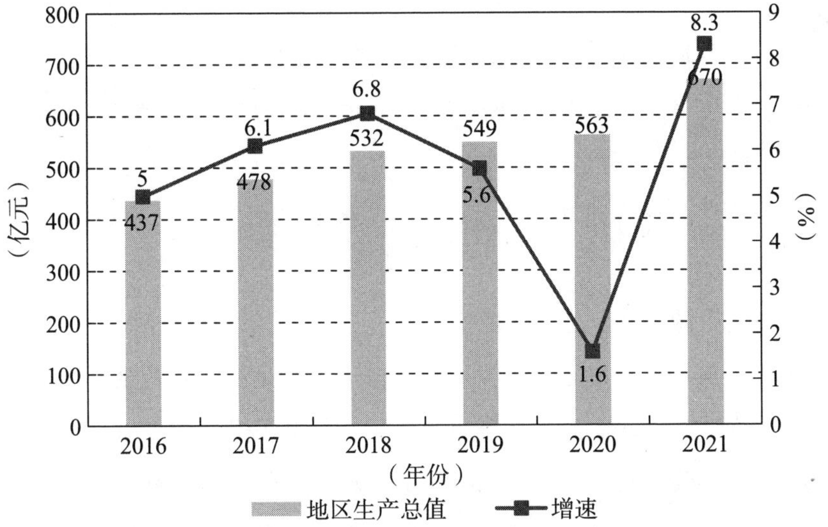

图19-1　2016—2021年象山县地区生产总值及增速

资料来源：2016—2021年《象山县国民经济和社会发展统计公报》。

【专栏19-1】

象山县部分特色产业概况

海洋渔业。渔业是象山的支柱产业，年产量位居浙江省各县（市）首位。2021年，全县海水产养殖面积16.8万亩，水产品产量62万吨，同比增长5%。

针纺织业。针纺织业是象山的传统优势产业，已形成集研发、纺纱、整染、印花、制衣、营销为一体的产业链条，客户遍及140多个国家和地区，是全国最大的针纺织品出口基地之一。

滨海旅游业。滨海旅游是象山民众增收致富的重点产业。2021年，受疫情冲击，全县接待游客614万人次，同比增长12.9%，恢复至2019年的98.1%；旅游总收入105亿元，同比增长2.9%，恢复至2019年的86.5%。

影视产业。宁波影视文化产业区是浙江省重点文化产业园区，2021年营业收入73亿元，同比增长53.9%。象山影视城是中国十大影视基地之一，获评宁波文旅类第一品牌。

资料来源：《2021年象山县国民经济和社会发展统计公报》

2.海洋资源丰富，生态环境优美

象山是典型的半岛县，海洋资源十分丰富，是浙江省乃至全国少有的兼具山、海、港、滩、涂、岛资源的地区，海域面积6618平方公里，海岸线925公里，海岛505个。北部象山港为著名深水良港，南部石浦港是国家中心渔港。象山是浙江省首批旅游经济强县，拥有4A级景区4个，入选国家全域旅游示范区首批创建名单，获评首批国家级海洋生态文明建设示范区、中国最美休闲度假旅游名县，素有“东方不老岛、海山仙子国”的美誉，拥有韭山列岛国家级自然保护区、花岙岛国家级海洋公园、渔山列岛国家级海洋生态特别保护区。森林覆盖率56%，空气质量优良率超过96%，环境治理指数全省第一，被称为“天然氧吧”。

【专栏19-2】

浙江宁波海洋经济发展示范区“一体二湾多岛”的空间布局

一体：指象山半岛东部区域（功能分区总面积105平方公里，含相关海岛），为示范区的主体区。

二湾：指象山半岛北面的象山港（功能分区总面积28平方公里，含相关海岛）和南面的三门湾（功能分区总面积16平方公里），为示范区的拓展区。

多岛：指“一体二湾”海域内分属各功能区块的重要海岛。

资料来源：《浙江宁波海洋经济发展示范区建设总体方案》

【专栏19-3】

《象山县全域旅游发展规划（2016—2030）》发展目标

近期目标（2016—2020年）：完成旅游体制和机构改革，实现旅游公共服务设施在重点片区和重点廊道的全面覆盖，成功创建国家全域旅游示范区和构建长三角滨海休闲度假旅游目的地。

中期目标（2021—2025年）：加强产业深度融合，延长旅游业产业链，培育新兴业态，通过新型营销，打响“影视、乡村、海洋”旅游品牌，拉动人均消费与重游频次，构建丰富多元的休闲度假旅游产品，吸引精品度假人群。

远期目标（2026—2030年）：巩固象山旅游业在长三角发展地位，全力打造滨海生活全域旅游目的地。

资料来源：《象山县全域旅游发展规划（2016—2030）》

二、交通运输发展现状

1.基础设施不断夯实

象山“一轴二环三纵四横”干线公路网基本形成，公路等级和养护水平显著提高。截至2020年底，公路通车里程达到1508公里，公路网密度达到109公里/百平方公里，虽略低于115公里/百平方公里的宁波市平均水平，但远高于52公里/百平方公里的全国平均水平。其中，高速公路46公里，一级公路156公里，二级公路35公里，三级公路377公里，四级公路894公里。港口基础设施建设步伐稳健，石浦港主航道一期工程稳步推进，石浦港外万吨级锚地、象山港港区大中庄5000吨级通用码头建设完成，中国供销集团象山国际水产物流园万吨级码头开工建设，中国浙江海洋运动中心（亚帆中心）建设稳步推进。随着象山客运东站的建成和象山石浦客运中心的建设，“一主两副”的综合客运枢纽格局基本形成。

【专栏19-4】

象山“一轴二环三纵四横”干线公路网

一轴：以甬台温高速复线（象山段）及石浦高速组成对外快速通道中心轴。

二环：环象山港疏港公路、环石浦港疏港公路。

三纵：沿海南线、茅石线、西长线等三个纵向次通道。

四横：西周—爵溪（象西线）、泗洲头—东陈（盛宁线）、新桥—象保（大下线）、定塘—昌国（马漕线）等四个横向连接通道。

资料来源：《象山县综合交通发展“十四五”规划》

2.运输服务持续优化

象山积极创建美丽渡口，在浙江省率先开展沿海农村渡运公交化改革，持续推进陆岛交通均等化发展，持续改善海岛居民出行条件。通过淘汰老旧船舶、培育海运企业、更新优质船舶等措施，全县水运运力规模不断增强，海洋运输船舶达95艘，总运力176万吨，港口货物吞吐量1670万吨。2021年，象山机动车保有量17.8万辆，同比增长7.6%，其中9座以下私家车14.6万辆，同比增长6%；全年货物周转量543亿吨公里，旅客周转量2.4亿人公里。此外，象山稳步推进数字公路建设，不断提高交通智能化水平，轨道交通、通用航空等取得突破性进展，客货运输服务能力和水平进一步提高，交通运输均等化水平和可持续发展能力不断增强。

【专栏19-5】

象山农村渡运公交化改革有关情况

象山渡船此前采取“以渡养渡”和承包经营的模式，在当时有效解决了民众水路出行的问题。但近年来，随着海岛居民的大量外迁，渡船经营效益日益低下，许多渡运管理问题和安全隐患不断暴露出来。渡船经营人为了追求经济利益的最大化，减少安全投入，导致渡船维护保养不到位，船况普遍较差，经常出现缺配船员的现象，渡工疲劳驾驶和渡船班次混乱等问题也同样影响了农村渡运安全。

2018年，象山县政府印发了《象山县农村渡运公交化改革实施意见》，由象山县财政出资注册成立农村渡运公交有限公司，承担渡运公交化服务职能，统一经营和管理纳入渡运公交化改革范围的所有渡船。渡运公交公司配备专业管理人员，同时优化渡运航线班次安排，推动定船舶、定航线、定航班的“公交化运营”。收购渡船后，渡运公交公司优先考虑聘用原先人员，并将渡工纳入公司统一管理，参照国企标准领取工资、享受社保，彻底解决渡工的后顾之忧。

资料来源：《象山县推进农村渡运公交化改革》

3.旅游交通快速发展

象山以最美滨海风景道为重点，努力创建美丽经济交通走廊，有效提升旅游产业服务保障能力，争创美丽经济交通走廊“象山样板”。“十三五”期间创建512公里美丽经济交通走廊，其中精品示范线176公里，获评全省首批万里美丽经济交通走廊示范县。通过“三改一拆”（改造旧住宅区、旧厂区、城中村和拆除违法建筑）、“四边三化”（在公路边、铁路边、河边、山边等区域开展洁化、绿化、美化行动）和“两路两侧”（公路、铁路两侧）行动，大力整治路域环境，同时启动主要公路两侧绿化景观提升工程，利用当地优美的滨海生态资源，因地制宜打造“一路一景”特色公路。2021年，象山旅游经济总收入105亿元，接待游客614万人次。

【专栏19-6】

象山美丽经济交通走廊项目

象山通过对衔接全县重要景区、特色小镇的主通道进行提升改造，打造37条集健身、休闲功能于一体的“美丽经济交通走廊”。该项目涉及象西线、沿海南线、茅石线等64条公路，总投资逾7亿元。象山将“美丽经济交通走廊”作为经济发展轴线，以沿线乡镇、特色村为节点，辐射城市滨海休闲度假区、环石浦港海洋旅游区等5个主要景观点，不仅提高居民出行的便利性，还完善沿线配套设施，因地制宜建设集行、游、健、娱等功能于一体的交通走廊，结合“三改一拆”“两路两侧”“四边三化”等专项行动，提升美丽公路整体“颜值”。

资料来源：沈孙晖，《象山打造37条“美丽经济交通走廊”》，宁波日报，2018年3月7日

三、推动交通现代化发展的主要举措

1. 加强港航资源整合开发

象山结合临港工业、滨海旅游、水产冷链等产业的发展，积极推进港航强县建设，完善港航基础设施和港口集疏运体系，加快港航资源的整合开发。一是明确石浦港、象山港的功能定位，打造以运输功能为主，兼备工业、商贸、旅游等功能的综合性、现代化港口。石浦港区定位为以国家级中心渔港、船舶修造和滨海旅游度假为中心，集客货运输、工业开发、海洋渔业和旅游为一体的综合性港区；象山港区定位为以散杂货运输、海洋产业配套及休闲旅游服务为主，兼顾电厂煤炭接卸的辅助港。二是提高港口航道的通行条件。象山对石浦港区主航道进行改扩建，启动航道配套锚地项目，使石浦港进入万吨级航道时代，同时对石浦港区主航道进行养护和疏浚，消除礁石和航道淤积对港口作业的影响。三是改善水上公共交通设施。以服务海岛居民出行和海洋旅游发展为导向，推动石浦港水上客运中心及配套场站建设，更新更换老旧渡船，推动渡口码头标准化，改善海岛和涉渡区域群众出行条件，促进海岛资源的合理开发利用。

2. 大力推动美丽交通建设

象山从交通基础设施规划建设、绿色节能载运工具推广使用、行业精神文明倡导创建等多维度，推动绿色交通向更高层次的美丽交通提升。一是强化工程项目的生态保护。严格落实交通规划建设项目的环境保护、水土保持等要求，加强山体、河岸等区域的植被保护和恢复，打造品质交通工程。二是加强资源集约利用。加强线位、岸线等资源的节约集约利用，减少耕地占用，依法依规避让永久基本农田，广泛采用节能环保的新能源、新材料，推动交通运输资源的循环利用。三是建设美丽设施。加快推进滨海、沿山、通景等美丽公路建设，进一步提升客运枢纽站、货运场站、沿海港口的景观和环境，打造美丽场站。

3. 积极推动交旅融合发展

一是完善旅游交通集散功能。推动象山城市旅游综合体（旅游集散中心）建设，加强与宁波机场和高铁站等交通枢纽的衔接。加强海陆、岛际之间的海上交通，完善邮轮、游艇码头和海上交通集散体系。推进旅游风景道、旅游绿道、自行车骑游道的建设，打造网络化、主题化的自驾、骑游、徒步游览线路。优先建设通往各景区、旅游小镇的道路，开通景区和特色村（点）之间的旅游专线或公交车。进一步开拓与主要客源城市的直通车、旅游专列，为游客创造更为便捷的交通出行条件。二是加强交旅配套设施建设。着力推进旅游交通配套设施建设，包括自驾游服务中心、生态停车场、自驾车房车营地、旅游标识等。完善松兰山国际汽车露营基地、中国渔村滨海汽车露营基地等的服务功能，积极举办汽车露营文化节，进一步提高象山露营文化的品牌影响力。

4. 提高公路管理养护水平

一是积极推进管养市场化。“十三五”期间，象山对1508公里通车公路进行养护，2017年开始实行公路保洁、绿化养护市场化改革，务实推进“管养分离”，提升养护效率、保障养护质量、提高廉政水平。推进桥隧检测市场化，通过政府采购、公开招标的形式，将5座跨海大桥的定期检测、经常性检测及全县隧道定期检测、隧道机电检测外包给具有检测资质的单位，弥补了象山公路段桥隧养护技术力量不足、机械设备缺乏的短板。二是建立健全农村公路管养体制机制。成立以县长为组长的工作领导小组，全面实行县、乡、村三级“路长制”。以“问题导向、目标导向”为原则，建立稳定充足的交通基础设施养护管理资金保障机制。促进交通项目设计、建设、运营环节的融合，推进全生命周期管理。积极推进农村公路建设中的信息公开，着力打造“阳光工程”。

第二节　金寨县

金寨县地处大别山腹地，鄂豫皖结合部，为安徽省六安市下辖县，辖23个乡镇、1个开发区，总面积3814平方公里，常住人口约50万，是安徽省面积最大、山库区人口最多的县。金寨县是中国革命的重要策源地、人民军队的重要发源地，被誉为“红军的摇篮、将军的故乡”，2017年入选首批国家生态文明建设示范市县。

一、经济产业发展现状

1.综合实力迈上新台阶

金寨县近年来保持良好发展态势，经济实力稳步增强。2021年地区生产总值达到225亿元，同比增长10.3%（见图19–2），三次产业结构调整为12.0∶44.7∶43.3，第二产业的主导地位进一步增强，规模工业企业突破100

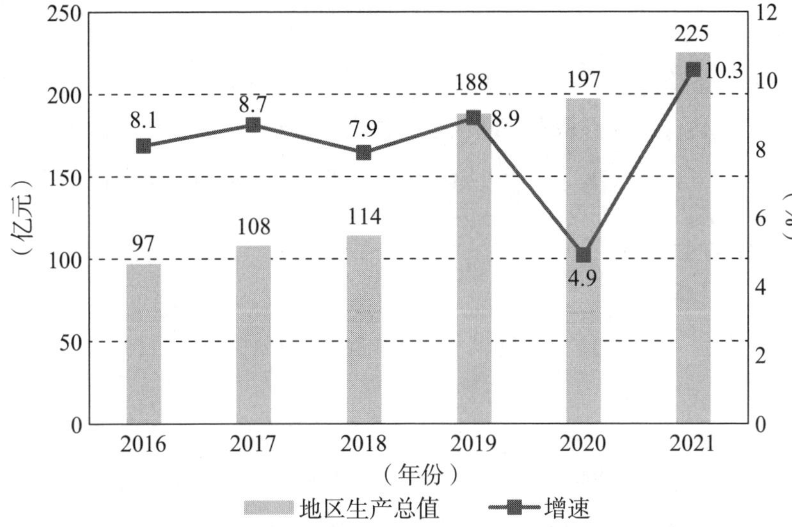

图19-2　2016—2021年金寨县地区生产总值及增速

资料来源：2016—2021年《金寨县国民经济和社会发展统计公报》。

家，制造业增加值占GDP比重达16.0%。消费市场强势复苏，社会消费品零售总额160亿元，同比增长27.0%。2020年4月，全县71个贫困村的13万名贫困人口全部脱贫，贫困发生率降为0，成功退出贫困县序列。此外，金寨县成功创建第六届全国文明城市，成为精神脱贫的典范，实现高质量摘帽。

2.产业培育迈向高质量

金寨县形成了以新能源、电子信息、中医药大健康、纺织等为支柱的产业架构，战略性新兴产业、高新技术产业快速发展，成功创建“国家高比例可再生能源示范县”。金寨县现代农业产业园生态茶谷、西山药库、江淮果岭等加快建设，油茶、茶叶、中药材等特色产业基地达100万亩，规上农产品加工产值近20亿元，获批国家现代农业产业园。全域旅游快速发展，成功创建国家全域旅游示范区，年接待游客超1200万人次，实现综合收入超45亿元。

3.生态文明续写新篇章

金寨县全面落实国家重点生态功能区政策，大力推进污染治理和生态修复，持续打好蓝天碧水净土三大保卫战。严格落实“河（湖）长制”“林长制”，广泛开展国土绿色行动，大力推进农村环境“三大革命”，持续推进农业“两个替代”。城镇生活污水处理率达96%，城乡生活无害化处理率达96%，全县森林覆盖率达75.5%，可再生能源占一次能源消费比重为82.4%，水源地水质达标率和省级考核断面水质优良率均达100%，出境水质均达到地表水Ⅱ类以上，空气优良天数占比达92%，耕地土壤环境质量达标率达95%。

【专栏19–7】

《金寨县“十四五”生态环境保护规划》发展目标

到2025年，在全面建成小康社会、全面打赢污染防治攻坚战的基础上，实现主要污染物排放总量明显减少，碳排放强度持续降低，生态系统稳定性显著增强，人居环境进一步改善，推进生态环境治理体系和治理能力现代化，实现生态环境质量持续改善，率先打造优质优良宜居宜业的生态高地，实现“三产”融合、“三生”协调的绿色发展新格局，成为红色基因传承示范县、“两山”理论践行先进县、区域协调发展特色县、乡村振兴样板县，全力打造发展强劲、特色鲜明、美丽幸福新金寨。

资料来源：《金寨县“十四五”生态环境保护规划》

二、交通运输发展现状

1.告别“出行难”

金寨县初步形成了以高速公路、铁路为依托、国省干线为骨架、县乡公路为筋络、村组道路互联互通的综合交通网络。截至2020年底，全县公路通车里程达5794公里，其中高速公路87公里，公路网密度达152公里/百平方公里，实现乡镇100%通二级公路，建制村100%通公交，生产居民组100%通硬化路，基本解决了农村群众出行的“最后一公里”问题。建成22个乡镇交通综合服务站、1个城区公交停车场和1个城乡公交首末站，投放车辆331辆，开通城乡公交线路93条，公交覆盖范围进一步拓展。沿江高铁合武段、宣商高速金寨段、支线机场等重大交通项目前期工作加速推进，金寨站成为安徽省唯一开行两趟始发列车的县级火车站。

2.走上“致富路”

随着城乡交通网络的不断完善，长期制约农村经济发展和资源要素流动的难题逐步破解。金寨县建设了一批资源路、旅游路、产业路，有效盘活了贫困地区资源。特别是大别山旅游扶贫快速通道金寨段的建成，带动了金寨迈上脱贫快车道，极大地促进了全县旅游经济发展。目前，全县共建成电子商务公共服务中心、县级物流快递集配中心各1个，乡级电子商务综合服务站点23个，村级快递服务站点224个。随着县、乡、村三级物流网络的不断完善，“农产品进城、工业品下乡”的双向运输通道进一步打通，依托城乡公交累计销售农特产品3.6亿元，实现了农产品电商交易额的快速增长。

【专栏19-8】

大别山旅游扶贫快速通道项目

获2021年国际道路联合会全球道路成就奖环境保护类专项奖

大别山旅游扶贫快速通道全长259公里，途经9个自然保护区、2个国家森林公园和1个国家地质公园，生态环境保护责任重大。该项目通过建立野生动物迁徙廊道、加强水土保持、恢复自然原生群落等手段，最大限度保持大别山森林生态系统稳定性和完整性，被誉为华东地区最美公路。项目同步规划设计12条连接线，串联了19个旅游景区，直接和间接受益群众达200余万人，成为新时代沿线区域乡村振兴和绿色发展的重要基础支撑。

2021年度国际道路联合会（IRF）全球道路成就奖（Global Road Achievement Awards，GRAA）被视为行业内最负盛名的国际性奖项之一，代表全球道路行业技术发展和管理水平的最高成就，旨在奖励将道路行业推向全球经济社会发展前沿的、创新性的项目和杰出人物。GRAA设置环境保护、设计、资产管理等12个专项奖，每个专项奖仅1个获奖名额。曾获环境保护专项奖的有塞尔维亚科索沃6号公路、中国宜巴高速、韩国麟毓—襄阳隧道、台湾地区西部滨海快速公路以及澳大利亚图文巴第二高速公路。

资料来源：六安市交通运输局

三、推动交通现代化发展的主要举措

1.围绕“交通+产业”打造“产业路”

2021年围绕“道路服务基地、基地支撑产业、产业助推振兴”的思路，继续实施“四好农村路”暨民生工程项目，涉及自然村通硬化路和联网路、建制村通双车道公路、县乡公路升级改造、危桥改造等工程。结合产业分布，全力推进交通基础设施建设，畅通茶叶、山茶油、猕猴桃、黄精、板栗等县域农特优产品的“致富路”。

2. 围绕“交通 + 旅游”畅通“旅游路”

按照全县“两大功能区、六大旅游区、一条旅游大环线和四大旅游接待运转中心”的总体规划，结合全县公路网络规划，统筹公路建设和旅游开发，建成了大别山旅游扶贫快速通道、小南京至泗道河红旅公路、高铁站至裕安旅游公路、山湖旅游大道等多条交通要道，打通了内外交通瓶颈，打造了“红岭公路”“马丁公路”等一批品牌旅游线路。完善安保防护、公路绿化、隧道照明等配套设施，加强公路驿站、应急中心、公交站所、旅游公厕、加油站点等基础设施建设。同时，将城乡公交运营一体化与全县“红、绿、蓝”旅游资源有效结合，针对景区旅客客流量大等问题提前安排公交车进行免费“摆渡”，缓解交通不畅给景区带来的压力。

3. 围绕“交通 + 电商”建设“电商路”

不断完善县、乡、村三级物流网络，打通农村物流配送“最后一公里”，着力打造全国电子商务进农村综合示范县。结合城乡公交运行线路，在全县22个乡镇公交站建设公交物流一体化站点。推进村级电商服务与快递代办、电商扶贫超市、振风超市有机结合，持续优化农村物流站点布局。推进民营快递物流企业整合，实现共同配送。谋划建设电商物流暨商贸仓储建设中心，建成服务新老城区、辐射周边的商贸仓储区，补齐仓储物流短板。加快冷库冷链保鲜设施建设，更好地保证农产品“出村进城”。

第三节　三江县

三江县位于桂湘黔三省（区）交界处，地处云贵高原和两广丘陵过渡地带，为广西壮族自治区柳州市下辖县，辖15个乡镇，总面积2454平方公里，常住人口约42万，主要居民为侗族、苗族、瑶族、壮族、汉族等民族，是广西唯一的侗族自治县，也是全国5个侗族自治县中侗族人口最多的县，素有“千年侗寨·梦萦三江”和“中国侗族在三江”的美誉。2019年入选第三批国家生态文明建设示范市县。

一、经济产业发展现状

1.综合实力稳中有进

县域经济持续健康发展，2021年全县实现地区生产总值85.12亿元，同比增长8.1%，经济增速位列全市第一，三次产业增加值占地区生产总值的比重分别为26.5%、17.6%和55.9%（见图19-3）。农业稳增形势好，肉类产品保持强劲增长态势；规模以上工业总产值同比增长21.3%，位列全市第二；第三产业提质增效加快发展，对经济增长的贡献日益突出。三江县获评“2020年广西高质量发展先进县”。

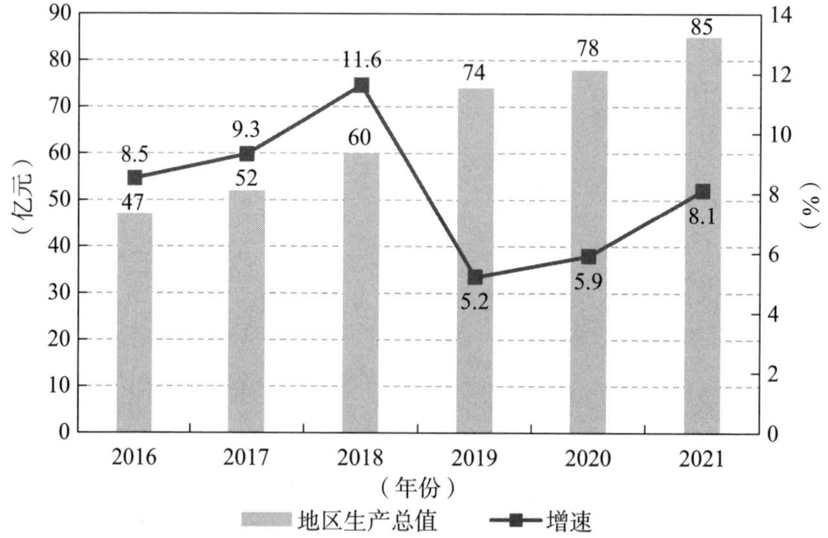

图19-3 2016—2021年三江县地区生产总值及增速

资料来源：2016—2021年三江县统计专报。

2. 生态产业不断壮大

三江县大力发展“两茶一木，种稻养鱼”等特色生态产业，现有茶园面积20.5万亩，年产值21.5亿元；油茶林面积61.7万亩，年产值5.2亿元；稻田综合种养面积7.7万亩，年产值1.6亿元。三江茶、三江茶油获批国家地理标志保护产品，三江稻田鲤鱼获国家农产品地理标志登记认证。三江县被认定为高山鲤鱼中国特色农产品优势区，荣获“2020年度茶业生态建设十强县”“2020年中国茶业百强县”“中国油茶之乡”“国家油茶产业发展重点县”“国家稻田养鱼标准化示范区”等称号（见表19-1）。

表19-1 2020年度茶叶生态建设十强县

编号	县（市）	编号	县（市）
1	贵州省石阡县	6	福建省福安市
2	湖南省石门县	7	广西壮族自治区三江侗族自治县
3	河南省商城县	8	湖北省五峰土家族自治县
4	云南省昌宁县	9	安徽省舒城县
5	江西省上犹县	10	四川省邛崃市

资料来源：中国茶业流通协会。

3. 旅游名县生态宜人

三江县旅游资源丰富，民族风情浓郁。侗族木结构建筑群闻名于世，全县现有鼓楼230余座，风雨桥200余座。境内有4A级景区6个，3A级景区4个，侗族村寨列入世界文化遗产保护预备名录6个，侗族大歌列入世界非物质文化遗产名录。三江县先后获得“亚洲金旅奖最具民俗特色旅游县”“美丽中国十佳旅游县”“中国文化先进县”“全国旅游标准化示范县”“广西特色旅游名县”等荣誉称号。三江县属于亚热带南岭湿润气候区，境内植被茂盛，江河密布，森林覆盖率接近80%，全年平均气温在17～19℃之间，空气环境质量保持国家一级标准，负氧离子含量为二级标准以上，养生资源得天独厚，是国家重点生态功能保护区、国家生态文明建设示范县。

二、交通运输发展现状

1.交通条件不断优化

贵广高铁、焦柳铁路、包茂高速、厦蓉高速、209国道、321国道在县城交会，形成了西进云贵高原、东连粤港澳、南下北部湾、北接湘鄂赣的“三纵三横”交通路网格局。三江南站是全国首个少数民族县级动车始发站，可直通桂林、南宁、广州、贵阳等城市，是桂湘黔三省（区）交界的交通枢纽，也是大桂林旅游圈、黔东南旅游圈和珠三角旅游圈的重要站点。铁路方面，焦柳铁路和贵广高铁分别纵贯、横贯三江全县，构成“一横一纵”的十字形铁路网布局。公路方面，三北高速S31与厦蓉高速G76在三江境内形成“T”字形高速公路网布局，G209、G321以及S506在三江境内形成“一横一纵”的十字形国省干线网布局。水运方面，全县水域覆盖面广，水运可沿融江直达柳州市，设有26处渡运便民码头，满足了群众日常生产生活出行需要。

2.运输能力持续增强

全县客运班线29条，其中省际16条、市际5条、县际3条、县内5条，日发班次232班，车辆数88辆，主要以县际及县内班线为主。全县160个建制村中，通行客运班线及公交车的行政村70个，通行预约响应客车的行政村90个，已实现建制村100%通客车。建成1个县级仓储物流配送中心，9个二级电商物流服务站及136个村级（社区）电商物流服务点，行政村电商网点覆盖率达85%。

三、推动交通现代化发展的主要举措

1.积极推进设施和线网改造

有序推进建制村双车道公路改造、窄路基路面公路拓宽改造或错车道建设。开展农村公路生命安全防护工程，持续推进公路危旧桥梁改造，打造“放心桥”，不断提升人民群众出行安全保障水平。积极推进县内班线公交化改造，通过推动城乡公交一体化发展逐步对县内客运班线进行替代。对于省际和市际班线，积极推进定制客运、包车运输发展，通过多元化运输模式满足群众出行需求。

2.大力推动交通绿色发展

在公路建设方面，要求所有工程必须达到生态环境保护要求方能开工建设。在水路运输方面，要求所有船民严格遵守《400总吨以下内河船舶水污染防治管理办法》，严禁将生活垃圾和船舶油污直接排入河道。在新能源车辆方面，积极鼓励企业改造老旧车辆，更换新能源车辆，为企业办理新能源车辆登记相关业务开启“绿色通道”。结合扶贫工作，在入户开展帮扶的同时向贫困户宣传生态环境保护工作和垃圾分类工作。

3.着力提升公路管养水平

全县基本形成了统一管理、分级负责的农村公路管理工作机制，按照“县道县管、乡道乡管、村道村管”的分级管理原则进行农村公路管理。县级人民政府是农村公路养护管理的责任主体，县交通运输主管部门负责农村公路养护中的大修、中修和县道的小修保养工作，各乡镇人民政府负责乡道、村道的小修保养工作。日常养护主要采用市场化养护模式，通过公开招投标竞选养护企业，承包县、乡公路日常养护工作。同时加大养护资金投入，加强公路路域环境治理，清除沿线违建（构）筑物，维护公路良好路容路貌。

参考文献

丁铭，2018.我县推进农村渡运公交化改革[EB/OL].（2018-12-20）[2022-06-26]. http://dzb.cnxsg.cn/html/2018-12/20/content_2_2.htm.

金寨县人民政府，2022.金寨县“十四五”生态环境保护规划[EB/OL].（2022-04-29）[2022-06-26]. https://www.ahjinzhai.gov.cn/xxgk/jzxghlt/lassswghzswj/zxgh/zdzxgh/35190523.html.

金寨县人民政府，2021.金寨县围绕“交通+”打造乡村振兴路[EB/OL].（2021-05-05）[2022-06-26]. https://www.luan.gov.cn/zwzx/jrla/dtxx/9610226.html.

六安市交通运输局，2021.我市大别山旅游扶贫快速通道项目荣膺2021年国际道路联合会全球道路成就奖环境保护类专项奖[EB/OL].（2021-09-13）[2022-06-26]. http://jtj.luan.gov.cn/zwzx/jtxw/4913823.html.

沈孙晖，2018.象山打造37条“美丽经济交通走廊”[EB/OL].（2018-03-08）[2022-06-26]. http://zj.cnr.cn/gedilianbo/20180308/t20180308_524157494.shtml.

象山县人民政府，2021. 2021年象山县国民经济和社会发展统计公报[R/OL].（2021-03-08）[2022-06-26]. http://www.xiangshan.gov.cn/art/2022/3/8/art_1229057754_3947689.html.

象山县人民政府，2021.象山县港航发展“十四五”规划[R/OL].（2021-11-26）[2022-06-26]. http://www.xiangshan.gov.cn/art/2021/11/26/art_1229550585_58967243.html.

象山县人民政府，2021.象山县国民经济和社会发展第十四个五年规划和二〇三五年远景目标纲要[R/OL].（2021-02-04）[2022-06-26]. http://www.xiangshan.gov.cn/art/2021/2/4/art_1229560659_1734152.html.

象山县人民政府，2021.象山县综合交通发展“十四五”规划[R/OL].（2021-12-22）[2022-06-26]. http://www.xiangshan.gov.cn/art/2021/12/22/art_1229595788_58969036.html.

三江侗族自治县人民政府，2022. 三江县2021年经济运行情况[EB/OL].（2022-02-14）[2022-11-10]. http://www.sjx.gov.cn/sjzt/sjfb/tjfx/202202/t20220214_3011429.shtml.

三江侗族自治县人民政府，2022. 三江概况[EB/OL].（2022-03-15）[2022-11-10]. http://www.sjx.gov.cn/zjsj/sjgk/.

宋昆儒，覃俗嶂，2021. 三江侗族自治县交通运输局多举措促进交通行业绿色发展[EB/OL].（2021-01-11）[2022-11-10]. http://jtt.gxzf.gov.cn/xwdt/jtxw/t7764468.shtml.

中商情报网，2020. 2020年度茶业品牌建设十强县名单[EB/OL].（2020-11-23）[2022-11-10]. https://baijiahao.baidu.com/s?id=1684130971359042238&wfr=spider&for=pc.

第二十章
自然条件恶劣县交通运输发展实践

我国自然灾害种类多、分布地域广、发生频率高、造成损失重，在自然条件恶劣的地区推动交通运输发展面临诸多困难和挑战。本章考虑自然条件限制，根据产业分布特点，以位于地震重灾区的汶川县，以及高原高寒地区的芒康县为例，为县域交通现代化提供了“防灾方案”。

第一节　汶川县

汶川县位于岷江上游，青藏高原东南部、四川省西北部，面积4084平方公里，辖9个镇，是民族地区、革命老区、地震重灾区。2008年“5·12”汶川特大地震、2018年“4·8”龙溪阿尔山体滑坡、2019年“8·20”强降雨特大山洪泥石流等自然灾害给汶川造成了巨大损失，因此汶川在交通发展中重视提高防灾救灾减灾能力和应急保障水平。

一、经济产业发展现状

1.经济实力快速增强

汶川积极推动灾后重建，综合实力快速增强，县域经济发展水平稳居全省51个少数民族县（市）前列，4次荣获全省县域经济发展先进县等称号。2021年地区生产总值达到82亿元，同比增长7.6%（见图20-1）；常住人口约8万人，人均地区生产总值约10万元。贫困县摘帽、贫困村退出、贫困户脱贫三级目标任务全面完成，贫困发生率降为0。三次产业结构不断优化，农业产值占比接近16%。规模以上工业企业39家，占阿坝藏族羌族自治州的28.1%，稳居阿坝藏族羌族自治州13县（市）第1位，规上工业增加值同比增长10.6%。阿坝铝厂进入四川民营企业100强，实现了川西北地区民营企业"零"的突破。

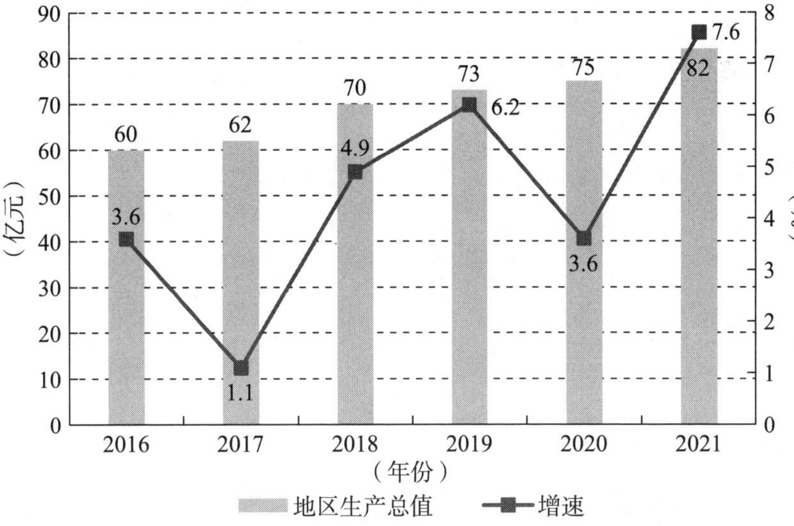

图20-1　2016—2021年汶川县地区生产总值及增速

资料来源：2016—2021年《汶川县国民经济和社会发展统计公报》。

2.特色产业加快发展

汶川不断完善"6+3"现代农业产业体系，加快构建"1+N+E"现代绿色工业产业体系，积极搭建"1+6"现代服务业体系，特色产业快速发展。现代农业产业根基不断壮大，被认定为四川省第三批食品安全示范县，"汶川甜樱桃""汶川脆李子"成功申报为全国名特优新农产品。不断优化工业园区布局，严格落实"营改增"、减费降税等政策。康养旅游引领效应显著增强，重点打好大熊猫、大遗址、大禹三张牌，加快建设"无忧地、慢生活”国家级旅游度假区，成功入选四川省首批全域旅游示范区，成为全省首批“天府旅游名县”，萝卜寨、东门寨入选“四川最美古村落”。2021年，汶川共接待游客763万人次，同比增长13%，实现旅游综合收入59亿元，同比增长14.8%。

【专栏20-1】

汶川“6+3”现代农业产业体系、
“1+N+E”现代绿色工业产业体系、“1+6”现代服务业体系的内涵

“6+3”现代农业产业体系：“6”即汶川果（汶川三宝）、汶川畜（禽）、汶川菜、汶川茶、汶川药、汶川竹6大主导产业；“3”即做强现代种养业、农机装备、冷链物流三大支撑产业。

“1+N+E”现代绿色工业产业体系：“1”即汶川县工业园区；“N”即未纳入漩口新型工业园区的县境内其他工业集中区，包括桃关工业片区、七盘沟中小微科技园区、板子沟新材料工业集中区等；“E”（enclave，释义“飞地”）即在汶川县境外、与其他经济发达地区合作的工业园区，包括成阿园区、德阿园区等。

“1+6”现代服务业体系：“1”即创建国家全域旅游示范区；“6”即现代商贸物流、现代金融、现代教育（培训）、休闲康养、文体产业、特色餐饮等六大支柱型产业。

资料来源：《2020年汶川县人民政府工作报告》

二、交通运输发展现状

1. 交通网络不断完善

交通基础设施网络越织越密，汶马高速（汶川段）全线贯通，成汶（汶彭）高速纳入省高速路网规划，都四山地轨道（汶川段）正式动工，G317友谊隧道至映秀改线项目有序推进，农村公路建制村通达率、通畅率均达到100%。被称作“震中第二生命线”的都汶高速于2012年建成通车，实现了阿坝州高速公路“零”的突破，将汶川到成都的时间从原来的4小时缩短为1.5小时。持续深化“小巧玲珑精美精致”的城镇建设，无忧健康绿道达43公里。当前，汶川公路总里程1087公里，其中高速公路65公里。全年公路客运周转量5.8亿人公里，公路货运周转量25亿吨公里。

2. 乡村客运有序发展

汶川全县共建设农村客运站5个，招呼站111个；拥有城乡公交车25辆，预约式农村客车20辆，农村客运班车55辆，乡镇和建制村通客车率均达到100%。客车捎货下乡的模式逐步推广，电商物流不断融合发展，美丽经济的交通走廊逐步成为乡村经济发展的轴线，为乡村振兴发挥积极作用。汶川创新“四好农村路”的日常管养机制，逐步建立“路长制”，实行“县道县养、乡道乡养、村道村养”的养护模式，推行网格化管理，设置网格1500余个，实现农村公路“管养在格中、会商在格中、整改在格中”。从2012年起，县财政每年安排预算资金200万元用于农村公路养护，同时健全养护管理考核激励机制，有效激发农村居民道路管养的积极性。

3. 运输市场不断规范

汶川务实做好道路交通安全综合治理工作，以更高标准、更实举措、更严要求，全力确保汶川道路交通安全形势持续稳定。尤其是加强在国庆、春节等节假日的道路安全治理，重点解决国道213线超负荷运行、农村道路管控难度大、砂石车辆运行不规范、运输企业数量和车辆众多等问题。为规范客运市场秩序，汶川组织开展专项整治行动，覆盖面包车、公交车、出租车、旅游车等多种车型，对非法营运车辆进行处罚，对出租车未按规定摆放驾驶人员服务证、农村客运车辆未按规定悬挂标志灯、公交车车身颜色和标志未统一、营运车辆车容车貌不整洁等问题进行全面检查并限期整改。

三、推动交通现代化发展的主要举措

1. 加大基础设施改造力度

一是推动公路改造升级。为解决“大灾大堵、小灾小堵”的问题，汶川先后实施了威州、雁门、克枯、绵虒等11个乡镇的公路加宽改造工程，打通县、镇、村路网微循环，同时加快推动高速公路“四向拓展”。为完善四川省北部偏远地区路网格局，汶川推动G317线友谊隧道至映秀段改建，路线全长近13公里，设计速度40公里/小时，桥隧占比51.3%，按二级公路标准建设，建成后将有助于强化阿坝州与内地的交通联系，推动少数民族地区经济发展与社会进步。二是积极推进通用机场建设。按照《四川省人民政府关于印发四川省通用机场布局规划（2016—2030年）的通知》，汶川县二类通用机场已经列入规划，前期工作已正式启动，届时将可提供应急救灾、旅游观光、驾驶培训、航空摄影、测绘、商务包机等服务，助力构建综合立体交通网络。

2. 提高交通运营管理水平

一是提高农村客运覆盖广度。汶川以定时定线和预约响应相结合的模式，大力拓展农村客运服务的覆盖广度和通达深度，实现全县建制村100%通客车的目标，同时完成111个农村客运招呼站牌的安装工作。汶川县建制村共计111个，其中通定时定线班车的建制村51个（占比49%），通电话召约客车的建制村60个（占比51%）。二是推进公交营运机制改革。全面加强对客运班线、出租车、人力三轮车的管理，加强服务质量巡查和整治，及时调查处理投诉，不断提升服务水平，为群众出行创造良好环境。大力宣传建制村通客车的要求、标准、模式等相关内容，进一步提高农村客运在群众中的影响力和知名度，引导群众积极支持农村客运发展，用高效、便捷、实惠的公共交通服务提升广大群众的幸福感和获得感。三是切实做好交通保畅工作。通过提前制定道路交通安全管理办法、实行货车远端分流、提高路面见警率等方式，切实做好“潮汐式”交通保畅工作，重点确保节假日期间G213线都汶路段安全畅通。

3.着力推动交旅融合发展

一是着力构建“快进慢游”旅游交通网络。加快推进高速公路、国省干线、“四好农村路”、山地轨道建设，重点推进南部生态颐养内环线（即漩三路旅游公路和水刘环线、漩三新环线），北部运动康养内环线（即龙溪阿尔沟旅游公路和威州镇万村至萝卜寨环线道路、威克环线、绵草环线）“两大内环线”建设，打好交通建设大会战，全力建设“内畅外联、快进慢游、绿色低碳、安全高效”的综合交通运输体系。二是开展文旅攻坚行动。汶川按照“交通+旅游”的思路，提速推进熊猫大道、茶马藏羌风情大道（汶川段）等旅游示范路建设，加强公路养护管理和交通安全监管，为文旅发展和乡村振兴提供强有力的交通保障。

4.着力提升应急保障水平

一是完善交通应急管理体制机制。汶川加强“1155”应急管理经验的运用，着力构建统一指挥、反应灵敏、协调有序、运转高效的应急管理机制，成立汛期和重要节假日交通保障工作领导小组，实行“一把手”负总责，分管领导具体负责，责任层层分解到室到人。二是完善交通应急预案。科学制定汛期和春运、五一、中秋、国庆交通保障应急预案，成立道路抢险保畅组、道路运输协调组和后勤保障组，积极与各类运输企业、车站及各乡镇对接，统筹协调抢险机械、人员和应急运输车辆，干部职工随时保持备战状态，坚持全年24小时值班。三是积极组织开展应急演练。积极组织各运输企业和车站开展汛期应急演练，掌握应急处置流程，不断提升交通运输应急处置能力。例如，汶川汽车站和金达高速公司联合开展2019年汛期联合应急演练，模拟应对雁门镇麦地村口公路突发山体滑坡导致客运大巴被困的紧急情况。2020年8月，强降雨特大山洪泥石流灾害发生后，汶川县立即启动应急预案，机械、车辆和人员快速到位，及时抢通道路，待河水消退后，及时组织开展恢复重建，有效保障道路安全畅通。

【专栏20-2】

汉川“1155”应急管理经验的内涵

“1”：建立“一个中心”，即应急管理中心。

“1”：打造“一支队伍”即应急救援队伍。

“5”：健全“五大体系”，即组织体系、监管体系、法治体系、诚信体系、保险体系。

“5”：落实“五项措施”，即主动防灾、主动避灾、主动治灾、主动巡查、主动群防，通过精准施策引领政府应急工作现代化。

资料来源：《2020年汶川县人民政府工作报告》

第二节 芒康县

芒康县位于西藏自治区东南部，昌都市东部，地处川、滇、藏三省区交汇处，是西藏的东大门。面积1.16万平方公里，下辖2镇14乡（含1个民族乡），常住人口约8万。芒康县平均海拔4317米，年均气温10℃，无霜期仅95天，自然灾害有洪水、干旱、霜冻、冻土、泥石流等。

一、经济产业发展现状

1.经济规模稳步扩大

芒康县大力实施“特色农牧立县、矿产水电强县、生态旅游富县、文化教育兴县”的发展战略，立足补短板、优结构、增动力，着力推动经济高质量发展。2020年实现地区生产总值约29亿元，同比增长11.5%。农牧民人均可支配收入约1.3万元，同比增长13.6%；城镇居民人均可支配收入预计3.7万元，同比增长10.4%。芒康县产业融合发展示范园先后被评为全国农村创业创新园区和自治区级科技企业孵化园，依托横断山脉的高原特色农牧资源，通过发展物流集散配送、加工和深加工，实现农牧业和服务业的融合发展。

2. 特色产业快速发展

近年来，芒康县大力实施高原特色优势产业孵化，积极打造高原畜牧、精品粮油、阳光果蔬、林下资源四大高原生物产业集群，全面推进高原瓜果、索多西辣椒、徐中大蒜、人工种草四大种植基地，以及卡若香猪、红拉山鸡、阿旺绵羊和牦牛四大养殖基地建设，产业项目初具成效。目前，芒康县干鲜果基地面积达2.8万亩、辣椒种植面积1500亩、新建饲草基地4000亩，阿旺绵羊存栏7.5万余只、卡若香猪存栏2.6万余头、红拉山鸡存栏2.5万余只、牦牛存栏20万余头。不断加强旅游基础设施建设，曲登荣许旅游小镇、二道班温泉旅游中心、纳西乡民俗风情街、觉巴山观景台、拉乌山自驾露营地、曲孜卡温泉供水工程等进展有序。按照“一村一精品、一乡一特色”发展思路，着力打造高原特色葡萄酒产业，有效促进了农业发展和群众增收。

【专栏20-3】

芒康四大种植基地和四大养殖基地的布局

在种植业上，根据气候不同，在海拔2600米以下乡镇集中种植以葡萄、蜜橘为主的瓜果业，在海拔3100～4000米乡镇重点种植人工种草。根据地域不同，重点在南部三乡规划以葡萄、蜜橘为主的干鲜果基地，在徐中、索多西等乡镇规划以辣椒为主的食材种植基地，在嘎托、洛尼等乡镇规划以人工种草为主的饲草料种植基地，在帮达、莽岭等乡镇规划以芜根为主的产业基地。

在养殖业上，在南部、中部乡镇规划红拉山鸡、卡若香猪、奶牛养殖基地，在北部乡镇规划阿旺绵羊、牦牛短期育肥基地，使产业布局不断合理和优化。

资料来源：周婷婷，《芒康县以产业发展带动群众脱贫增收》，中国西藏新闻网

二、交通运输发展现状

1.交通条件不断改善

新中国成立前，芒康是川藏、滇藏茶马古道的必经之地和重要驿站，但道路崎岖、陡险难行。新中国成立后，随着国省干线和县乡公路的不断修建，交通条件日益改善。目前，国道G318、国道G214在芒康县境内交汇，省道S501线贯穿南北，距离迪庆香格里拉机场、昌都邦达机场、甘孜康定机场约5个小时车程，基本形成以县城为中心的城乡公路交通网。

2.电商物流快速发展

芒康县积极推动电商物流发展，县、乡、村快递物流体系逐步建立，城乡双向通道基本畅通，不仅有效破解地方农牧产品上行的物流瓶颈，还极大助力“服务三农”和“乡村振兴”。西藏芒康县电商物流成都分拨中心功能日益完善，开通了成都—芒康快运专线，成都、芒康之间的小件货物实现次日达，辣椒酱、葡萄酒、藏香猪肉等农牧产品可覆盖全国各地，分拨中心日均为芒康县各农牧企业代发产品50余单，为芒康县居民快运网购商品100余件。芒康电商开辟、运营6条快递下乡线路，覆盖11个乡镇、20多个行政村，电商快递下乡实实在在便利了乡村农牧民的生活。此外，

藏东（川滇藏）农产品综合物流园不断做大做强，具备物流大数据、智慧云仓、物流分拨、生鲜冷链等综合物流服务功能，助力芒康打造“西藏物流桥头堡”。

三、推动交通现代化发展的主要举措

1. 积极破解城乡物流瓶颈制约

多年来，农村地区收发货不易、物流运费高、运输时间长等问题在一定程度上影响了芒康县农牧经济发展的步伐。为响应国家推进农村物流发展的号召，支撑服务乡村振兴建设，芒康县着力构建以县域综合物流中心（物流园）、乡镇配送节点、村级公共服务点为支撑的城乡三级配送网络体系，按照“统一标准、统一标识、统一设施”的要求，切实有效解决农村快递物流“最后一公里”问题。2020年8月启动了电商智慧物流工程，建设农牧产品电子商务集配送中心，采购电商快递智能分拣设备，为农产品出村进城提供有力支撑，电商物流成都分拨中心的建设更是将芒康县的农产品覆盖范围拓展至全国各地。

2. 着力提高交通安全保障水平

芒康县海拔高，多雨雪冰冻天气，山体滑坡、泥石流阻断公路的事件频发。例如，2021年6月，芒康县出现持续大面积、高强度的集中降雨，导致山洪、滑坡、泥石流等地质灾害频发，川藏公路芒康到巴塘段58公里的路段，水毁点从65处增加到99处，是近年来川藏公路芒康段受损最严重的一次。为应对多发的自然灾害，芒康县编制恶劣天气交通管理工作应急预案，坚持部门联动、区域联动的工作原则，加强道路抢险、管控、疏通工作，全力确保广大群众生命财产安全。此外，为提高道路交通事故应急处置能力，芒康编制印发了道路交通事故应急预案，明确职责任务，分级分类应对道路交通事故。

【专栏20-4】

芒康县道路交通事故应急预案的启动条件和组织架构

1.启动条件

发生一般及以上道路交通事故，县道路交通事故应急处置指挥部对接报信息及时研判，做出是否启动本预案的决定。当事态难以控制或者有扩大、发展趋势时，县应急委员会应当迅速报告市应急委员会，请求支援。当事态演变扩大到新的级别时，县应急委员会应及时报市应急委员会做出启动新的等级应急机制的决定。

Ⅳ级（一般交通事故）：一次死亡3人以下的事故或一次重伤3人以上10人以下的事故。

Ⅲ级（重大交通事故）：一次死亡3人以上10人以下或一次重伤10人以上的事故，或直接经济损失500万元以上1000万元以下的事故。

Ⅱ级（特大交通事故）：一次死亡10人以上30人以下的事故或直接经济损失1000万元以上5000万元以下的事故。

Ⅰ级（特别重大交通事故）：一次死亡30人以上或直接经济损失5000万元以上的事故。

2.组织架构

领导机构：芒康县道路交通事故应急处置指挥部，下设办公室在县公安局交警大队。

成员单位：县公安局、交通局、公路管理段、安监局、司法局、卫计委、环保局、法制办、监察局、气象局、文体广电旅游局、消防大队、事故发生地乡镇。

资料来源：《芒康县道路交通事故应急预案》

3.深入开展“文明交通”行动

文明交通既是城市文明程度的重要标志，也是交通现代化的衡量因素之一。为创造文明、安全、畅通、有序、和谐的道路交通环境，芒康县在全县范围内组织开展文明交通行动。一是开展文明交通宣传。印制并发放“一盔一带”和文明安全出行倡议书等交通安全宣传资料，提升全县干部群众安全交通、文明交通意识。利用微信公众号高频次发布警示案例、曝光违法行为等，形成线上强大舆论声势。二是开展文明交通劝导。印制交通安全“温馨提示卡”，向私家车、出租车、危化品运输车、客车、货车等车辆驾驶员发放。大力宣传酒驾处置法律和处置办法，劝导群众养成开车不喝酒、喝酒不开车的良好习惯。三是开展文明交通整治。大力推进“平安交通·百日会战”专项整治行动，进一步预防重特大道路交通事故。在人流量集中的菜市场、商铺、饭店等区域周边道路设置执勤点，对外卖骑手不佩戴安全头盔、乱停摩托车和电动车、随意变道逆行等不文明、不安全的交通行为进行联合集中整治。

参考文献

阿坝日报，2021.锁定“两大内环线”构建交通大格局——汶川县加快推进交通建设纪实[EB/OL].（2021-01-07）[2022-06-26]. http://www.abadaily.com/abrbs/abrb/202101/07/c132219.html.

昌都文明网，2020.芒康县深入开展“文明交通”行动[EB/OL].（2020-07-24）[2022-06-26]. http://xzcd.wenming.cn/shouye/cd005/202007/t20200724_6599993.shtml.

梁侠，2022.西藏芒康：电商智慧物流工程助力乡村振兴[EB/OL].（2022-03-19）[2022-06-26]. http://m.tibet.cn/cn/news/yc/202203/t20220319_7167730.html.

芒康县应急管理局，2019.芒康县道路交通事故应急预案[EB/OL].（2019-02-19）[2022-06-26]. http://yjj.chayu.gov.cn/sitesources/mkx/page_pc/

aqjg/yjgl/articlebc5ce737552a4469864966fa7a6f85cc.html.

汶川县人民政府，2020. 2020年汶川县人民政府工作报告[R/OL].（2020-05-13）[2022-06-26]. http://www.wenchuan.gov.cn/wcxrmzf/c104660/202105/60495e2d777a40da8754ba0462532c7d.shtml.

汶川县人民政府，2020.构建立体交通网络——畅通汶川未来可期[EB/OL].（2020-09-24）[2022-06-26]. http://www.wenchuan.gov.cn/wcxrmzf/jrwc/202009/4e2b83c4709c48f395221f832bfc766b.shtml.

周婷婷，2020.芒康县以产业发展带动群众脱贫增收[EB/OL].（2020-06-16）[2022-06-26]. http://epaper.chinatibetnews.com/xzrb/202006/16/content_32897.html.

第二十一章
边境县交通运输发展实践

我国陆地边境线总长约2.28万公里，同14个国家毗邻，边境县作为我国对外开放的重要门户，是国家安全与稳定的“压舱石”，也是我国少数民族聚居地，在我国经济社会发展中具有重要战略地位。加快推进边境县交通基础设施网络建设，在重要通道方向加强与周边国家互联互通，对推进全方位对外开放、保障国家安全、深化次区域合作、促进民族团结和边疆稳定具有特殊重要的意义。

第一节　东兴市

一、基本概况

东兴市是广西防城港市下辖县级市，位于我国大陆海岸线最西南端，与越南北方最大经济特区芒街市仅一河之隔，是我国通往越南乃至东盟国家最便捷的海陆通道；1958年被列为国家一类口岸，1996年成立县级市，行政区域面积590平方公里，海陆边境线89公里。近年来，东兴市坚持“边海联动、全域开放”，用好“东兴国家重点开发开放试验区、沿边金融综合改革试验区、跨境经济合作区、边境经济合作区、边境旅游试验区、边民互市贸易区”等六大国家级开放平台，全力构建跨境“贸易、加工、旅游、金融、电商、物流”主导的边海山现代经济新体系，推动经济社会发展步入了快车道。人均GDP、“两民”收入等经济指标保持在广西前列，获得国家表彰30多项，“跨境经济助力兴边富民”等经验模式在全区、全国复制推广，先后荣获“中国最具海外影响力城市”“中国最具竞争力百强县”“中国电子商务百强县”“全国双拥模范城”“全国十佳乡村振兴示范市”“广西科学发展进步县”“广西特色旅游名县”等荣誉称号。2017—2018年两度跻身全国全面小康指数百强县。

二、交通运输发展概况

东兴市交通运输方式比较齐全，近年来，全市综合交通基础设施加快完善。铁路建设实现重大突破，防城港至东兴铁路项目已于2018年开工建设，项目建成后，将与越南规划的河内至海防至芒街铁路相连，构成中国（广西）—东盟铁路运输的南部通道。公路网建设覆盖广泛，截至2020年，东兴市等级公路总里程达322公里，二级以上公路占比约28%，在防城港市各县（市、区）高等级公路发展水平中排名靠前。干线公路提级改造加快实施，跨境合作区“三纵三横”主干路网加快推进。农村公路已实现全域通达，3个镇均通二级及以上公路，31个建制村全部通四级及以上公路，543个屯（组）已全部通硬化道路。口岸基础设施逐步完善，目前东兴市有一个国家一类口岸东兴公路（陆运）口岸，共有北仑河一桥、二桥两条通道，2020年7月16日北仑河二桥正式开放，口岸货物通关启用“提前审结”模式，通关时间得到大幅压缩，进一步提升了口岸通关的便利化。2015—2019年东兴口岸进出口客运量和货运量年均增长率分别达19.2%、26.6%，出入境车辆年均增长率达34.9%。水运港口发展颇具潜力，2018年东兴市港口货物吞吐量达584万吨。其中潭吉港为东兴市年吞吐量最大的货运码头，带动江平工业园发展成为面向东盟、以进出口加工业为主的新兴工业区，并逐步发展成为中国—东盟自由贸易区最前沿的商品加工基地。

三、主要经验做法

一是加快完善对外互联互通交通基础设施。加快建设畅通国际、国内铁路通道，加强与越南铁路的互联互通，稳步推进防城港至东兴铁路和东兴高铁站的建设进程。打造高质量公路网络，构建国际陆路运输大通道，东兴市积极加强与越方交通的沟通衔接，推动中越两国畅通东兴—越南芒街—下龙—河内的高速公路运输大通道。

二是大力提升交通基础设施发展质量和覆盖效率。东兴市积极加强国省干线提级改造，加快东兴市县际连通公路提级改造，积极推动实现全市国道全部提级为一级公路，省道全部提级为二级及以上。同时，以提升等级公路覆盖率和各居民点为节点的连通度为重点，加快完善基础设施网络，提高公路网结构质量。推动农村公路高质量发展，加快提升通村公路通行条件，力争全面实现“村村通三级”“四好农村路”建设目标。完善专项公路网络布局，着力发展产业资源路、集疏运公路、旅游公路等专项公路。

三是注重加快补齐交通运输发展短板。加快补足港口发展短板，积极推动潭吉港、竹山港、京岛港边贸码头改扩建，改善码头集疏运通道条件，推动东兴水运复兴，助力东兴多式联运发展。充分挖掘水上旅游资源，对于海、江、湖沿岸可利用水运交通的村屯，设立一定数量的旅游停靠点。推动通用航空发展，抢抓自治区和防城港市建设民用航空机场和通用航空机场的有利机遇，积极推动东兴市通用机场前期工作，力争尽早实现开工建设。

四是大力提升国际交通运输服务质量。积极拓展国际运输和区域运输市场，推动完善广西与越南国际道路运输磋商机制，纵深发展东兴市与芒街直达客货运输线路，努力构建安全、便捷、畅通、高效的国际道路运输网络。规范国际道路运输市场，提高国际道路运输企业的竞争力，发展若干个跨国运输的客货运输龙头企业，实现整车货物运输、小件快速货物运输、班车客运、旅游客运等多种运输方式并存的国际道路运输体系。

第二节　绥芬河市

一、基本概况

绥芬河市位于黑龙江省东南部，面积460平方公里，人口20万，与俄滨海边疆区接壤，边境线长27公里，是我国沿边开放重点口岸和全省对俄合作主通道。绥芬河地处东北亚经济圈的中心地带，西距哈尔滨460公里，东距俄罗斯符拉迪沃斯托克190公里，既是东北地区参与国际分工的桥梁纽带，也是“中蒙俄经济走廊”和俄罗斯远东大开发战略对接的重要节点，被誉为连接东北亚和走向亚太地区的“黄金通道”。绥芬河作为东北亚经济圈重要的“节点”城市，同世界上100多个国家和地区建立了贸易关系，进出口货运量、对外贸易额在全国沿边口岸名列前茅，口岸货运量曾连续多年占黑龙江省边境口岸总量的70%以上，对俄贸易额曾连续多年占黑龙江全省的一半以上，形成了一般贸易、边境贸易和民间互市贸易同步推进，商品贸易和服务贸易共同发展的互动格局。绥芬河对俄进出口商品达到171大类、1400多个品种，成为我国最大的俄罗斯木材进口集散地和重要的资源能源进口口岸；设立了全国首个中俄互贸交易结算中心，开通了全国首家铁路互贸交易市场，在全国首次推行边民合作社组织形式，互市贸易进口国家拓展至韩国、蒙古、哈萨克斯坦等七国，是目前全国开展互贸交易国别最多的口岸。获批国家跨境电商综合试验区，开通了“1210”和“9610”跨境电商保税备货和跨境交易服务平台。

二、交通运输发展概况

沿边开放40多年来，绥芬河交通运输取得了长足发展。滨绥铁路与牡绥快速铁路横贯东西，规划中的东边道铁路纵贯南北，G10高速公路、G301国道和S206省道等穿境而过，加速了绥芬河口岸人流、物流、信息流的畅通。出境铁路、公路与俄罗斯太平洋沿岸港口群联通，形成国际联运大通道。公路口岸、铁路口岸改造升级实现新突破，现有公路、铁路两个国家级一类口岸，综合过客能力600万人次、过货能力3850万吨。绥芬河机场即将通航，“三位一体”的立体化国际口岸、大交通网络格局正在逐渐形成，绥芬河口岸的竞争力正在实现质的飞跃。近年来，绥芬河市积极探索促进沿边口岸发展新路径，以公路、铁路两个国家级一类口岸为支撑，“打通内循环、畅通外循环”，全面增强对外开放、对内集散能力。同时，坚持建管联动，完善基础设施，承载能力不断增强。哈绥高铁开通运行，公路客运枢纽站投入使用，丹阿公路绥芬河段全面竣工，绥芬河机场试飞成功，立体化交通格局加快形成，在高质量发展的道路上迈出坚实步伐，已初步形成集公路、铁路、航空、境外港口于一体的现代化立体式交通网络。以绥满铁路为轴，向东可依托俄罗斯远东港口借港出海贯通日韩及北美，连接“冰上丝绸之路”；向西可辐射俄罗斯全境和欧洲腹地，是目前我国通往日本海的唯一陆路贸易口岸。

绥芬河铁路口岸

图片来源：绥芬河市人民政府门户网站。

三、主要经验做法

一是积极构建立体跨境国际物流集疏运体系。近年来，相继开工建设绥东机场和公路口岸货检区，加快龙运物流园、格城保税物流园建设，提高铁路集装箱堆场储存能力和作业效率，促进俄方公路口岸和铁路扩能改造，加强跨境高速铁路、高速公路的顶层设计，构建铁、公、海、空于一体的集疏运综合物流体系。依据绥芬河的区位优势，结合产业功能区分布和集疏运设施建设的实际，围绕绥芬河口岸国际物流规划布局构建绥芬河口岸集疏运体系，以公路、铁路、航空（正在建设）三个国家一类口岸为核心，以G10、滨绥铁路、绥芬河空港至阿尔乔姆空港、哈巴罗夫斯克空港为纽带，连接绥芬河边境经济合作区、绥芬河综合保税区、国际物流园区（内陆港）、互市贸易区、俄罗斯格城保税物流仓储加工园区、海参崴保税物流仓储加工园区等六区，铁路堆场，以及绥芬河空港、阿尔乔姆空港、哈巴罗夫斯克空港、符拉迪沃斯托克（海参崴港）、纳霍德卡（东方港）等五港，打造形成“公、铁、海、空”立体跨境国际物流集疏运体系。

二是加快畅通公路口岸集疏运网络。着力打造形成以公路口岸为窗口，G10公路为纽带，连接边境经济合作区、综合保税区、国际物流园区、互市贸易区、俄罗斯格城保税物流仓储加工园区、海参崴保税物流仓储加工园区六个特殊功能区的公路口岸集疏运体系。向西经牡丹江连接哈牡绥东产业带，至哈尔滨经哈大齐经济走廊连接满洲里，经206国道连接东宁市至珲春连接图们江经济圈；向东以绥芬河公路口岸为窗口，连接俄罗斯海参崴自由港、15个优先经济发展区和远东各州区。

三是大力发展铁海联运集疏运网络。着力打造形成以绥芬河铁路口岸为窗口，绥满铁路为纽带，连接绥芬河铁路堆场、哈尔滨铁路堆场，西经满洲里连接俄罗斯腹部和欧洲，东经俄罗斯远东港口群，连接日、韩、北美以及我国长三角、珠三角的铁海联运集疏运体系。依托滨绥铁路西经牡丹江至哈尔滨连接满洲里可达俄罗斯腹部及欧洲，形成贯通欧亚最佳国际陆海联运“大陆桥”。向东经绥芬河铁路口岸可直达俄罗斯东方港和海参崴港以及俄罗斯远东港口群，下海可辐射日、韩、北美及我国沿海港口，并通过黄河水道、长江水道辐射长三角经济圈、珠三角经济圈。

四是超前布局空港集疏运体系。以绥芬河正在建设的绥芬河机场为核心，连接俄罗斯阿尔乔姆国际机场、哈巴罗夫斯克国际机场，建设以装卸、仓储、加工、物流服务为主体的绥芬河临港经济区，打造形成以航空口岸为窗口，连接俄罗斯阿尔乔姆国际机场、哈巴罗夫斯克国际机场，辐射俄罗斯远东各州区空港的空港集疏运体系。

五是着力提高跨境运输通道效率和效益。积极吸引实体产业要素向“哈绥符釜”通道沿线集聚，协调俄方持续降费提效，吸引更多企业开展跨境运输，推动相关企业开通海参崴港—釜山港—上海港、东方港—下关港—太仓港快运航线。利用俄方公路回程空驶货车进行集装箱运输，以扩线路、增货量来降成本、提效率、增效益。积极推动哈欧、哈俄班列与“哈绥俄亚”班列对接并从绥芬河进出境，吸引长三角、珠三角及日韩等地南下北上货物双向联运，形成连接南北、贯通欧亚的“主动脉”。

第三节 江城哈尼族彝族自治县

一、基本概况

江城哈尼族彝族自治县（简称江城县）位于云南省南部，与越南、老挝接壤，县域国境线长达183公里（中老段116公里，中越段67公里），是云南省唯一与两个国家陆路接壤的县，素有“一城连三国”的美称。同时还是普洱、红河、西双版纳三个州市的结合部，并与绿春县、勐腊县、景洪市、思茅区、宁洱县、墨江县接壤，具有“一县接三州市六县（区）”的独特区位优势。江城是典型的“老、少、边、穷、山、战、农”县，“老”即江城是革命老区，1929年共产党就在江城领导革命斗争；“少”即江城居住着哈尼族、彝族、傣族、瑶族、拉祜族等24个少数民族，少数民族人口10.29万，占总人口的80.6%（其中哈尼族占52.06%、彝族占13.98%）；“边”即江城地处祖国边陲，与越南的奠边省、莱州省和老挝丰沙里省接壤；“穷”即江城贫困面大，贫困程度深，曾经是云南省27个深度贫困县之一；“山”即江城全县99.63%是山区；“战”即江城曾经是对越自卫还击战区之一；“农”即江城是典型的农业县，农业人口占80%以上。

二、交通运输发展概况

长期以来，受制于江城县特殊的“老、少、边、穷、山、战、农”县情，交通成为制约江城发展的主要瓶颈。近年来，为解决交通基础设施瓶颈问题，江城县抢抓脱贫攻坚机遇，大力推进交通基础设施建设，全县交通基础设施建设呈现出大干快上、遍地开花的局面，交通基础设施快速发展，交通建设取得重大突破，特别是全县农村公路得到极大改善，为民族地区发展奠定良好基础。目前，江城县公路密度达到了0.67公里/平方公里，高速公路从无到有，国省道干线道路等级不断提升，农村公路不断完善，公路状况得到极大改善，全县建制村通村公路硬化率达100%，20户以上自然村公路硬化率达100%，串户路硬化基本实现全覆盖，全县7个乡镇客车通达率100%，51个建制村客车通达率100%，建成农村客运站3个。此外，已建成一个国家级口岸中老勐康陆路口岸（2013年12月正式对外开放），以及3个边境通道（中越龙富陆路通道、中老牛洛河陆路通道以及中老漫滩陆路通道）。

江城县城道路

图片来源：江城哈尼族彝族自治县人民政府门户网站。

三、主要经验做法

一是积极协调改善对外互联互通交通基础设施条件。围绕构建联通内外、安全通畅的综合交通运输网络，主动加强与老挝、越南地方政府商谈接洽，加快推动老挝丰沙里省本怒—兰堆口岸的四级油路、越南奠边府市—阿巴寨通道的油路建设，提升对边境旅游、进出口贸易及物流业发展的支撑能力。同时，力争在中老越交界的十层大山周边实现中老越三国的道路互通，并积极协调越南地方政府做好李仙江出境水路通道等前期规划工作。江城县通过加强内联外接的交通基础设施网络建设，充分发挥运输节点作用，构建以勐康口岸为核心，辐射中国牛洛河—老挝面瓜棚通道、中国曼滩—老挝会瓦通道、中国龙富—越南阿巴寨通道的对外通道主干线，使江城真正成为中国、云南、普洱市对东南亚、南亚开放的桥梁。

二是积极加强区域交通网络建设。江城县在提高县域交通基础设施建设的基础上，主动加强与周边地区的横向联系。积极争取将墨江—江城—勐康口岸的高等级公路建设纳入国家级规划，加快开工建设宁洱—宝藏—龙富三级公路，加强与宁洱县的交通运输联系。同时，积极推动与绿春县、勐腊县联动发展，共同推进绿春—江城—勐腊二级公路建设，提高区域内的互联互通水平，扩大对外辐射范围，加强区域协同联动发展。

三是大力推进县域交通基础设施建设。围绕提高县域公路通行水平，持续推进通村公路硬化项目建设，继续实施农村公路提升改造，加快农村客运站（场）和客运服务网络建设，实施生命安全防护和养护大中修工程，完善公路安防设施，逐步提升农村公路养护管护能力。加快完成勐烈河桥、阿卡洛垛公路等项目的改造建设工作，突破“晴天通行，雨天禁行”的交通运输瓶颈。超前谋划推进铁路、航空建设，推进普洱—蒙自铁路、江城通用机场和支线机场前期建设工作，积极推进勐康口岸、龙富口岸国际综合客运站和综合物流园区建设。

四是大力提高交通运输服务水平和融合发展能力。近年来，随着江城县交通基础设施网络的日趋完善，江城县以建设资源节约型、环境友好型交通运输行业为出发点，大力提升综合运输服务水平，促进群众出行基本公共服务均等化，推动各种运输方式一体化衔接，积极发展货物多式联运和旅客联程联运。同时，江城县注重加强交通运输与经济社会融合发展，积极推进产业经济干线、旅游公路建设，研究开发县域内李仙江、曼老江、勐野江水上交通基础设施建设项目，推进与乡村旅游融合发展，着力打造美丽休闲乡村游和特色生态旅游水上观光通道。

第二十二章
枢纽强县交通运输发展实践

在县域发展过程中，部分县依托其县域范围内的具备较强辐射力的综合交通枢纽形成区域辐射带动，依托相对较好的交通发展条件形成交通先行的发展模式。在此类县域发展中，以新郑市和博白县为代表，其中新郑机场发展形成了郑州航空港经济综合实验区，由郑州市直接管辖，机场便利条件对新郑市自身发展形成有效带动，可作为经验参考。

第一节　新郑市

一、县域基本情况

（一）经济社会发展情况

新郑是河南省辖县级市，由郑州市代管，位于河南省中部、华北平原西缘、郑州市东南部，是郑州新郑国际机场的所在地。2020年新郑市全市完成地区生产总值793.3亿元，比上年增长5.0%。其中：第一产业增加值28.8亿元，增长3.5%；第二产业增加值329.4亿元，增长6.9%；第三产业增加值435.1亿元，增长3.7%。一二三产业增加值占地区生产总值的比重分别为3.6%、41.5%和54.9%。根据《光明日报》公布的《2021年中国中小城市高质量发展指数研究成果》，“2021年度全国综合实力百强县市”新郑排名38位，位于河南之首；“2021年度全国科技创新百强县市”新郑排名44位，处于河南首位；“2021年度全国绿色发展百强县市”新郑排名71位；“2021年全国千强镇”新郑市龙湖镇排名40位，位于河南第一。

（二）综合交通枢纽发展情况

郑州新郑国际机场（简称“新郑机场”）位于河南省郑州市新郑市和中牟县交界处，为4F级国际民用机场，既是国际航空货运枢纽机场、中国八大区域性枢纽机场之一，也是国内大型航空枢纽机场、国际定期航班机场，还是实现了“7×24小时”“全时段”通关的国际机场、对外开放的国家一类航空口岸。2020年，新郑国际机场旅客吞吐量达到2140.6万人，受疫情影响同比下降26.5%；货邮吞吐量达到63.9万吨，同比增长22.5%，在全国机场排名第6位，成为中部地区“双第一”，2021年旅客吞吐量同比下降较为明显，落后于武汉天河机场，货物运输量达到70.5万吨，同比增长10.2%。郑州新郑国际机场于1997年8月28日建成通航，二期扩建工程于2015年12月22日正式投运，当前正在加快推进郑州新郑国际机场三期工程及北货运区配套设施等相关建设。

除新郑机场外，新郑市还有新郑机场站、新郑站、孟庄站等铁路枢纽。其中新郑机场站是郑机城际铁路、机南城际铁路上的主要客运站，也是集城际铁路、地铁、公共汽车、私家车等多种交通方式为一体的“零换乘”车站。

（三）郑州航空港发展情况

围绕新郑机场，郑州航空港概念进一步提出。2013年，经国务院批准，国家发展改革委印发《郑州航空港经济综合实验区发展规划（2013–2025年）》，提出构建郑州航空港经济综合实验区，要求“努力把这一区域打造成为国际航空物流中心、以航空经济为引领的现代产业基地、内陆地区对外开放重要门户、现代航空都市和中原经济区核心增长极”，郑州航空经济综合实验区成为国内首个获准建设的航空港经济综合实验区。批复中提出加快实验区建设有利于优化航空货运布局，提升我国民航业国际竞争力；有利于推动我国航空港经济发展，促进产业结构升级和发展方式转变；有利于建设内陆开放高地，探索中西部地区全方位扩大开放新途径；有利于构建中原经济区战略突破口，带动新型城镇化、工业化和农业现代化协调发展。在郑州航空经济综合试验区之后，我国随后也形成了北京、青岛、重庆、广州等多个国家级临空经济区以及天津、石家庄、太原等多个地方级临空经济区。

2021年，河南省人民政府印发《河南省“十四五”现代综合交通运输体系和枢纽经济发展规划》，提出在建设郑州国际性综合交通枢纽中“提升郑州国际航空货运枢纽能级”，明确在“十四五”时期，开工建设郑州新郑国际机场三期主体工程，加强基地航空公司、大型货代企业引进，吸引大型航空物流企业，将郑州新郑国际机场作为亚太转运枢纽和运营基地，培育壮大本土航空公司，建设空空转运中心。推进国际空港与国际陆港统筹协同，加强陆空枢纽衔接网络建设。

二、主要做法

交通枢纽为县域发展奠定了有效的交通区位发展优势，从新郑市建设发展来看，临近枢纽的优势条件极大带动了县域物流产业发展，其县域发展有机融入以机场枢纽为重点的城市发展布局、围绕机场推进配套产业发展等做法，形成了可供借鉴的经验。当前各地综合交通枢纽建设发展加快推进，新郑市的发展历程为具备相似发展条件的区域提供了一定的借鉴参考。

（一）结合机场枢纽加快培育物流产业

在郑州航空港经济综合实验区带动下，物流园区和物流企业在新郑汇集，以郭店镇为代表，物流园形成区域聚集分布，沿南北走向三条路分布，形成物流产业集聚、资源优化整合招商。“河南物流看郑州，郑州物流看新郑”，官方数据显示，截至2021年6月，新郑物流企业超过了一千家，占郑州14%，其中包括规划中占地2000多亩、规模最大、以构建“国家级示范物流园区”为目标的传化华商汇中原物流小镇等项目。根据《郑州都市区物流发展专项规划》布局的五大物流园区，南部物流园区位于新郑市郭店镇中华路、郑少高速联络线西北侧，有助于进一步促进物流产业集群化发展。

（二）以枢纽为纽带融入城市交通布局

围绕新郑国际机场建设，以县域交通发展为纽带，有机融入以机场为中心的配套交通运输体系整体建设，一方面，强化与郑州市区交通联系，通过轨道交通、城市快速路等相关路网建设，提升机场交通与市区整体的有效衔接；另一方面，强化机场与周边区域的城际铁路建设，推进与周边区域交通发展协同。同时根据新郑市相关规划，重点提升对外通达能力，着力建设与郑州国际交通枢纽门户高效衔接、功能互补的综合立体交通网络，实现与郑州主城区、航空港区的无缝对接。“十四五”相关规划明确提出，构建公路网络新格局，加快推进多条融郑快速道路和多条融港快速道路的建设，推动轨道交通网络建设，加强轨道交通联系。

【专栏22-1】

新郑航空机场发展布局情况

根据《新郑市国民经济和社会发展第十四个五年规划和二〇三五年远景目标纲要》相关部署，新郑市在“十四五”期间，做好与郑州主城区、郑州航空港和新密新区的全面协同发展，构建空港—新郑副城，提出“新郑作为郑州市空港-新郑副城的重要组成部分，坚持空港-新郑副城‘一轴两廊，四心四片’布局，大力发展电子信息、高端装备制造、现代物流、生物医药、文化旅游等产业，加强我市中心城区、薛店镇、孟庄镇、和庄镇与郑州城区、港区的融合发展，着力打造国际综合交通枢纽和物流基地、中部地区对外开放门户、先进制造业基地、文化传承发展特色区”。

（三）围绕机场推进枢纽经济发展

近年来，以区域内综合交通枢纽发展作为主要承载的枢纽经济建设发展加快推进。根据新郑市相关规划，“十四五”时期，航空航天、智能装备制造等适空产业加快发展。县域内与新郑机场得天独厚的距离优势，为适空产业发展形成支撑。充分利用国际机场发展条件，新郑充分发挥自身临空产业经济特色，紧抓郑州自贸片区发展机遇和紧邻航空港区区位优势，探索申建新郑自贸创新联动片区等开放平台。同时，结合航空港电子信息产业优势，引进多家电子信息产业项目，按照“龙头带动、芯屏联动、集群配套、链式延伸”思路建设新郑新港聚集区，在对接枢纽产业相关发展的同时，促进建链、补链、强链，精准引进一批上下游关联配套企业，以“链式”思维推动产业集聚，提升产业链专业化特色化水平，形成产业集群集聚发展态势，打造产业集聚区和集群经济带，培育竞争力强的先进制造业集群。

但值得指出的是，从新郑发展情况来看，其仍然存在产业布局未能与机场枢纽有效对接，产业规模未能有效形成，以机场为主导的产业集群形成仍然有待进一步推进，支撑枢纽经济的产业、人才较为缺乏等问题，其枢纽强县对于本地交通发展的支撑带动作用仍可进一步挖掘发挥。

第二节　博白县

一、基本情况

（一）经济社会发展情况

博白县古称白州，是玉林市融入广西北部湾经济区的“桥头堡”和主通道，下辖28个镇、317个行政村、42个社区，面积3835平方公里，人口200多万人，是世界最大的客家人聚居县、广西第一人口大县。博白县是中国民间文化艺术之乡、中国杂技之乡、全国乡村振兴百强县、全国文化教育先进县、全国科技先进县等。桂南采茶戏是首批国家级非物质文化遗产。2021年，全县地区生产总值达340.3亿元、增长11%，两年平均增长6.5%，三次产业增加值占全县生产总值的比重分别为32.9%、21.9%、45.2%。截至2021年末，全县常住人口139.45万人，其中城镇人口61.13万人，占常住人口比重（常住人口城镇化率）43.84%。

（二）综合交通发展情况

博白县交通条件优越、物流畅通、出行便利，出省出海通道便捷。不同于传统其他县域内包含重要综合交通枢纽节点的枢纽强县类型，博白县交通辐射范围相对较小，但在区域范围内仍具有较好的交通条件，侧重于通过系统性交通条件改善带动区域经济社会发展。博白县境内有玉林至铁山港、玉林至湛江、南宁至湛江等9条高速公路，玉林至铁山港铁路、黎塘至湛江铁路、沙河至铁山港东岸支线铁路，以及玉林至北海、浦北至广东宝圩等镇镇通二级公路，龙潭产业园区进港大道直通铁山港东岸码头，县城区距离玉林机场不到20公里。截至2021年，博白县高等级公路（包括高速公路、二级公路）和铁路的总里程约460.5公里，其中公路里程约379.7公里，3条高速公路约98.8公里，占26%，4条二级公路约280.9公里，占74%；铁路总里程是80.8公里，其中，玉铁铁路里程为66.7公里，黎湛铁路里程为14.1公里。农村公路总里程约2754公里，另有147.9公里在建，317个行政村通客车率达100%。全县已基本实现镇镇通二级公路，通过打造交通互联、产业互补、旅游富民、农民增收、服务乡村振兴的产业路、景观路、扶贫路，为服务县域社会经济发展、提升百姓出行品质提供了重要保障。

二、博白县推进县域交通发展的主要做法

（一）以公路为主体强化区域综合立体交通网络建设

立足博白县公路、铁路、水路交通运输方式基本齐全的发展优势，重点突破综合交通运输发展瓶颈，推进高品质综合交通网络建设。根据当前规划，“十四五”时期，博白县按照构建“四维支撑、四沿联动”新格局的战略构想，以“东融”“南下”为引导，奋力打造交通大县，基本形成外联内畅、高效便捷的现代化综合交通体系，实现“321”小时交通圈，即3小时通达周边省会城市、2小时通达“两湾”城市（粤港澳大湾区、北部湾经济区其他城市）、1小时县域交通圈。强化公路网络发展支撑，推进公路技术等级提升、加快高等级公路建设，重点补齐高速公路短板，完善与南宁、粤港澳大湾区、北部湾经济区高速公路衔接，填补东西向高速公

路空白。同时，加快构建高效快捷的铁路网络，强化南向铁路出海通道，着力建设玉北城际铁路，积极融入玉林半小时出行圈。

（二）持续推进县域交通枢纽位势提升

围绕畅通循环发展需要，立足博白县所在的玉林市发展需求，发挥博白县融入广西北部湾经济区的桥头堡和主通道优势，着力提升交通在推进区域协同发展中的先行带动作用，提升县域交通枢纽组织功能。推进对外大通道建设，强化与粤港澳大湾区基础性交通联系，加快提升县域国省干线公路对外辐射能力，强化县域出口道路，加强新改建道路与周边县份国省干线公路的技术标准统一；推进沙河至铁山港东岸铁路支线以及玉铁铁路复线等重要铁路线路建设，服务沿海港口集疏运，完善沿海地区的交通体系，与连接西南地区、湛江、海南的出海通道黎湛铁路在博白县域内形成“一高两普一支”铁路网络布局。加快内部循环畅通，构建内部高效快捷干线公路，串联多个重要城镇，进一步强化博白县与北向玉林主城区、玉林机场以及南向北部湾城市交通联系。同时，推动南流江复航，新建博白港，疏通博白至北海段航道，打造Ⅵ级内河航道，形成玉林、博白最便捷的出海通道。

【专栏22-2】

博白县客运列车通车

2016年4月1日上午10时25分，博白火车站首趟客运旅客列车——K9332次列车从博白火车站安全驶出。这意味着博白火车站正式开通客运列车。

博白火车站是玉铁铁路上的14个站之一，距离县城约4公里。博白火车站开通客运，标志着玉铁铁路正式进入客运时代。以前，博白县全县仅有文地火车站一个客运火车站，距离城区较远，且车次较少。博白火车站开通客运列车后，博白人民在家门口即可坐火车直达贵港、南宁等高铁火车站，继而与南广高铁、云桂高铁及湘桂铁路实现无缝衔接。这对于博白县拉近与国内各地城市的时空距离、提升县域经济发展驱动力、打造客家文化名县都具有积极的重要作用。

资料来源：陈立萍，《博白火车站首开 客运记者亲身体验首趟客运列车》，玉林新闻网

（三）加强县域交通与区域经济社会发展融合联动

根据县域交通情况特点，重点通过高速公路出入口预设和重要产业节点周边公路线路建设等方式优化县域交通发展布局，推进点线联动，强化产业发展交通支撑。按照博白县发展规划，重点构建农业产业特色的百里水果长廊示范带、科技工业振兴的锂电新能源新材料示范带、康养乐生态群的国家森林生态养生示范带、乡村风貌提升的脱贫攻坚与乡村振兴有效衔接示范带、平安幸福家园的平安村屯与环境综合治理示范带、红色经典示范的桂东南起义红色旅游示范带。在相关示范带建设中，以公路为主要产业组织线索，串接相关蔬果基地、产业园、生态旅游景点、乡村振兴示范点、环境整治示范点、红色旅游革命景点等，形成产业发展联动，构建具备集群特点的发展带，进一步提升产业发展水平。

（四）强化旅游特色发展县域交通支撑

充分发挥县域生态资源、人文资源等特色旅游资源，通过构建县域特色旅游风景廊道，进一步挖掘县域交通优势的旅游功能，实现交通发展与旅游发展需求有效衔接。以“品客家美食、观采茶戏剧、仰名人风采、赏民俗杂技、走红色足迹、游丹霞山水、逛农庄田园、住温泉酒店”的旅游

发展为重点，通过区域对外通道与县域主要景点衔接构建旅游风景廊道，形成北部浦北－博白－北流清湾旅游风景廊道、南部南宁－博白－湛江旅游风景廊道、中部南流江旅游风景廊道和博白－龙潭旅游风景廊道，实现旅游路线增多、完善，辐射范围扩大。同时，形成县域交通与旅游区协同发展布局，明确规划具体交通线路、枢纽节点对于区域内旅游区的支撑带动作用，形成县域层面交通旅游融合联动发展的整体布局，实现交通优势向旅游发展的有效转化。

【专栏22-3】

博白县枢纽节点加快建设

2020年12月30日上午，博白汽车总站（新站）及博白客运中心举行新址运营启动仪式。

据了解，原博白汽车总站始建于1989年，与博白客运中心南园站一起担负着广东、海南等省及我区境内的中长途旅客运输和市、县内部分短途客运任务。为进一步优化城市客运站场布局，提升客运服务保障能力，博白县人民政府对博白汽车总站和博白客运中心南园站进行整合改造，将博白客运中心南园站整体迁移至县城区绿珠大道博白客运中心，并在县城区锦绣东路延长线重新选址建设博白汽车总站（新站）。

正式运营的博白汽车总站（新站）建设标准为一级客运汽车站，兼具长途客运、汽车修理检测、停车场、车辆指挥调度和配套服务等功能。目前新站共开通运营线路66条，现有进站营运客车300多辆。博白客运中心则按照国家二级客运站标准建设，是集公路旅客运输、车辆维修、旅客服务等为一体的客运站。博白客运中心启用后，共运营班线67条，经营车辆157多台。

资料来源：王昊，《博白县两大客运车站正式启用》，玉林新闻网

参考文献

吴军，2021. 3条大道，成就郑南1000多家物流企业集聚地[N]. 河南商报，2021-06-16（A03）.

吴军，2021.缺地的新郑市，还能接纳新晋物流企业布局吗？[N]. 河南商报，2021-06-17（A03）.

新郑发布，2021.省委常委、副省长费东斌到新郑调研电子信息产业发展情况[EB/OL].（2021-12-11）[2022-06-26]. https://www.xinzheng.gov.cn/pic/6135957.jhtml.

吴俊池，2019.新郑产业新城：赋能区域发展新动力助力打造中国第五个电子信息产业高地[EB/OL].（2019-07-30）[202-06-26]. https://mp.weixin.qq.com/s/mouTxdQli5P2mQ7TIQCqMQ.

新郑市人民政府，2022. 2021年新郑市国民经济和社会发展统计公报[R/OL].（2022-05-30）[2022-11-10]. https://public.xinzheng.gov.cn/D1002X/6462115.jhtml.

博白县人民政府，2022. 2021年博白县国民经济和社会发展统计公报[R/OL].（2022-05-10）[2022-11-10]. http://www.bobai.gov.cn/xxgk/zwgk/sjfb/tjgb/t12004414.shtml.

后 记

本书是在2020年国家发展改革委基础设施发展司委托课题“县域交通现代化发展思路研究”研究成果基础上，结合新的发展环境形势，特别是围绕中国式现代化建设实践与探索，充分考虑发达国家经验和我国相关市县案例编著而成。课题主管领导为国家发展改革委综合运输研究所所长汪鸣研究员，课题负责人为樊一江研究员，主要研究成员包括丁金学、程世东、毛科俊、马艺菲、李卫波、刘思琦等。

本书由樊一江总体设计和把关，负责书稿思路拟定、框架设定、内容结构把握和全文修订，具体各章执笔人分别是：第一章，樊一江、刘思琦；第二章，李卫波；第三章，刘思琦；第四章，李卫波；第五章，樊一江、丁金学；第六章、第七章，樊一江、丁金学、马艺菲；第八章、第九章，马艺菲；第十章、第十一章，李卫波；第十二章，刘思琦；第十三章至第二十二章，丁金学、马艺菲、李卫波、刘思琦等。

本书在研究和成稿过程中，得到了国家发展和改革委员会基础设施发展司、发展战略和规划司、宏观经济研究院、国家信息中心，交通运输部、中央军委后勤保障部、国家铁路集团公司，以及国务院发展研究中心、交通运输部规划研究院等单位相关负责同志、专家、学者的指导和帮助，也得到了广东省、吉林省、山西省、甘肃省、广西壮族自治区、新疆维吾尔自治区、西藏自治区以及宁波市、普洱市等地的支持。

本书成稿过程中，特别得到了广西壮族自治区党委政府、自治区发展改革委以及相关部门、相关市县的大力支持。本书编著期间，樊一江同志正在广西壮族自治区发展改革委挂职锻炼，利用挂职机会，赴自治区99个县市区深入开展实地调研，详细了解各县区市发展情况，掌握了大量宝贵的一手资料。广西壮族自治区党委副书记刘小明、自治区副主席方春明、自治区政协副主席费志荣等领导多次关心指导，广西发展改革委党组书记潘巍、主任唐铁昂及各位党组成员、委领导长期支持帮助，陈超、秦亚君、鞠志龙、刘奕、黄永辉、赵欣欣、龙绍飞、李铭等同志在收集整理相关案例资料中辛勤付出，国家发展改革委派驻田东工作组同志们积极参与，还有很多领导同志和专家学者提出宝贵意见，在此一并表示衷心感谢。